마음속
아이를
부탁해

마음속
아이를
부탁해

초판 1쇄 발행 2019년 7월 15일

지 은 이 한영임
발 행 인 권선복
편   집 오동희
디 자 인 김소영
전 자 책 서보미
마 케 팅 권보송
발 행 처 도서출판 행복에너지
출판등록 제315-2011-000035호
주   소 (157-010) 서울특별시 강서구 화곡로 232
전   화 0505-613-6133
팩   스 0303-0799-1560
홈페이지 www.happybook.or.kr
이 메 일 ksbdata@daum.net

값 15,000원

ISBN 979-11-5602-732-4 (03190)

Copyright ⓒ 한영임, 2019

도서출판 행복에너지는 독자 여러분의 아이디어와 원고 투고를 기다립니다. 책으로 만들기를 원하는 콘텐츠가 있으신 분은 이메일이나 홈페이지를 통해 간단한 기획서와 기획의도, 연락처 등을 보내주십시오. 도서출판 행복에너지의 문은 언제나 활짝 열려 있습니다.

새로운 나의 발견! 치유의 삶!

마음속
아이를
부탁해

한영임 지음

도서
출판 행복에너지

들어가는 글

봄이 찾아오면 비 온 뒤 맑은 공기를 마시며 산책하는 맛은 배로 커진다. 연초록 이파리가 더욱더 생기 있고 반짝거린다. 겨울을 이겨낸 이름 모를 풀들이 얼마나 귀하고 아름다운지 눈도 마음도 즐겁다. 봄에는 땅 위로 올라오는 생명들과 나무에서 싹 틔우는 모든 것이 충분히 눈을 사로잡을 만하다. 쑥이나 달래도 제법 많이 자랐다. 양지바른 곳이라 매일 크는 속도가 눈에 띄게 빠르다. 매장에서 일할 때는 꽃이 피는지 지는지도 모르다가 산에 오면 계절의 변화를 온몸으로 느낄 수 있다. 야트막한 동네 뒷산이라 동네 사람들이 마늘이며 상추를 심은 텃밭을 가꾸기도 하고, 운동을 목적으로 오는 사람들도 눈에 들어온다. 산길을 중간쯤 올랐을 무렵이면 진달래와 마주친다. 진달래 몇 그루가 어떻게 한자리에 오롯이 몰려서 피었는지 신기한 모양새로 서 있다. 그 모습을 가만히 바라보고 있노라면 점심시간에 만났던 진상 고객도 금새 잊혀진다. 그때만큼은 누구의 아내도 누구의 엄마도 아닌 순수한 어린아이로 돌아간다.

오후에 일하면서 진상 고객으로 마음이 조금 불편했다. 왜 저렇게 사는지 싶다가도 '오죽하면 저 사람도 저리 살겠는가!' 싶어 측은한 마음이 들기도 했다. 쌀 20kg을 구매한 지 한 달이 지나서 쌀벌레가 생겼다고 반품을 요구했다. 절반은 먹은 상태였고 시일이 많이 지나서 굳이 반품을 해줄 필요는 없었다. 부글거리는 마음을 진정시키고 반품을 해주었다. 남은 쌀은 우리 집에서 먹으면 되니까 별 문제가 아니라고 생각했다. 예전에도 이런 일이 똑같이 있었고 한동안 뜸하더니 또 이런 일이 생겼다. 좋은 마음으로 반품을 해주기는 했지만 마음 한구석에선 꿀꿀한 감정이 올라왔다.

얼른 일을 마치자마자 산책을 나섰다. 마음이 상한 채로 나 자신을 방치하기 싫었고 우울함이라는 낮은 주파수에 머물고 있음을 멈추고 싶었다. 빠르고 밝은 주파수에 나를 맡기기로 선택했다. 나의 선택은 탁월했고 산책을 하는 동안 마음속 어린아이는 다시 밝고 환해졌다.

진달래꽃을 몇 개 따서 입에 넣고 오물거리다가 유년시절의 추억이 되살아났다. 학교를 마치고 집에 돌아왔을 때 어머니가 진달래화전을 부쳐서 접시에 담아내면 진달래의 고운 색과 맛에 취하고 어머니의 사랑을 흠뻑 느낄 수 있었던 어느 봄날이 떠올랐다.

어머니는 어린 쑥을 뜯어다 쑥국도 끓여주시곤 했다. 어머니를 따라 쑥이며 냉이, 쑥부쟁이를 캐러 가면 어머니 소쿠리엔 봄나물이 종류별로 한가득 담겨있었고 내 소쿠리에는 쑥과 쑥부쟁이만 조금 담겨있었다. 그래도 어머니는 옆에서 "와~ 어떻게 쑥을 이렇게 깨끗하게 캤어?"라고 칭찬을 해주셨다. 그 칭찬 한마디에 학교를 마치면 어머니 옆에서 매일 봄나물을 캤던 기억이 난다.

어릴 적 어머니가 그랬던 것처럼 나도 진달래화전을 만들어볼 참이다. 진달래를 한 줌 따고, 쑥을 한 줌 뜯었다. 흥얼흥얼 콧노래를 부르며 집으로 돌아와서 깨끗이 씻어 소쿠리에 담았다. 찹쌀가루를 반죽했다. 반죽을 너무 무르게 했다가 떡이 되어버렸다. 모양이 어그러진 것은 내 입속으로 들어갔고 예쁜 것은 딸의 입 속으로 들어갔다. 뜨거워서 호호 불어가며 먹다가 그 모습이 우스워서 딸과 둘이 서로의 모습을 보고 깔깔대며 웃었다. 어릴 적 어머니가 만들어 주실 땐 뚝딱 쉬워 보였는데 막상 내가 해보니 어려웠다. 센 불에 하면 금방 타버리고 약불에서 조심스럽게 모양을 잡아가며 만들어야 진달래의 색감을 그대로 살릴 수 있었다.

'어머니도 손을 데이기도 하셨겠구나. 가족들 입에 맛있는 음식이 들어가는 걸 보고 손 데이는 일쯤이야 대수롭지 않게 넘기셨겠구나.'

그 마음을 이제야 헤아려본다. 딸은 찹쌀 반죽을 먹기 좋은 크기로 나누어서 프라이팬에 놓고 진달래꽃을 예쁘게 올린 다음 쑥으로 멋지게 장식을 했다. 직접 만들어보며 신기해했고, 예쁘다고 손뼉을 치며 기뻐했다. 뒤집다가 모양이 찌그러졌는데도 엄청 애정을 가졌다. 몇 번의 실패로 진달래화전은 이제 모양을 잡았고 그럴싸하게 만들어졌다. 방에서 쉬고 있는 남편을 불러 식탁에 앉혔다. 진달래화전을 예쁜 접시에 담아내어 놓았더니 이걸 어떻게 했느냐고, 이렇게 예쁜 건 먹기 아깝다며 사진을 찍기 바쁘다. 진달래화전을 한입 먹고 술잔을 부딪치며 행복하다고 말했다. 딸은 우리 부부의 모습을 보고 자기도 유리컵에 콜라를 부어 같이 잔을 부딪쳤다.

지금 아들이 옆에 있으면 좋겠다고 셋이 같은 마음을 나누었다. 서울서 공부하는 아들에게 진달래화전을 찍어서 카톡으로 전송했다. 마음은 함께했으므로.

아들이 곁에 있을 때 왜 이런 시간을 만들지 않았는지 후회했다. 아들은 먹고 싶다며 답장을 했고, 집으로 오면 만들어주겠다고 다시 답을 했다.

유년시절이 아름다운 건 그 시간 속에 어머니의 사랑이 가득했기 때문이다. 딸과 함께 만든 진달래화전도 먼 훗날 딸이 나를 그리워하는 한 장면으로 남아있기를 바란다.

수많은 사람 중에 가장 가까이 있는 사람이 가장 소중한 존재라는 걸 이제는 알아가고 있다. 예전에 무지했던 시절 가까운 사람이라는 이유로 함부로 대하고 상처를 주면서 살았던 시간들을 되돌릴 수 있는 방법은 지금 이 순간 사랑을 나누는 일이다. 바쁜 와중에 시간을 만들어서 내가 좋아하는 것을 하고 내 안에 살고 있는 어린아이를 기쁘게 하는 일이다. 더 나아가 어린아이처럼 밝은 에너지로 남편을 보듬어주고 자녀들을 보듬어주는 일이 평범하지만 소소한 행복이다.

예전에 남편과 많이 다투던 시절엔 '당신 때문에~'라는 말을 달고 살았다. 이제는 '당신 덕분에'로 바뀌었다. 소중한 나를 보살피고 보듬어주는 마음코칭을 통해 평범한 삶 속에서 기쁘게 하루를 맞이하게 되었다. 오롯이 지금에 집중하면 마음이 아프거나 상처를 입었을 때도 선택을 할 수 있다. 밝고 빠른 주파수로 나를 인도하는 것을 이제는 할 수 있다. 나 자신이 나를 먼저 사랑해야 한다. 나는 나 자신으로부터 사랑받아야 마땅하다. 결혼을 하고 보니 평화로운 가정을 꾸리는 것도 엄청 인내가 필요한 일이라는 것을 알았다. 부모님처럼 싸우지 않겠다고 말해 놓고선 부모님보다 더 많이 싸웠고 가족들에게 상처를 주기도 했다. 부모님처럼 사는 것도 쉽지 않다는 걸 깨닫기도 한다. 마음코칭으로 나를 기쁘게 하고, 행복한 에너지를 만들어 더 나아가 가족이나 이웃, 직장에서도 밝고 좋은 기운을 발산하기를 바란다.

우리는 모두 보석을 지니고 있다. 단지 그 보석을 발견하고 연마하지 않았을 뿐이다. 이제 당신의 보석을 발견하고 마음코칭을 실천하면서 보석을 연마하기 바란다. 마음코칭으로 매일이 기쁘고 행복하기를 진심으로 바라며, 바쁘고 지친 많은 사람들에게 조금이나마 도움이 된다면 더 이상 바랄 게 없겠다.

〈진달래 화전〉

CONTENTS

Part. 1

가면
벗어던지기

＊）＊＊＊＊※＜＜＜＜＜

　지금까지 살면서 내가 가장 잘한 일은 두 가지다. 첫 번째
는 남편을 만나 결혼한 것이고, 두 번째는 요가를 만난 것이
다. 나의 과거는 아버지의 교통사고, 어머니의 죽음, 조카의
죽음, 동생의 죽음으로 숨쉬기조차 힘든 나날의 연속이었다.
그럴 때마다 왜 나에게 이런 고통을 주는지 원망과 분노로 가
득 찼다. 이런 내 삶을 180도로 바꿔놓은 게 바로 요가이고,
나를 바로잡아 준 것도 요가이다. 요가를 만나지 않았다면 내
가 어떤 모습을 하고 있을지 생각해 보면 끔찍하다. 나를 사
랑하는 방법을 몰라서 자책하고 남편이나 아이들에게도 비수
가 되는 말로 상처를 주었을 것이다.

　요가를 매일 한 시간씩 한다. 능숙히 잘한다기보다는 매일
밥을 먹듯 자연스런 생활의 일부가 되었다. 요가를 하는 동안
만큼은 잡념이 사라지고 오로지 내 몸이 요가에 합일된다. 그
동안 공부했던 요가, 코칭, 마음수련 이 세 가지를 접목해서
마음코칭이라 명하고 나만의 브랜드로 강의를 하고 있다. 주
로 교도소, 서부청사, 기업체에서 강의를 한다.

　마음코칭을 통해 나를 아끼고 사랑하게 되었다. 나에게 사
랑이 충만해지니까 마음이 평안하고 기쁘며 행복했다. 고집
이 세고 이기적이었던 나에게 엄청난 변화가 아닐 수 없다.
조금 더 일찍 마음코칭 하는 방법을 알았더라면 더 많은 날들
을 행복하게 보낼 수 있었을 것이다.

타인의
시선

나는 슈퍼마켓을 운영하고 있다. 내가 하고 싶어서 한 건 아니었다. 남편이 IMF 이후 다니던 직장을 그만두게 되었고 사업을 해보고 싶다고 했다. 그 사업이라는 것이 하필 슈퍼마켓이었다. 그동안 물류, 유통 쪽으로 일을 했으니 그 분야를 가장 잘 알고 있으며, 자신 있는 일이라고 했다. 이 일을 하려면 가장 먼저 나의 동의를 구해야 했고, 일을 도와달라고, 도움이 필요하다고 말했다. 나의 첫마디는 "못 해."였다. 장사라고는 해본 적도 없고 가족이나 친지 중에도 그런 업을 하는 사람이 없었기에 더욱더 겁이 났다. 갑자기 우리 동네 슈퍼마켓 아줌마가 생각났다. 나도 모르게 고개를 가로저었다. 자녀들도 큰애가 9살, 작은애가 6살이었다. 큰애는 아침마다 준비물을 챙겨줘야 했고, 학교를 보내고 돌아서면 1시쯤 집으로 왔다. 작은애는 유치원생이라 엄마의 손을 많이 필요로 했다. 사실 그 무엇보다 내가 자신이 없었다. 부끄럼이 많아서 다른 사람과 이야기를 하다 보면 얼굴이 빨개지고 목소리도 작고…, 열 번을 생각해 봐도 도저히 자신이 없었다.

계속 설득하다가 안 되니까 나중에 남편은 무릎을 꿇고 "당신이 도와주지 않으면 이 일은 안 돼, 조금만 도와줘."라고 했다. 내가 승낙하게 되면 많은 것을 포기해야 한다는 걸 잘 알고 있었다. 자녀들에게 소홀할 것이 불 보듯 뻔히 보였고, 조금만 도와주는 게 아니라 일 속에 파묻힐 것이 훤히 보였다. 가족여행은 꿈도 못 꿀 일이고, 설·추석 때에도 일하는 모습이 자동으로 그려졌다. 한마디로 인간답게 사는 것을 포기해야 한다는 말이었다. 그래서 더욱 더 완강히 못한다고 고집을 부렸다. 남편은 가장으로서 처자식을 먹여 살리는 일이 더 중요했고, 나는 어머니로서 자녀들을 챙기고 보살펴 주는 일이 더 중요하다고 생각했다. 며칠 동안 집안 분위기는 살얼음판이었다.

남편은 아침 8시에 집을 나가서 저녁 12시에 들어왔다. 처음엔 학교도서관에 가서 고시 공부하는 줄 알고 아무 말도 안 하고 모른 체했다. 그러기를 한 달이 되는 날 진지한 표정으로 소주 한 병을 식탁 위에 놓고 남편은 나를 불렀다. 남편의 표정과 소주병을 보는 순간 나는 그 어떤 말에도 넘어가지 않을 것이고 내가 이기리라 마음을 단단히 먹었다. 남편은 크지도 작지도 않은 목소리로 조곤조곤 말했다. 한 달 동안 시장조사를 했고 점포도 마음에 드는 곳을 눈여겨보았단다. 사업계획서를 내밀고 앞으로 10년 동안 구상을 한 것을 보니 애쓰는 모습에 그만 눈물이 왈칵 쏟아졌다. 나도 모르게 열심히 도와줄게 이 말이 튀어나와 버렸다.

내 입에서 승낙이 떨어지자 남편은 바쁘게 움직였다. 당장 아버님께 전화를 드리고 같이 점포에 가보자고 했다. 창원대학교 앞 큰 도로가 아니라 한 블록 안에 있는 주택지였다. 아버님과 나는 그 점포를 보고 기절할 뻔했다. 골목 안이 어둡고 너무 조용했기 때문이다. "이런 곳에 무슨 때리 치워라." 아버님의 첫마디였다. 나는 그때도 속으로 아버님이 제발 아들의 고집을 꺾어줬으면 싶었다.

남편은 시장조사를 하면서 이 골목으로 많은 학생들이 지나가는 걸 보고 자기도 놀랐다고 했다. 지금은 사람이라고는 없는데 말이다. 대낮이라 학생들이 학교에 있으니 당연히 조용하다는 것이었다.

아버님과 나를 데리고 다니면서 원룸 주택의 전기계량기를 보여주었다. 한 가구당 전기계량기가 열 개에서 어떤 집은 열다섯 개도 있었다. 그만큼 거주하는 사람이 많다는 증거였고 아버님과 나는 오히려 남편에게 설득을 당하고 말았다.

남편은 할 수 있다는 확신에 차 있었고 아버님도 나도 남편의 고집을 이기지 못했다. 남편은 은행으로 달려가 우리 집을 담보로 대출을 받아서 점포를 계약했다. 점포 전세는 왜 그리 비싼지 전세를 걸고 나니 돈이 한 푼도 없었다. 간판이며 전기조명, 진열장, 냉장고 등 기본적인 것만 견적을 뽑아도 많은 비용이 필요했다. 어쩔 수 없이 다른 사람이 마트를 정리한다기에 중고 제품을 사기로 했다. 간판과 전기조명은 중고가 없어서 새것으로 준비하고 진열장과 냉장고는 중고로 준비를 하는데 자금이 부족해서 아버님께 부탁을 드렸더니 살고 계신 아파트를 담보로 대출을 해주셨다. 그때의 고마움은 평생 잊지 못한다. 그래도 자금이 부족해서 친정아버님께 부탁을 드렸다. 경운기 사고로 다리를 못 쓰시는 아버지가 무슨 돈이 있겠는가. 아버지는 목발을 짚고 은행에 가서 영농자금대출을 받아서 기꺼이 돈을 마련해 주셨다. 내가 용돈을 드려도 모자랄 판에, 목돈을 받아 집으로 오는 내내 눈물이 쏟아졌다. 어찌 보면 모험이었다. 우리 부부를 믿고 도움을 주신 두 분께 온 마음을 모아서 감사를 드렸다. 우리는 어찌 됐든 성공해야만 했다. 우리가 망하면 양쪽 부모님들마저 같이 망하는 거니까.

주사위는 던져졌는데 어깨가 무거워 잠을 이룰 수가 없었다. 그건 남편도 마찬가지였다. 난생처음으로 대나무가 꽂힌 집에 점쟁이를 찾아갔다. 이상한 그림들과 알록달록한 색감들, 점쟁이의 얼굴 표정…. 전체적으로 분위기는 무서웠다. 사업 운이 있는지, 성공할 수 있는지 궁금한 것을 물었다. 돌아온 대답은 사업자등록을 할 때 남편 이름으로 하면 힘들고 내 이름으로 하면 괜찮을 거란다. 우리는 한 줄의 지푸라기라도 잡는 심정으로 점쟁이가 시키는 대로 했다. 힘을 얻어서 남편과 함께 사업할 매장을 청소했다.

매장 안에 잡화, 생필품, 우유, 라면 등 물품들이 들어와 자리를 잡자 모습이 어느 정도 갖춰졌다. 다행히 이런 제품들은 한 달 후가 결제일이라 그나마 숨통이 트였다. 죽으라는 법은 없는 모양이다.

모든 준비가 끝났고 드디어 개업을 했다. 아침 8시에 매장 문을 열었다. 그때부터 고객들이 물밀듯이 들어왔다. 이 광경에 놀라움과 기쁨이 섞여서 남편과 나는 그제야 안도의 한숨을 쉬었다. 점심시간이 한참 지나고 나서야 자장면을 시켜서 대충 서서 먹는 둥 마는 둥 했다.

이 동네에는 큰 마트가 없었고 가격이 비싼 편의점만 한 개 있었다. 주부들과 원룸에 있는 직장인, 학생들은 우리 매장에서 싼 가격에 물품을 구입할 수 있다는 것에 오히려 감사를 표했다. 처음이라 요령도 없었고 누가 코치해 주는 사람도 없이 맨땅에 헤딩이었다. 개업하기 전 카운트하는 연습을 매일 한 시간씩 했는데도 바빠서 빨리 하다 보니 버벅대기도 하고 실수도 했다. 제일 힘든 건 내가 걱정했던 바로 그 상황이었다. 고객들에게 인사를 할 때, 목소리는 개미소리요 얼굴은 홍당무가 되어 귓불까지 빨개졌다. 동네어르신 한 분은 "새댁은 장사 체질이 아니구먼…." 하셨다. 나도이 일을 하리라고는 생각도 못 했다는 말은 하지도 못하고 여전히얼굴을 붉히고 있었다. 남편은 옆에서 목소리를 크게 해라, 얼굴은 왜 그리 빨개졌느냐며 잔소리를 했다. 그럴 때마다 쥐구멍이라도 있으면 들어가고 싶었고, 남편이 얄밉기도 했다. 남편은 왜 저리 당당하고 목소리가 큰지 부럽기도 했다. 아마 이때가 우리 부부사이 상하 관계의 시작이자 부부싸움의 출발점이 되었던 것 같다.

근 6개월 동안 얼굴 빨개짐 현상은 계속되었다. 다행히 남편의예상은 적중했고 매달 시댁, 친정에 대출 이자를 부쳐드리고도 많은 돈이 쌓였다. 돈이 쌓이는 만큼 몸을 바쁘게 부려야 했다. 끝도없는 일에 질식할 것 같은 날도 많아졌다. 내가 생각했던 것보다할 일이 열 배 이상 많았다.

하루는 큰아이가 하교하는 시간쯤 갑자기 비가 쏟아졌다. 남편에게 전화를 걸었다. 학교에 가서 딸을 태우고 오라고 했다. 남편은 지금 창원이 아니라 시외로 빠져나와서 그럴 처지가 아니라고 말했다. 가게 문을 잠그고 우산을 들고 학교로 갔어야 했는데 고객들이 계속 오는 통에 그러지를 못하고 일만 하고 있었다. 딸아이는 물에 빠진 생쥐처럼 머리부터 운동화까지 다 젖은 채 가게 안으로 들어왔다.

딸이 "다녀왔습니다."라는 말보다 "엄마, 미워!" 이렇게 말을 했더라면 덜 미안했을 텐데. 비를 맞은 딸의 모습을 보고 가슴이 미어졌다. 왜 이렇게 살아야 하는지 도무지 이해가 가지 않았다. 아이들이 어려서 가게 안쪽에 작은 방을 만들어놓았는데 딸아이는 나를 부르지도 않고 스스로 알아서 옷을 갈아입고 있었다. 바쁜 엄마를 부르지 못한 딸의 마음은 어땠을지 그때는 가늠이 되지도 않았다. 손님이 없을 때 잠시 가서 미안하다고 말하고 한참을 안고 있었다. 잠시 뒤 손님이 불러서 아무 일 없는 것처럼 얼굴에 미소를 짓고 달려가 일을 했다. 이런 날은 웃고 싶지 않아도 억지로 웃어야 했고 아이들과 시간을 못 보내준 것이 미안해서 마음이 아팠다.

남편이 들어오기만을 기다렸다가 들어오자마자 더 많은 투정과 화를 대포 쏘듯 쏘아붙였다. 다음부턴 무슨 일이 있어도 당신이 아이를 챙기든지 내가 챙기든지 둘 중 하나는 해야 한다고 말했다. 돈과 자녀, 이 두 가지를 놓고 볼 때 당연히 자녀가 더 중요한데도 우리는 돈을 버는 데 더 많은 시간을 할애했다. 나는 다른 건 몰라도 자녀들에게 이런 부분을 챙겨주지 못하는 데에 화가 났다. 보호자인데 보호자 역할을 제대로 못해줄 때….

남편과 실컷 싸우고 나서 방으로 들어와 잠든 딸아이를 안고 소리 없이 눈물만 흘렸다. 큰 소리로 울고 싶었으나 아이들이 깰까 봐, 밖에서 일하고 있는 남편이 마음 상할까 봐 그러지를 못했다. 다음 날 눈을 뜨면 하루 종일 일만 하다가 저녁이면 지쳐서 잠들기가 반복되었다. 아침밥은 대충 계란 프라이, 김, 김치로 챙겨서 아이들 학교 보내고 점심은 학교에서 먹고 오니까 그나마 편했다. 저녁은 하루 중 가장 바쁜 시간이라 피자나 통닭, 김밥을 시켜서 아이들에게 주었다. 일만 하다가 남편하고 싸우고 저녁이면 아이 둘의 잠든 모습을 보며 눈물을 흘리며 잤다. 미안한 마음에 가여운 마음에 베갯잇을 적셨다. 사업을 시작하고부터 지금껏 자녀들을 못 챙겨준 것이 손으로 꼽을 수도 없이 많았다. 자녀들 앞에서는 언제나 죄인이었다.

보여지는
삶

 지금은 내가 할 수 있는 일이 한 가지 더 늘었다. 동기부여강사로서 마음코칭이라는 주제로 강의를 하고 있다. 주로 창원교도소, 서부청사, 기업체 등에서 강의를 한다. 처음 사업을 시작할 때보다 슈퍼마켓에서 일하는 시간이 4시간 줄었다. 이제는 사업을 한지 18년이라는 세월이 흘렀고 그 세월 속에 지혜도 조금 늘었다. 체계적으로 업무파트를 정해서 남편과 대립하지 않게 일하고, 직원도 한 사람 더 뽑았다. 수입은 예전보다 절반으로 줄었지만, 행복지수는 지금이 훨씬 높다.

 일하는 시간을 줄인 4시간은 오로지 나를 위해 쓴다. 요가, 시낭송, 산책, 독서, 강의 자료수집 등으로 시간을 보낸다. 지금은 남편과 서로 인정해 주고 챙겨주는 배려심이 생겼고 무엇보다 내가 마음의 여유가 생겨서 행복하다. 딸은 양산에서 공무원으로 일하고 있고 아들은 군 제대 후 서울에서 공부를 하고 있다. 방목한 결과치고는 아이들이 각자 잘해주었고 늘 미안한 마음이 가득하다. 이 모든 축복에 가슴 깊이 감사하다.

사업 시작과 동시에 우리 부부는 시간이 허락되면 싸우는 게 일이었다. 일하는 방식이 마음에 안 들어서 싸우고, 말투가 마음에 안 들어서 다투고, 식성이 서로 다른 것도 싸움의 이유가 되었다. 서로 눈에 보이는 부분만 알고 있다가 그 뒷면을 발견하고부터 우리 부부는 하루하루가 지옥이었다. 사업을 시작한 지 한 달 만에 심하게 남편과 싸웠다. 근무시간 때문이었다. 남편은 점점 더 욕심을 부리기 시작했다. 오전 8시에 가게 문을 열었는데 한 시간 앞당겨서 7시에 일을 시작했다. 처음 사업을 시작할 때 우리가 예상했던 것보다 훨씬 수입이 많았음에도 욕심을 부리는 것이 나는 마음에 들지 않았다. 부부가 함께 일을 할 때 한 사람이 한 시간 더 일을 하면 나머지 배우자도 그만큼 보조를 맞춰야 하기 때문에 힘들어진다.

나는 오히려 남편과 반대의 생각을 가지고 있었다. 직원을 한 명 더 쓰고 아이들과 시간을 많이 보내고 싶었다. 아이들이 다 크고 나면 우리가 같이 놀아줄 필요도 없지만, 당시에는 한창 어리고 부모들과의 경험이 중요한 시기였으므로 육아에 중점을 두고 싶었다. 이런 의견 차이 때문에 우리는 매일 한 공간에 붙어있으면서 이래서 싸우고 저래서 싸웠다. 남편은 아직 빚도 갚아야 하고 그럴 시기가 아니라며 더 열심히 하자고 못을 박았다. 지금도 충분히 넘치게 열심히 일하고 있는데 말이다. 이렇게 생각이 다른데 10년 동안 그런 줄도 몰랐다는 것이 이상했다. 더 이상 일의 노예가 되기 싫었다. 앞으로 이 일을 계속하려면 멀리 내다봐야 하는데 몸도 챙기면서 하자고 달래도 보았다. 이러다 둘 중 하나라도 아프면 어쩔 텐가 으박지르기도 했다. 나는 평소대로 내 근무시간만 일하겠다고 선포를 했다. 남편은 내가 고집이 세다고, 그래가지고 되겠냐고 고함을 질렀고 나도 질세라 맞받아서 고함을 질렀다. 이 장면을 딸과 아들이 눈을 동그랗게 뜨고서 생방송으로 보고 있었다. 남편은 고집대로 일을 진행했다. 나는 평소대로 내 근무시간만 일했다. 한 시간 더 일하는 것은 내 몸에 무리였고 아이들에게 더 많이 미안한 일이었기 때문에 양보할 수 없는 일이었다. 이틀을 하고 나서 남편은 백기를 들고 다시 아침 8시에 가게 문을 열었다. 자기도 충분히 열심히 일하고 있고 더 하는 것은 몸이 피곤해서 힘들다고 인정을 했다. 매일 새벽 2시에 정리하고 가게 문을 닫은 후, 씻고 잠자리에 들면 새벽 3시가 넘었다. 아마 이때부터 남편의 수면시간이 4시간이었을 것이다. 하루에 4시간만 자면 충분하다고 주장하는 남자와 7시간은 잠을 자야 다음 날 힘들지 않고 컨디션이 좋다고 우기는 여자는 매일 말꼬리를 물고 트집을 잡으며 싸웠다.

우리 부부는 하등 논쟁의 여지도 없는 아무것도 아닌 일에 왜 목에 핏대를 세우고 싸웠을까? 왜 우리가 이렇게 되었을까?

남편이 직장생활을 할 때는 아침 일찍 출근해서 저녁 7시에 집에 들어오면 아이들 얘기를 하다가 TV 보면서 잠들고 싸울 일이 없었다. 옆집에서 싸우는 소리가 들리면 왜 싸우는지 이해가 되질 않았다. 평소에 알고 있던 모습만 계속 보고 있었다면 이런 일이 생기지 않았을 것이다. 나도 남편의 뒷모습을 보았고, 남편도 아침 일찍 일어나 직장에 다니다가 저녁 늦게 들어와서 보는 아내의 모습이 아닌, 하루 종일 같은 공간에 있으면서 보여지는 나의 다른 모습을 보았던 것이다. 우리가 10년 동안 보아온 모습은 빙산의 일각이었고, 24시간 함께 있는 지금 이 모습이 본래의 모습인데 우린 그것을 접수하기에는 충분한 준비가 되어있지 않았다.

남편이 직장생활을 할 때는 나에게 고함치는 일이 없었다. 항상 집으로 올 땐 아이스크림을 손에 들고 들어왔다. 아이 둘과 나는 활짝 웃으면서 아이스크림을 서로 먼저 남편의 입에 먹여주곤 했다. 명령하는 일도 없었다. "이 옷 내일 입을 거니까 준비 좀 해줄래?" 이렇게 부탁을 했었다. 이제는 남편의 입에서 나오는 모든 말들이 가시가 되어 가슴에 박혔다. "이것 해라. 저것 해라. 지금까지 뭐 했는데!" 모든 말들이 비수가 되어 나에게 박혔다.

다행히 사업은 대박이 났고 먹고살기에 지장이 없으니 감사했다. 사업이 잘되지 않았다면 우리는 싸울 시간도 없이 머리를 맞대고 어떤 방법이 좋을지 고민했을 것이다. 남편은 자기의 예상이 적중하자 목소리가 커졌고 업무적으로도 매우 빠르게 준비하고 대처하는 능력이 생겼다. 그와 함께 언제나 나보다 위에 있는 계층에서 군림하려 했다. 금고에 돈이 쌓일수록 남편의 목소리는 커져갔고, 나는 갈수록 말이 없어지고 목소리는 더욱더 기어들어 갔다. 남편은 목소리가 어찌나 크던지, 먹는 것이 모두 목소리로 가는 것 같았다.

일할 땐 완전 카리스마가 넘치면서 저녁에 잠들 때면 순한 양이 되었다. 딸과 아들의 잠든 모습을 보며 자기를 만나 고생시켜서 미안하다고 말하고 눈물을 흘렸다. 그 말은 입에 발린 소리가 아니라 진심으로 한 말이었고 나에게도 충분히 전해졌다. 내 얼굴이 예전의 얼굴보다 많이 상해있어서 미안했던 모양이다. 그 말 한마디에 그동안 서운했던 감정들이 눈 녹듯 사라졌다.

10년 동안 전업주부로 아이들 키우고 살림만 했으니 나는 지금 이 모든 것에 낯설고 자신이 없었다. 하고 싶지 않은 일을 억지로 하다 보니 일에 의욕도 없었다. 하루는 무표정한 얼굴로 카운터에 앉아있었다. "지금 일하기 싫나? 당신이 할 수 있는 건 뭔데?" 남편의 큰 목소리가 마음을 아프게 했지만 그 아픔이 약이 되었다. 퍼뜩 정신이 들었다. 이왕 시작했으니 열심히 즐겁게 해보자고 마음을 고쳐먹게 되었다. 또 무시당하지 않으려면 잘할 수 있는 무언가가 있어야 된다고 생각했다. 이때부터 나의 행동이 달라지기 시작했다. 긍정적이고 좋은 방향으로….

사업장에 조금이라도 더 도움이 되어주고 싶었다. 고작 내가 할 수 있는 일이란 청소, 제품 포장, 카운트, 장부 정리 정도였다. 나의 부족함을 알고 인정하고 나니 마음이 한결 가벼워졌고 방법을 찾아 도전하게 되었다.

일주일에 한 번은 나의 부족한 부분을 채우고 싶었다. 저녁마다 학교에 가는 건 아이들한테 미안했고 6개월 단위로 계획을 잡고 프로그램을 선정했다. 남편과 아이들한테 "매주 수요일은 창원대학교 평생교육원에 배우러 갈 거야!" 하고 통보를 했다.

가장 먼저 배운 것이 회계 관리였다. 숫자와 별로 친하지 않아서 도통 이해되지 않는 부분도 많았고 힘들었다. 그래도 대충 어떻게 회계처리를 하는지 알게 되었다. 알고 회계업무를 하는 것과 모르고 하는 것은 하늘과 땅 차이였다.

두 번째로 배운 것은 세무 관리였다. '어떻게 하면 세금을 적게 낼까?' 하는 고민은 사업하는 모든 사람들의 바람이다.

세 번째로 배운 것이 컴퓨터 활용능력이다. 마트의 모든 업무가 컴퓨터로 이루어지기 때문에 여러 가지 기능들을 배워놓으니 훨씬 더 일의 능률이 올라갔다.

네 번째로 배운 것이 POP글씨쓰기였다. 세일 행사를 하게 되면 예쁘게 글씨를 써서 고객들의 눈에 잘 띄는 곳에 붙였다.

일하는 것이 신이 났다. 내가 할 수 있는 일이 하나씩 늘어갈 때마다 성취감과 자신감이 쑥쑥 올라갔다. 항상 활짝 웃는 얼굴로 일을 했고 저녁에는 아이들에게 책을 읽어주면서 시간을 함께 보냈다. 처음엔 남편에게 조금이라도 도움이 되고 싶어서 시작한 도전이지만, 체득하고 나니 고스란히 나를 채우고 성장하게 한 소중한 밑거름이 되었다.

똑같은 일인데 마음먹기에 따라 행동과 표정이 이렇게 달라질 수 있구나 하는 것을 새삼 느꼈다. 이 일을 통해 배운 교훈은 두 가지다.

첫째는 '누군가에게 내가 어떤 도움을 줄 수 있을까?'를 생각하면 오히려 쉽게 해답이 나온다는 것이다. 누군가가 시켜서 하면 억지로 하게 되는데 그 질문을 자신에게 던지면 내가 주체적으로 방법을 찾게 되고 선택하게 된다. 선택을 한다는 것은 책임도 내가 진다는 것이고, 그렇기 때문에 최선을 다하게 된다. 둘째는 수많은 고객들을 만나 부딪치고 마주하는 동안 얼굴 빨개짐도 없어지고 자연스럽게 눈 맞춤, 얼굴 표정, 말투, 태도 등 모든 것에 자신감이 생겼다는 것이다. 이 깨달음으로 내 속에 숨은 보석들이 충분히 많이 있음을 알게 되었다.

나는 기꺼이 즐거운 마음으로 보석을 캐내는 작업을 하기로 결심했다. 배우는 기쁨을 알고 나니 이제는 업무적인 부분이 아닌 내가 진짜로 하고 싶은 것, 좋아하는 것을 배워보고 싶은 욕구가 스멀스멀 올라왔다.

잃어버린
나

걸을 때마다 무릎이 따끔따끔 아팠다. 특히나 계단을 오를 때는 별 고통을 느끼지 못했는데 내려올 때는 마음 놓고 내려올 수가 없었다. 왼쪽 무릎이 아프니까 나도 모르게 체중이 오른쪽으로 쏠리면서 자동으로 절뚝거리며 계단을 내려왔다. 근무시간에는 무릎이 아파도 어찌어찌해서 일을 하는데 마치고 나면 다리가 무거워서 한 짐이다. 저녁에 잠자리에 들면 자다가도 몇 번이나 통증으로 일어났다. 이러다 괜찮겠지 하고 보낸 시간이 한 달이 지났다. 마트 일도 눈코 뜰 새 없이 바쁘고 짬이 나지 않아서 병원 가는 걸 차일피일 미루다가 이 지경이 되었다. 내가 봐도 미련한 정도가 넘었다.

도무지 나아질 기미가 보이지 않아서 병원에 갔다. 병원엔 아픈 사람들이 어찌 그리 많은지 번호표를 뽑고 기다리는 시간만 30분이다. 무릎 증상을 듣고 의사는 엑스레이 촬영을 해보자고 했다.

사진을 보면서 설명을 하는데 무릎연골 부위에 염증이 심하고 연골 손상이 심하다고 했다. 더 정밀하게 판단을 하려면 MRI 촬영을 해야 한다고 권유했다. 얼떨결에 MRI 촬영까지 마쳤다. 의사는 사진을 보면서 상세하게 설명을 해주었다. 무릎연골이 찢어지면서 뿌옇게 보이는 부분들은 다 걷어내고 연골이 닳아있는 부위에 통증을 줄여주는 시술을 해야 한다고 말했다. 흔히 말하는 퇴행성관절염이란다. 무릎에 두 개의 구멍을 뚫어서 내시경으로 시술을 하기 때문에 시간도 많이 걸리지 않고 회복도 빠르다고 했다.

약 처방을 받으면 괜찮겠지 하고 왔는데 이게 무슨 날벼락인가? 방망이로 세게 한 대 맞은 기분이었다. 그동안 열심히 일한 대가가 이런 것이란 말인가? 해도 해도 너무한 거 아닌가? 열심히 일한 대가치고는 너무 잔인했다. 억울함과 원망이 올라왔다. 주사를 맞고 누워있는데 그제야 반성이 되었다. 몸에서는 몇 번이나 신호를 보냈는데 무시하고 모른 체했다. 몸은 단단히 화가 나서 무시한 대가를 이렇게 돌려주나 보다. 그동안 몸을 아껴주지 못했음을 자책했다.

일단 일주일 치 약을 처방받아서 병원을 나왔다. 발걸음이 무거워서 걷기도 힘들고 온몸에 힘이 하나도 없어 주저앉고 싶었다. 남들의 눈이 없었다면 그렇게 했을 것이다. 집에 가서 푹 쉬고 싶었는데 가게로 갔다. 집에 가본 지도 언제쯤인지 가물가물하다. 가게에 방을 하나 만들었는데 처음엔 잠시 쉬는 공간으로 쓰려고 했었다. 그런데 일을 마치면 피곤하고 집에 가는 것도 귀찮아서 가게에 딸린 방에서 먹고 자고 하게 되었다. 집에서 가져온 침대, 화장대, 책꽂이 이렇게 필요한 것만 단출하게 해놓고 생활했다. 딸아이는 우리 사업장이 있는 동네 초등학교로 전학을 시켰고, 아들은 유치원 버스가 우리 매장으로 왔다. 사업을 시작으로 갑자기 모든 생활권이 바뀌고 우리가 예상했던 것보다 훨씬 더 많은 변화가 일어났다. 아침 7시에 일어나 식구들 아침 준비하고 설거지가 끝나면 바로 매장 문을 열고 일을 한다. 남편은 딸아이를 학교에 태워다 주고 농산물시장에 가서 과일이나 야채 등의 장을 봐 왔다. 어시장에서 장보는 품목들도 많았다. 남편이 작업실에 장을 본 식품들을 부려놓으면 그다음엔 남편이 카운터를 보고 내가 야채를 다듬으며 과일을 포장했다. 지금은 소포장이 대세지만 18년 전에는 소포장이 거의 없었다. 사실 사업이 대박 난 건 이 소포장 덕분이다. 우리 매장의 손님 8할은 원룸에서 생활하는 대학생들과 직장인들이었다. 대학생들은 싸고 푸짐한 것을 원하지 않았다. 좋은 제품과 적은 양을 원했다. 우리는 과일이나 야채, 건어물 등 거의 모든 식품들을 소포장화했다. 소포장 작업은 그만큼 손이 많이 갔고 시간도 두 배로 들었다. 포장 작업이 끝나면 딸이 먼저 오고 그다음에 아들이 온다. 반갑게 맞이해 주고, 간식 챙겨주고, 씻기고, 옷 갈아입히고, 빨래하고 하다 보면 금방 저녁식사 시간이 되었다. 저녁을 먹고 있다가도 남편이 배달을 갈 때는 오물거리면서 카운터로 가서 일을 했다. 남편이 돌아오면 늦은 저녁시간 아이들이 잠들기 전에 책을 읽어주곤 했는데, 항상 아이들보다 내가 먼저 잠이 들었다. 한 공간에서 24시간을 생활하다 보니 따로 출퇴근이 없었다. 차라리 퇴근을 했더라면 눈에 일이 보이지 않으니 안 하면 그뿐인데 현실은 그러질 못했다. 작업장에서 포장할 때도 내내 서있어야 했고 카운터에서도 내내 서있어야 했는데 그렇게 장시간 한 자세로 있었던 것이 무릎에 가장 치명적인 영향을 미쳤나 보다.

남편은 병원에 다녀온 나의 얼굴을 쳐다보면서 괜찮은지 물었다. 괜찮지 않다고 말했다. 시술을 해야 하고 한 달은 일을 하면 안 된다고 말했다. 남편은 미안한지 담배만 연신 피워댔다. 이럴 땐 아무 말을 하지 않는 것이 오히려 위안이 되었다. 무슨 말이라도 한마디 하면 울음보가 터져버릴 것 같았으니까. 속상한 마음은 남편도 마찬가지일 테니까.

우리는 한동안 말없이 자기가 맡은 일만 했다. 직원을 구하고 시술 날짜를 잡았다. 시술하기 하루 전에 입원을 할 때도 오후 4시까지 일을 마무리하고 병원에 갔다. 6인실 병실에는 무릎, 어깨 전문 병원답게 거의 모든 환자들이 다리에 깁스를 하고 있었다. 한 사람만 어깨를 고정하는 보조기구를 차고 있었다. 옆의 침대에서 "아직 무릎 시술할 나이가 안 된 것 같은데."라고 했다. 병실에 누워 있는 내내 가장 슬펐던 건 내가 여섯 명 중에 나이가 가장 어렸다는 것이다. 무릎시술이나 수술을 한 환자들 대부분은 50대 중반에서 60대였다. 그들은 그만큼의 세월 동안 몸을 사용했으니 당연히 수리도 해야 한다고 받아들였는데, 나는 그때 40대 중반이었다.

다음 날 수술실에 들어갔다. 수술실은 차갑고 추웠다. 하반신 마취를 하고 내시경으로 시술하는 장면을 하나도 놓치지 않고 봤다. 무릎 양쪽에 두 개의 작은 구멍으로 내시경이 들어갔다. 신기했다. 내시경이 들어가니까 선명하게 보였다. 진공청소기로 쓰레기를 빨아들이듯 연골이 닳은 너덜너덜해진 부위를 깔끔하게 정리했다. 연골 닳은 부분엔 마찰이 덜 가도록 시술을 했다. 시술은 간단했고 20분 만에 끝났지만 그 후의 고통은 끔찍했다. 무통진통제를 달고 있어도 밤새도록 잠을 잘 수가 없었다. 피 주머니를 차고 왼쪽 시술한 다리는 깁스를 한 채 높이 올려놓아야 했다. 받침대가 있어 다리를 올리기는 편했는데 꼼짝도 못 하고 그 자세로 계속 있으려니 그것도 고통이었다. 첫날은 하루빨리 이 고통이 없어졌으면 하는 생각뿐이었다. 둘째 날엔 고통도 어느 정도 익숙해졌고 어제보다는 덜 아파서 그나마 다행이었다. 셋째 날은 휠체어를 타고 화장실에 가서 잠시 창문 쪽으로 밖을 내다볼 수 있는 여유도 생겼다. 창밖으로 보이는 도로의 자동차들과 걸어 다니는 모든 사람들이 부러웠다. 신체 중에 어느 곳이나 다 소중하지만 다리를 사용하지 못한다는 것은 감옥 그 자체였다. 어디를 가고 싶어도 갈 수 없고, 씻는 것도, 기본적인 용변을 보는 것도 몇 배의 시간이 걸렸다.

환자 여섯 명 중에 최고 왕언니는 손자 자랑을 침이 마르도록 했다. 손자와 하루에도 몇 번씩 영상 통화를 했고 그 시간만큼은 가장 행복한 얼굴을 하곤 했다. 어깨가 아픈 언니는 잠 못 드는 밤이 무섭다며 이리저리 다니면서 차라리 다리 아픈 게 더 좋겠다고 했다. 꼼짝 못하고 누워있는 우리 다섯 명은 약속이나 한 것처럼 "그럼 바꾸자!"라며 합창을 했고 모두 다 웃음보가 터졌다. 모두 각자 자기 입장에서 생각했을 때 어깨 아픈 언니는 잠이라도 잘 수 있는 다리 아픈 우리를 부러워했고, 다리 아픈 우리는 걸어 다닐 수 있는 어깨 아픈 언니를 부러워했다. 나는 어깨가 깨져본 적이 없어서 그 고통을 다 알지 못했고, 어깨 아픈 언니는 걸어 다닐 수 있어서 다리 수술한 우리의 불편함을 몰랐을 것이다. 어느 정도 불편은 하겠지 상상으로만 가늠이 될 뿐….

평소에 마트 일을 하면서 잠을 충분히 잤으면 하는 것이 소원이 있었는데 병원에서 그 소원을 풀었다. 3일 동안은 밀린 잠을 채웠고 원도 없이 잤다.

남편은 하루도 빠지지 않고 병원에 왔다. 병실의 언니들은 우리 부부가 금슬이 좋다고 했다. 남편이 나를 보러 온 건지, 거래처에 텔레뱅킹을 하려고 온 건지 모르겠지만 매일 와준 것만으로 감사했다. 토, 일요일은 아이 둘을 데리고 왔다. 일주일 만에 엄마 얼굴을 보고 아이들은 울었다. 사전에 이러이러해서 병원에 한 달은 입원할 거라 말을 했는데 어린아이들 입장에선 그 한 달이라는 것이 이렇게 많은 날들인 줄은 몰랐을 것이다. 딸은 손을 꼭 잡고 놓아주질 않았고, 아들은 침대 위로 올라와 옆에 누워서 나를 꼭 안았다. 엄마의 냄새와 숨결이 그리웠나 보다. 아니 엄마가 고팠을 것이다. 아들은 몇 밤 더 자면 올 수 있냐고 물었다. 오늘부터 열 밤을 두 번 하면 갈 수 있다고 말했다. 아이들은 내가 아무것도 할 수 없어도 좋으니까 그냥 옆에 있어주기만 해도 된다고 빨리 왔으면 좋겠다고 했다. 어린 꼬마들이 어떻게 이런 말을 할 수 있을까? 그 말이 어찌나 눈물 나던지.

늘 바쁘게 살다가 병원에서 텅 빈 시간을 맞았다. 시간에 여유가 생기니까 생각에 잠기는 일이 많아졌다. 앞으로는 내 몸을 아끼고 사랑해야지. 내 몸이 아프면 모두 무슨 소용이란 말인가. 남편에게 근무시간을 4시간 줄여줄 것을 요구했다. 남편은 흔쾌히 승낙을 했고 나의 빈자리가 크다는 걸 절실히 알게 되었노라고 했다. 병원생활은 내 몸을 챙기는 계기가 되었고, 남편도 나의 소중함을 깨달아 우리 부부에겐 소중한 경험이 된 셈이었다. 또 한 가지, 경운기 사고로 다리가 불편하신 친정아버지 생각이 가장 많이 났다. 얼마나 외로우셨을까? 마음대로 나가시지도 못하는 그 심정이 오죽하셨을까?

내 다리가 불편하고 나서 그제야 자주 찾아뵙지 못한 죄스러움이 목까지 차올랐다. 언니랑 형부가 옆에서 살뜰히 아버지를 챙겨주시는 걸 믿고 매달 용돈 드리는 것으로 효를 다한다고 생각하며 나의 도리를 회피한 것을 가슴 깊이 반성했다. 앞으로 자주 찾아뵙고 가까운 곳에 모시고 다니며 바람이라도 쐬어드려야겠다고 다짐을 했다. 아버지를 위해서 무엇을 해드려야 할까 많은 생각을 했다. 병원에 있는 동안 속죄하는 마음으로 지금껏 살면서 가장 많이 아버지께 전화를 드렸다.

병원에서 주어진 시간에는 틈만 나면 책을 읽었다. 평소에 TV는 자주 보지 않던지라 드라마 앞뒤 내용 연결이 되지 않아 재미가 없었다. 병실 언니들은 요일별로 드라마를 외우고 있었고 눈이 빠지도록 보면서 재밌어했다. 병문안 오는 사람들이 무엇이 먹고 싶으냐고 물으면 나는 책이 먹고 싶다고 했다. 고맙게도 먹을 것 대신 책을 사다 준 지인 분들이 참으로 고마웠다. 퇴원해서 읽은 책을 헤아려보니 30권이었다. 거의 하루에 한 권을 읽었고 어떤 날

은 진도가 더 많이 나간 적도 있었다. 병원생활을 하는 동안 내 몸
이 가장 소중하다는 깨달음과 뜨개질과 책을 읽을 시간을 얻게 된
것은 나쁘지 않았다.

〈무릎 시술 병원에서 뜨개질한 작품〉

무엇을 위해
살아가는가

　무릎 내시경 시술을 받고 몸을 아껴야 한다는 것과 열심히 일만 하며 사는 것은 어리석다는 걸 깨달았다. 이젠 내가 진짜 좋아하는 걸 하면서 살아봐야겠다고 결심했다. 생각이 바뀌니까 행동이 바뀌고 생활에 조금씩 변화가 일어났다. 하고 싶은 것을 적어보았다. 외국 여행, 번지점프, 제주 올레길 걷기 등을 하나씩 적어나갔다. 예전에는 사업장에 필요한 프로그램을 배웠다면 이제는 내 마음에서 하는 말을 들어주기로 했다. 온전히 내가 좋아하는 것을 찾아 집중하기로 했다.

　버킷리스트에 번지점프가 있다는 얘기를 학우들에게 했다. 부끄럽게 공표를 했는데 의외로 번지점프를 해보고 싶어 하는 사람이 많았다. 4명이서 머리를 맞대고 이왕이면 제일 높은 곳에서 해보자는 제안이 나왔다. 높이는 상관없고 번지점프만 하면 되는데 일이 커져가고 있었지만 생겨나는 설렘은 나를 기분 좋게 했다.

우리나라에서 가장 높은 번지점프를 검색해 보니 충북 제천에 있었다. 날짜와 시간을 정해서 부푼 꿈을 안고 3시간 40분을 운전해서 갔다.

번지점프를 하기 전 안전사고와 관련된 교육을 받고 62m 높이에 올라갔다. 말이 62m이지, 숫자에 약한 나는 62m가 그렇게 높은 줄 꿈에도 몰랐다. 얼마나 무서운 높이인지 해보지 않은 사람은 절대 모를 것이다. 밑에서 올려다본 높이와 위에 도착해서 내려다보는 높이감은 하늘과 땅 차이 만큼이다. 위에서 내려다보니 공포감이 몇 배로 커졌다. 공포의 높이에서 다리는 후들후들 걸음이 걸어지지 않았다. 심장은 쿵쾅거리며 방망이질 치기 시작했다. 밑의 사람들이 모두 개미처럼 보였다. 계시지도 않는 엄마야 소리가 자동으로 나왔다. 왜 여기에 와있는가! 이 사실이 꿈이었으면 싶었다.

그러다가 누가 억지로 끌고 온 것도 아니고, 내가 내 발로 와서 번지점프의 경험을 해보겠노라 한 것이 아닌가 하는 생각이 퍼뜩 들었다. 그래, 이왕 왔으니 한번 해보자. 용기를 내서 마음을 단단히 먹었다. 인솔자의 안내로 어찌어찌해서 번지점프 난간 끝까지 왔다. 인솔자는 "저기 앞산에 90도로 절을 하면 됩니다. 하나 둘 셋 하면 절을 하십시오." 했다. 인솔자가 셋을 외치자 내 몸은 공포로 가득 차서 어쩔 줄을 몰랐다. 또다시 마음을 단단히 먹었지만 몸은 꼼짝을 하지 않았다. 첫 번째 도전은 실패로 끝났다. 두 번째 도전을 하려는데 "유언장을 안 써놓고 왔어요."라고 인솔자한테 말했다. 돌아온 대답은 냉정했다. "죽진 않습니다."

"아닌데…, 죽을 것 같은데요." 죽을 각오가 없으면 도저히 할 수 없었다. 순간 딸, 아들, 남편이 떠올랐다.

그동안 잘해주지 못한 것만 떠올랐고 만약 내가 살아서 집에 간다면 가족들에게 정성을 다해서 사랑만 듬뿍 주어야지 생각했다. 지금 죽을 수도 있다고 생각해 본 뒤에야 비로소 어디에 가치를 두어야 하는지, 중요한 것이 무엇인지 깨닫게 되었다. 남편에게 투정도 부리지 않고 아이들에게 잔소리는 절대 안 하겠다고 다짐했다.

'이렇게 죽는다면 억울하다. 그동안 다른 사람을 위해 무엇을 했지?'

짧은 순간 오만가지 생각이 스쳐 지나갔다.

"이 줄이 당신을 지켜줄 겁니다. 준비하십시오." 인솔자의 말을 믿고 스스로 "하나, 둘, 셋" 하며 외쳤지만 몸은 굳은 채 얼어있어 꼼짝을 하지 않았다. 먼저 뛰어내린 학우는 밑에서 손을 흔들고 파이팅을 외친다. 개미가 분주하게 움직이는 것처럼 보였다. 인솔자가 "이번이 마지막 기회입니다. 지금 못 하시면 올라왔던 엘리베이터를 타고 내려가야 합니다. 선택하십시오." 하고 말했다.

몇 초 만에 점프를 할 것인가, 엘리베이터를 타고 갈 것인가 선택을 해야 했다. 엘리베이터를 타고 내려가고 싶지는 않았다. 점프를 해야겠다고 마음을 먹는 순간 모든 것이 변했다. 짧은 순간 죽음을 생각했다. 이렇게 죽는다면 억울했고, 그동안 사랑을 베풀지 못한 어리석음을 반성했다. 그런 다음 모든 걸 내려놓았다. 욕심도 일도 내려놓고 조금이라도 나누는 삶을 살아야지 생각했다. 내려놓는다는 게 얼마나 어려운 일인지 알게 되었다. 죽을 각오를 해야만 한다는 것을…. 내려놓음을 통해 편안해진 마음으로 지금 마주보고 있는 풍경과 내가 하나가 되었다.

"오늘 여기 와서 이렇게 멋진 풍경을 본 것만으로도 충분히 감사합니다."

앞산을 보고 감사하다고 절을 했다. 내 몸의 무게가 앞으로 쏠리면서 자동으로 번지점프가 되었다.

"아···, 악"

62m나 되는 긴 줄의 반동으로 심장이 쫄깃해졌고, 기절할 것 같았다. 한참을 고함만 지르다가 반동의 세기가 약해지고 반동에 익숙해질 즈음 풍경이 눈에 들어왔다. 이쪽으로 오니 산이 보였다가 저쪽으로 가니 비취색 청풍호가 보였다. 참으로 아름다웠다. 기절하지 않은 것이 더 신기했다. 안내자가 배를 준비해 밑에서 기다리고 있었다. 배에서 내려 육지로 왔을 땐 목이 쉬어있었다. 그리고 땅바닥에 퍼져 앉아 펑펑 울었다. 누가 보든지 말든지 체면은 중요하지 않았다.

이걸 해내다니 믿기지 않았다. 울보이고 겁쟁이인 내가 해내다니. 성취감에 눈물과 콧물이 범벅이 되어 내가 누구인지 학우들이 알아보지 못할 판이다.

'기쁨의 눈물이란 이런 것이구나. 죽을 것만 같은 공포감을 극복하다니….'

나는 대단한 아이였다. 이것도 해냈는데 이젠 무엇이든 할 수 있다는 용기가 생겼다. 놀이공원에서 바이킹도 못 타면서 번지점프를 하다니 나의 용기에 박수를 힘껏 쳤다. 역시 나는 끝까지 해낼 수 있는 아이였다.

　번지점프 인증 샷을 카카오스토리에 올렸더니 많은 사람들이 용기가 대단하다고 말했다. 일기장에는 '내 안에 보석을 발견한 날'이라고 적었다. 오늘 발견한 보석들은 용기, 담대함, 끈기이다. '담대하다'를 사전에서 찾아보니 "겁이 없고 배짱이 두둑하다."라고 적혀있었다. 겁이 없고 배짱이 두둑하진 않은데 내가 어떻게 해냈을까? 내가 생각하는 담대함이란 최선을 다하고 나서 그 뒤에 오는 모든 것을 기꺼이 받아들이고자 하는 겸허한 마음이라고 생각한다. 나는 뛰어내리기를 선택했고 몸을 던졌다. 그 뒷일은 신이 있다면 알아서 하시길….

〈번지점프, 번지점프 인증서〉

이 사건으로 많은 변화가 생겼다. 집으로 돌아와서 남편을 꼭 안아주며 "못나고 나밖에 모르는 이기적인 나를 용서해 달라."고 했다. 함께 일하면서 얼마나 모진말로 상처를 주었던가. 진심으로 사과했다. 착하고 성실한 남편에게 차마 입에 담지도 못할 말을 수없이 던졌던 과거의 시간을 사죄했다. 딸아이와 아들을 안고서도 한참을 반성의 눈물을 흘렸다. 사랑한다는 표현을 많이 해주고 될 수 있으면 아이들의 눈높이에서 생각해 보려고 노력하기로 했다. 그동안 얼마나 아이들에게 바쁘다는 핑계로 아무것도 해주지 못했던가. 무슨 말을 해도 바쁘니까 나중에 얘기하라고 얼마나 밀어내기만 했던가. 그 죄를 용서받기 위해 아이들에게 내가 해줄 수 있는 범위 내에서 시간을 많이 보내주기로 했다. 엄마로서 보호자로서 사랑을 듬뿍 주기로 했다. 남편에게도 그저 옆에 있어줘서 고맙고 남편으로서 아버지로서 최선을 다하는 모습이 이제야 눈에 들어오게 되었다. 그동안 가장 가깝다는 이유로 함부로 말하고 무시하고 등한시했던 걸 반성했다. 가족은 나의 또 다른 모습이기에 무조건 감싸주고 사랑해야 됨을 깨닫는 시간이 되었다.

번지점프를 통해 죽음의 순간을 생각했다. 이렇게 왔다가 죽는다면 의미가 없을 것 같았다. 지금부터 재미있게 살아야지, 의미 있는 일을 해야지, 더 많이 웃고 더 많이 행복해야지, 가족에게 사랑을 듬뿍 주어야지, 이런 생각만 가득했다.

시간은 영원한 것이 아니라는 깨달음과 동시에 유한한 시간을 누구랑 어떻게 보낼 것인가가 중요한 물음으로 내게 다가왔다. 중요한 우선순위가 나왔다. 첫 번째로 나를 사랑하기로 마음먹었다. 두 번째로는 가족이 가장 중요하다. 될 수 있으면 밝게 웃는 모습으로 마주해야지 다짐했다. 세 번째는 다른 사람들에게 도움이 되는 일을 해보자고 결심했다.

나는 많이 웃기로 했다. 내가 하고 싶은 걸 하기로 선택했다.

배우고 싶거나 경험하고 싶은 것은 해보기로 마음을 먹었다.

다른 사람을 위해 도움이 되는 일은 무엇인지, 어떤 도움을 줄 수 있을지도 고민을 하기 시작했다. 내일 당장 내가 죽는다고 해도 누군가 한 사람에게라도, 눈곱만큼이라도 도움을 주었다면 후회는 하지 않을 것 같았다. 다른 사람에게 도움을 주는 그 어떤 일을 찾아보기로 마음먹었다. 작은 것부터, 가까운 곳에서부터.

예전에는 남편 때문에 내가 슈퍼마켓 일을 하게 되었다고 투정을 부렸다. 다른 일도 많은데 하필 슈퍼마켓이냐고 한 적도 있었다. 이 일 때문에 다른 것을 할 수 없다는 피해의식도 있었다. 이 일은 단지 물건을 파는 돈벌이라고만 생각했고 그 의식 안에 갇혀 있었다. 이제는 이 일을 통해 배우는 것이 많다는 사실에 감사하다. 지금 이 업무가 나를 성장시켜 주었으며 단순한 돈벌이가 아니라 그 이상의 훨씬 소중한 의미가 있다는 걸 깨달았다.

이 세상에 하찮은 일은 없다. "이 일을 통해 내가 무엇을 할 수 있을까?" 하고 물어보면 그 의미를 찾을 수 있다.

일을 하다가 좋은 매너와 친절함을 지닌 고객들로부터 오히려 내가 에너지를 받기도 한다. 그러면 나도 다음에 다른 물건을 사러 갈 때 저렇게 해야지 하고 배운다. 진상고객을 만날 수도 있다. 그러면 나는 나중에 저러지 말아야지 하고 배운다. 동네에서 슈퍼마켓을 하다 보니 경제적으로 어려운 가정을 만나기도 한다. 사과나 바나나, 귤을 챙겨줄 수도 있다. 봄나물을 나누어 먹을 수도 있다. 대학생들에게 따뜻한 차 한 잔을 건넬 수도 있다. 우산 없이 비를 맞는 고객에게는 놀고 있는 우산을 쥐여줄 수도 있다.

이 일을 통해 내가 배운 눈 맞춤, 얼굴표정, 말투, 태도 등 모든 것들이 강의하는 데 많은 도움을 주었음을 고백한다. 편안하고 거리낌 없이 열린 마음으로 사람을 대하는 습관은 강의할 때 큰 장점으로 살릴 수 있었다.

세상을 위해서 거창한 일을 할 필요는 없다. 내 주위에 있는 사람들을 어머니와 같은 마음으로 살피고 주의를 기울이자. 지금 하고 있는 일이 힘들어서 울기도 많이 울었다. 그동안 쌓아온 18년이라는 축적된 시간이 쉽지만은 않았다. 사업이 잘될 때도 있었고 수고의 대가보다 못한 경우도 있었다. 실패했다손 치더라도 실패로 얻은 교훈이나 배운 점이 있다면 실패가 아니라 앞으로 잘되기 위한 디딤돌이다.

힘든 역경을 극복하는 과정에서 감정을 조절하는 능력이 좋아졌고, 좌절을 극복하는 능력도, 다른 사람과 어울리는 능력도 향상되었다. 사람의 관계 속에서 경험으로 얻어진 그 모든 것이 지혜로 자리를 잡았다. 똑같은 일이나 비슷한 일이 반복되면 이제는 지혜롭게 처리할 수 있는 그만한 노하우가 생겼다.

무엇을 위해 살아가는가?가 거창하다면, 지금하고 있는 일을 통해 나는 무엇을 할 수 있을까?를 다시 물어보고 의식을 확장해 보자. 나만의 색깔로 나다운 쓰임새를 찾아보자.

무지의
발견

일요일이었다. 10시까지 늦잠을 잘 수 있는 날이다. 아이들이 학교를 가지 않으니까 아침잠을 늘어지게 자고 11시에 일어났다. 아이들은 TV를 보고 있었다. 눈곱을 떼고 아이들에게 말했다. "아빠는?"

아들이 말했다. "일하고 계세요."

"오늘 하루는 쉬어도 되겠구만, 아빠는 왜 저리 일을 하시니?" 주인도 없는 말을 아이들한테 했다. 밥을 준비하려고 방에서 나와 보니 남편은 창고정리를 한다고 장갑을 끼고 혼자서 분주하게 움직이고 있었다. 직원은 출근해서 나를 보고 인사를 꾸벅 한다. 남편과 눈을 마주치고도 알은체도 안 하고 김치찌개를 끓였다. 계란 프라이, 김, 멸치볶음, 하동에서 가져온 고들빼기김치를 상에 올렸다. 아침도 아니고 점심이다. 먹는 걸 선택할래 잠을 선택할래 하면 나는 주저 없이 잠을 택했다. 항상 잠은 자도 자도 모자랐다. 아들 보고 아빠 들어오시라고 말을 전하고 네 명이 식탁에 둘러앉아 밥을 먹었다. 김치찌개 맛있네 하고 밥 한 공기를 뚝딱 비운다. 지금껏 살면서 남편은 한 번도 반찬 투정을 한 적이 없다. 주면 주는 대로 맛있게 먹어줬다. 식성이 좋아서일 테지만 친정엄마도 살아계실 때 "허 서방은 잘 먹어서 성격도 좋을 거야." 이런 말씀을 하셨다. 남편은 한 그릇을 다 비우고 "어머님 더 주세요." 했다. 그러니 엄마 입장에서는 잘 먹는 사위가 이물감이 없고 편했을 것이다.

아침을 먹다가 "열심히 일한 당신 떠나라."라는 광고가 TV에 나왔다. 이 광고를 보고 있으면 어디론가 훌쩍 떠나고 싶은 충동이 일어난다. 정말로 딱 하루만이라도 떠나고 싶었다. 남편 보고 이 말을 나에게 해달라고 했다. 남편은 아무 말이 없다. 그 뜻은 안 된다는 말이다. 내 말이 먹히지 않자 아이들에게 어질러진 쓰레기를 치우라고 고함을 질렀고, 식사하고 잠시 쉬고 있는 남편에겐 TV만 보고 손도 까딱 안 한다고 잔소리를 했다. 몇 시간이 흘러 잠들은 척 누워있는데 고생한다고 미안하다고 두 손을 꼭 잡아준다. 얄미워서 한동안 말도 안 하려고 했는데 봄눈 녹듯 사라졌다. 매번 다툼이 있고 토라지고 툴툴대고 힘들어하는 나를 보듬어주고 달래주는 건 남편이었다.

남편은 하루를 마감할 때 소주 한 병을 마셨다. 그만큼 하루가 치열하고 힘들었다는 것이다. 술이 들어가면 남편은 마음속에 있는 말을 꺼내기 시작한다. 늘 자기가 부족하고 미안하다는 말을 시작으로 마지막엔 조금만 더 고생을 하자는 당부였다. 마지막 말을 들으면 가슴이 답답하고 화가 났다. 매일 일만 하자니 도대체 사람인가 기계인가. 낮에 다툰 일을 남편은 다시 꺼냈다. "당신하고 애들 데리고 나도 훌쩍 떠나고 싶다. 아니 혼자 훌쩍 떠나고 싶다. 난들 일만 하고 싶겠나. 연세 많은 아버지한테도 장인어른한테도 빚을 졌으니 그 빚 갚을 때까지만 열심히 하자. 힘들어도 조금만 더 도와주라. 다행히 사업이 잘되니 얼마나 감사한지 사업이 안되면 우리가 지금 어찌 됐을지 한번 생각해 봐라." 하나에서 열까지 다 맞는 말인 줄 안다. 말싸움을 하면 지는 쪽은 언제나 나의 몫이다. 더 이상 반기를 들지 못하고 그냥 체념하고 만다. 술기운을 빌려 남편은 덧붙인다. "자식이 용돈을 드리지는 못할망정 돈을 빌려 왔으니 그 고마움을 보답하려면 하루 빨리 갚아드려야 되지 않겠나. 두 아버지를 위해서라도 우리는 성공해야만 한다 말이다. 열심히 하지 않으면 다른 방법이 없다." 결국 남편은 눈물을 보이고 만다.

누구보다 가장으로서 남편의 어깨가 무거웠을 것이다. 나만 힘든 것이 아니었는데 왜 나는 그동안 툴툴거리고 못된 소리만 했을까 반성을 했다. 남편의 속 깊은 마음을 헤아려보니 가장 힘든 사람은 남편이라는 걸 알게 되었다. 매달 우리 몫의 대출이자, 시아버님 대출이자, 친정아버님 대출이자를 떼고 나머지는 두 구좌를 개설해서 정기적금을 부었다. 두 아버님께 빌린 원금을 갚아드리기 위해서.

3년을 계획하고 열심히 매달 정기적으로 적금을 부었다. 애들 학원 보내고 책 사고 그 외 경비는 지출 목록에 없었다. 알뜰살뜰 통장으로 돈이 들어갔다. 이젠 싸우는 것도 지쳤고 포기하고 남편의 계획대로 맞춰 주기로 마음먹었다. 계획성 있게 일을 처리하고 실행에 옮기는 남편이 멋지게 보였다. 책임감이 강하고 성실한 남편에게 오히려 존경심이 생겼다. 이제야 철이 조금 들어가고 있나 보다.

나의 그릇이 얼마나 작은지 깨닫기까지 오랜 시간이 걸렸다. 가족을 다 보듬어주기까지 철없고 나만 생각한 이기적인 나는 잔인한 말도 많이 했다. 언어폭력의 극치를 보여줬다 해도 모자랄 것이다. 이제는 그만큼의 용서를 구하려면 그 어떤 방법이라도 하고 싶었다. 아이들은 활짝 웃는 얼굴로 맞이하고 남편에게도 따뜻한 말을 해줘야 한다. 그동안 엄마가 많이 부족했고 때로는 매를 들기도 한 것을 용서해 다오. 너희들처럼 착하고 천사인 아이들이 어디 있다고 그런 못된 짓을 했을까? 남편은 무지막지한 온갖 소리를 듣고 또 얼마나 힘들었을까. 엄마가 그동안 아무것도 모르고 내 감정에만 휩싸여서 화풀이한 것도 다 미안하구나. 부디 용서해 다오. 아이들과 남편에게 진심으로 미안하고 부끄러웠다.

아들 일기장을 보았다. "내가 4시에 태권도를 마치고 오면 아빠가 잠만 쿨쿨 잔다. 하지만 밤에 오줌 누러 일어나 보면 아빠가 가게에서 일을 하셨다. 그래서 아빠가 낮잠을 자는 이유를 알았다. 우리 아빠는 가족을 위해서 많은 일을 하신다." 이렇게 짧은 일기를 읽는데 얼굴이 화끈거렸다. 초등학교 1학년도 아빠가 가족을 위해서 일하는 걸 아는데 나는 아들보다 속이 좁은 엄마였다.

일주일이 지났다. 생일이라 다른 날보다 한 시간 일찍 일어났다. 오늘의 주인공은 남편이다. 오곡을 넣은 찰밥이 압력솥에 칙칙 소리를 낸다. 콩나물, 시금치, 고사리는 어제 저녁에 무쳐놓았다. 소고기와 홍합을 참기름에 볶아서 미역국을 끓였다. 미역국은 우리 식구 모두가 좋아해서 큰 냄비에 가득 끓였다.

남편은 갈치를 가장 좋아한다. 팔뚝만 한 걸 프라이팬에 중불로 노릇하게 구웠다. 딸과 아들은 둘이 용돈을 보태서 미니케이크를 사왔다. 케이크에 불을 붙이고 생일 축하 송을 불렀다. 딸이 먼저 편지를 읽었고 그다음에 아들이 편지를 읽었다. 하나같이 아빠에 대한 고마움과 건강을 염려하는 내용이었다. 어제 저녁에 문방구에 가서 카드를 사고 책상에서 편지 쓰고 있는 걸 봤을 때 아이들이 기특하기도 하고 너무 빨리 철이 든 것이 가슴 아프기도 했다. 모두 내 탓이다. 어제 미리 준비해 둔 바지와 반팔셔츠를 내밀었다. 조금 있으면 더워질 테고 열이 많아서 더위도 많이 타고 워낙 부지런히 몸을 움직이는 사람이라 일부러 반팔셔츠를 샀다. 남편은 아이들에게 고맙다고 말하고 나에게도 고맙다고 말했다. 내가 더 많이 고맙다고 말하고 남편을 안아주었다. 이 말에 남편도 그동안 내가 했던 모진 말들이 눈 녹듯 사라졌으면 좋겠다. 부모가 자녀들 앞에서 보여줘야 할 모습을 이제야 하게 되었다. 뒤늦은 깨달음에 그저 미안한 마음뿐이었다.

나의 무지를 모르고 있을 때는 몰랐다. 나의 말투, 표정, 행동이 얼마나 난폭했는지를. 현실을 비관하고 힘들어만 하고 존중해 주지 못했고, 사랑하지를 못했다. 그런 마음이 그대로 표출이 되어 가족들에게 상처를 줬다. 부족함을 인정하고 나니까 부끄러운 과거들을 어찌해야 할지 시간을 되돌릴 수만 있다면 되돌리고 싶었다. 비언어로도 많은 죄를 지었다. 아이들이 다가와도 얼굴을 찡그리고 있었다. 아이들이 안겨오면 힘껏 안아주지 못하고 마지못해 안아주었다. 매일 울면서 남편하고 싸우기만 했다. 내가 피곤하다는 이유만으로 아이들에게 평생 씻을 수 없는 상처를 남겼다. 이젠 나의 무지를 알았고 내가 소중한 만큼 누구보다 우리 식구들이 가장 소중하다는 것도 알았다. 가까이 있다는 이유로 함부로 대하면 안 되는 것을 이제야 알아차렸다. 가장 많이 아껴주고 감싸주고 보듬어주어야 할 사람들이다. 왜냐하면 가족은 나의 또 다른 모습이기 때문이다.

혼자 술을 마시는 남편에게 이제는 술잔에 술을 부어준다. 술 한 잔 하면서 누구에게도 말 못 했던 자신의 삶의 무게와 고민들을 조금이나마 풀어보려는 남편의 마음을 이제야 알겠다. "나도 한 잔 줘요."라며 같이 술잔을 기울이기도 한다. 하지만 나는 아직도 술을 마시고 싶은 생각은 없다. 남편은 어김없이 한소리 한다. "철이 없어서 그래."라고. 나도 한소리 한다. 철없는 여자 데리고 산다고, 고생이 많다고. 현재의 모습을 있는 그대로 받아들이게 됨으로써 마음의 평화를 찾았고 기쁘고 행복한 날들을 연속으로 맞이하게 되었다. 현실을 부정하고 툴툴거릴 때는 우울증까지 겹쳐서 아이들도 눈에 들어오지 않는 힘든 날들의 연속이었다. 내가 무엇을 하든 묵묵히 지켜봐 주고 응원해 주고 물심양면 도움을 주는 남편에게 한마디 하고 싶다. 이제야 철이 조금씩 들어가는 부족한 나를 변함없이 보살펴 줘서 고맙습니다. 내 곁에 당신이 있어 행복하고 감사합니다.

　내가 받은 사랑만큼 당신에게 돌려드리겠습니다.

　당신이 좋아하는 음식을 정성껏 준비하겠습니다.

　하여간, 당신에게 고맙기만 합니다.

요가를
만나다

　사업을 한 지 2년쯤 되었을 때 일이다. 365일 가게 문을 한 번도 닫지 않았다. 아침에 눈을 뜨면 저녁에 잠들기 전까지 일을 해야 했다. 매장에서 근무시간만 12시간이고 청소며 빨래 육아까지 해야 할 일들이 산더미처럼 쌓였다. 제대로 쉬는 날도 없이 계속 일만 했다. 몸은 지치고 재미라고는 전혀 느껴지지 않는 날들이었다. 점점 울음이 많아지고 아이들은 내팽개쳐 놓고 악다구니를 쓰며 남편과 다투었다.

　오후 5시가 되었을 때 걸레를 빨고 있었다. 그때 손님이 가게 문을 열고 들어왔는데 나는 보지 못했다. 걸레를 다 헹구고 빨래건조대에 널어놓고 나와보니 손님이 바구니에 제품을 담고 있었다. 계산대에서 카운트를 끝내고 손님이 나가고 나자 남편은 고함을 질렀다. 왜 손님한테 인사를 하지 않느냐며. 걸레를 빨다가 손님이 들어온 줄 몰랐고 인사하는 타이밍을 놓쳤다고 말했다. 남편은 기본이 되어있지 않다며 침을 튀기며 말했다. 그렇지 않아도 피곤에 몸이 절어있는데 말까지 거칠게 나오니 화가 머리끝까지 솟구쳤다. "나 이제 일 못 하겠다. 찾지 마." 울먹이는 말투로 말하고 가게를 박차고 나와버렸다.

놀면서 인사를 하지 않은 것도 아니고 다른 일을 하다가 그런 걸 왜 고함을 치며 나무라는지 도무지 이해가 되지 않았다. 가게 안에서부터 터진 울음보가 봇물처럼 더 크게 터졌다. 한 10분 정도 걷다가 길바닥에 철퍼덕 주저앉아 대성통곡했다. 매일이 악몽이고 지옥이 따로 없다. 전생에 원수도 이런 원수는 없을 것이다. 남편은 그때 즉시 지적을 해야 하고, 하고 싶은 말은 다 쏟아내는 성격이다. 나도 그러고 싶은데 싸울 힘도 없었고 내가 할 수 있는 일은 고작 매장 구석에 가서 눈물을 닦고 나오는 것뿐이었다. 가슴이 답답해 죽을 것 같았는데 실컷 울고 나니 조금은 후련했다. 계속 대성통곡은 힘든 일이었다. 겨우 정신을 차려보니 우리 매장 앞 피자가게 동생이 옆에 와있었다.

"언니 힘들고 속상하제. 사장님이 미안하다고 언니 걱정이 되어서 나보고 가보라고 해서 왔다." 동생은 나를 위로했다. "그걸 아는 사람이 매번 고함을 지른단 말이가." 울먹이며 말했다. "사장님이 마음은 안 그런데 말투가 그렇잖아. 나도 처음에 신랑이랑 많이 싸웠다. 우리도 1년 6개월 지나니까 서로에게 치명적인 말은 참을 수 있더라." 동생은 나를 위로해 주었다. 피자가게 동생도 부부끼리 사업을 했고 자녀가 있다는 공통점이 있었다. 나이는 나보다 여

섯 살 아래지만 장사 경험이 나보다 훨씬 많았고 지혜로웠다. 겪어
보지 않으면 모를 일들을 이 동생은 나보다 먼저 겪었고 자기는 시
동생까지 함께 일을 해서 몇 배로 더 힘들었노라고 했다. 그런 말
들이 조금은 위로가 되었다.

　남편에게 서운한 마음은 물러가지 않았다. 집을 나온 김에 저녁
에 들어가지 않기로 작정했다. 동생한테는 조금만 더 걷다가 마음
을 추스르고 집에 들어간다고 거짓말을 했다. 처음부터 집을 나오
려고 작정을 한 건 아니었다. 다행히도 호주머니에 만 원과 핸드폰
은 있었다. 이럴 줄 알았으면 돈을 많이 챙겨서 나왔어야 했는데.
그나마 택시비라도 있으니 다행이다.
　몇 번이나 남편의 말투에 상처를 입었고 그럴 때마다 말투를 바
꿔달라고 부탁도 했는데 2년이 넘도록 소용이 없었다. 지금 이대
로 들어가면 그 버릇을 못 고칠 것이다. 평생 반복되는 생활이 눈
에 훤히 보였다. 내가 살기 위해선 존중해 줄 것을 요구하고 고쳐
질 때까지 해봐야겠다고 생각했다.
　막상 집을 나오니 갈 곳이 없었다. 고향에 가면 친정아버님이 걱
정하실 테고 고향친구에게는 이런 모습을 보여주기 싫었다. 무작
정 걷기를 30분 하다가 점점 어두워져서 무섭기도 하여 어디로 갈
까 고민을 했다. 예전 신혼집에 이웃으로 친하게 지내던 언니 집으
로 갔다. 언니는 빨개진 내 눈을 보고 들어오라고 했다. 따뜻한 커
피를 앞에 두고 남편과 다툰 일을 고자질했다. 갈 곳이 없으니 하
룻밤 재워달라고 했다. 언니는 이불과 베개를 내어주었다. 남편에

게 걸려오는 수십 통의 전화를 무시하고 받지 않았고 나중에는 전원을 꺼버렸다.

누워있어도 편하질 않았다. 다른 날은 머리만 닿으면 잠들면서 밤새도록 잠을 이루지 못했다. 잠자리가 바뀐 탓도 있겠지만 아이들이 나를 찾는 모습이 떠올랐기 때문이다. 아침 일찍 들어가서 아이들 아침을 챙겨줘야 했지만 그렇게 하지 않았다. 일과 육아, 집안 살림까지 하다보면 녹초가 되는 걸 알아야 한다. 나의 빈자리가 얼마나 큰지 알려주고 싶었다. 언니 집에서 점심까지 대접을 받고 매장으로 갔다.

가게 문을 열고 들어서서 아무 말도 하지 않고 방으로 들어가려는데 남편이 말했다. "미안하다. 앞으로 조심할게." "그래놓고 돌아서면 또 그러잖아." 가라앉은 목소리로 말하고서 한참 침묵이 흘렀다. 남편도 남편을 처음 해봤고 아버지도 처음인지라 서툴렀고 나도 매한가지라서 서툴렀다. 남편도 일에 지쳐있었고 그 화풀이를 나에게 해댔다. 그 배턴을 이어 나는 괜히 죄도 없는 아이들에게 방청소를 해놓지 않았다고 화풀이를 했다. 먹이사슬처럼 힘이 강한 자가 약자한테 하는 짓을 하고 있었다. 가족이 모두 화풀이 대상으로 사용되었다. 얼마나 어리석은 일인지.

담담하게 그리고 당당하게 말했다. "내일부터 일 마치고 아이들 저녁 챙겨주고 요가 배울 거야. 그 이후에는 일을 하지 않을 거야. 더 했다가는 병나겠어." 남편은 그러라고 했다. 우울증이라는 병이 이미 생겨 있었는데 그것을 알아차리지 못했다. 어깨 뭉침이 심해서 머리를 이리 돌리지도 저리 돌리지도 못하고 로봇처럼 온몸을 통째로 움직여서 다른 방향을 봐야 했다. 병원에 가서 주사를 맞고 물리치료를 받아도 소용이 없었다. 어깨 통증은 날로 더 심해졌다.

왜 하필 요가였을까?

신문을 읽다가 요가에 관한 글을 읽었다. 마음도 몸도 건강하게 해준다고 설명이 되어있었다. 그 마음이라는 단어에 꽂혔고 지금 내게 필요한 건 마음을 치유해 주는 일이라고 판단했다. 다음 날 요가를 배울 수 있는 곳을 찾았다. 지금은 동사무소나 농협 등 요가를 접할 수 있는 곳이 흔하지만 16년 전에는 요가를 배울 수 있는 곳이 거의 없었다. 진해에 한 곳, 창원에 두 곳 있었는데 다행히 집에 가까운 곳에 요가원이 있어 용기를 내어 찾아갔다. 세 명이 요가를 하고 있었고 정갈하고 따뜻한 분위기가 좋았다. 원장님은 인도에서 직접 전통요가를 배워서 가르치고 있었다. 첫 대면으로 차를 마시면서 면담을 했다. 어깨 뭉침이 심해서 고개를 돌릴 수 없고 매일 눈물이 나고 몸에 힘이 없다고 말했다. 원장님은 제대로 찾아왔다고 환영한다고 말했다. 아직은 요가에 대해서 많은 사람들이 잘 모르고 있어서 요가를 알리고 건강하고 행복한 삶을 추구하는 데 가치를 두고 교육을 한다고 했다. 그분의 사명감이 느껴졌다.

"오늘은 요가를 체험해 보는 시간입니다." 하고 바로 요가 수업을 했다. 요가에 대해 알아보고 상담하러 갔다가 얼떨결에 꼼짝없이 잡혀서 하게 생겼다. 처음으로 요가를 하는데 어깨가 아파서 엉

엉 울면서 했다. 아픈 어깨에 더욱더 자극을 줬기 때문에 비명을 지를 수밖에 없었다. "살려주세요!" 나도 모르게 이 말이 자동으로 나왔다. 다른 사람들은 쉽게 하는데 나만 아프다고 비명을 지르고 눈물을 쏟아냈다. 다섯 가지 동작을 하는 것도 거의 고문 수준이었다. 아픈 어깨가 더 많이 아팠고 더 이상 못하겠노라 손사래 쳤다.

원장은 계속 아프면서 살고 싶냐, 아니면 행복하게 살고 싶냐 물었다.

그야 당연히 행복하게 살고 싶다고 했다. 책임질 테니 자기를 믿고 한 달만 해보란다. 내일은 더 아프고 한 달은 고통이 온몸을 지배할 거라고 했다. 지금은 너무 고통스럽지만 고통스런 한 달을 견뎌내면 이 지옥불에서 벗어날 수 있다면 해볼 만하다고 생각했다.

다음 날도 시작과 동시에 마지막 동작까지 끙끙 앓았고 눈물을 닦았다. 마지막 마무리는 차를 마시며 마음나누기를 했다. 요가를 할수록 고통은 더 심해졌고 이러다 더 아프게 되는 건 아닌지 의심스럽다고 말했다. 원장은 요가를 통해 마음의 평안까지 찾게 될 테니 꾹 참고 한 달만 해보라고 똑같은 말을 했다.

우울증이 찾아오고, 에너지가 바닥이 나서 지쳐있는 힘든 시기에 요가를 만났다. 지금 생각해도 어떻게 요가원에 찾아갔는지 신기한 일이다. 원장님은 한 달의 고통을 말했는데 나는 두 달간 이어졌다. 두 달간 마무리로 항상 차를 마시며 내 마음에서 일어나는 감정과 몸의 느낌을 나누는 시간을 가졌다. 그 과정에서 위로받고 나를 인정해 주면서 내 마음을 보게 되었고 마음이 치유되는 걸 느졌다. 어느샌가 어깨 뭉침은 없어졌고 밝게 웃고 있었다.

요가는 몸도 건강하게 해주지만 내면의 소리를 듣고 나를 바라보는 경험을 통해 마음을 치유해 주는 효과가 훨씬 더 크다. 요가를 함으로써 몸과 대화를 나누고 마음에 일어나는 모든 감정들을 만날 수 있다. 나는 남편에겐 이기적이었고 아이들에겐 부족한 엄마였다는 걸 뒤늦게 알게 되었다. 한 달만 해보자고 시작했는데 초급과정, 중급과정을 거쳐 지도자과정까지 몰아서 했다. 나의 생활은 요가를 만나기 전과 후로 또렷이 나누어진다. 요가를 만나기 전에는 매사에 부정적이었고 단점만 보았고 웃음이 없었다. 우울했고 대화는 공격적이었다. 요가를 만난 후로는 밝고 긍정적이고 상대방을 인정해 주고 있었다. 나를 낮추니 상대방의 장점이 보였고 대화도 칭찬과 격려의 대화로 바뀌었다.

나는 집에서 매일 1시간씩 16년 동안 요가를 해오고 있다. 요가를 잘한다기보다는 매일 밥 먹듯이 한다. 요가를 통해 내 몸과 대화를 하면 마음이 차분해지고 평안함을 얻어 정신적 신체적으로 건강해지니 꾸준히 하게 된다. 요가를 하는 동안만큼은 잡념이 사라지고 오로지 내 몸과 요가가 일체가 된다. 한참 몰입하다 보면 땀이 줄줄 흐르면서 몸이 교정되고 건강해지는 그 황홀감은 중독에 가깝다. 음악을 틀어놓거나 시 낭송을 틀어놓고 하기도 하는데 완전 몰입된 상태에서는 그 소리조차 들리지 않는다. 오로지 몸과 요가가 합체된다.

내 삶을 180도로 바꿔놓은 게 요가다. 요가를 통해 배운 것은 멋진 자세나 기술이 아닌 마음이었다. 나 자신을 바라보고 있는 그 대로 받아들이는 자세로 마음과 함께 나아가야 한다는 걸 알게 되 었다. 요가를 만나지 않았다면 내가 어떤 모습을 하고 있을지 생각 해 보면 끔찍하다. 나를 사랑하는 방법을 몰라서 자책하고 남편이 나 아이들에게도 포창 던지는 말로 상처를 주고 있을 것이다.

요가를 통해 나를 아끼고 사랑하게 되었다. 나에게 사랑이 충만 해지니까 남편이나 아이들에게도 매일 "기특하고 고맙고 사랑한 다."고 말한다. 고집 세고 이기적인 나에게 엄청난 변화가 아닐 수 없다. 매번 요가를 만난 것에 무한감사를 하는 이유가 여기에 있 다. 요가를 통해 나를 보듬어주면서 그동안 남편이나 아이들에게 화를 내고 나만의 감정에 갇혀서 행동했던 모든 것이 미안했다. 밖 에서 제아무리 인정받고 성공하더라도 가정에서 관계가 원만하지 못하면 그 무엇으로도 대체가 될 수도 없고 보상도 받을 수 없다.

〈매일 요가 한 시간〉　　　　　　　　〈매일 요가 한 시간 후 차 한 잔〉

시작할 수 있는
용기

왜 자꾸 생각이 나는 걸까?

거리를 두려고 하면 왜 더 많이 떠오르는 걸까?

목소리도 귀에 쟁쟁하고 웃을 때 목젖까지 보이도록 웃는 모습도 아른거린다. 이틀째 보이지 않으니 궁금함이 눈덩이처럼 커졌다. 무슨 일이 생긴 걸까? 큰일은 아니어야 할 텐데.

할머니는 리어카를 끌고 절뚝거리며 매일 매장에 오셨다. 개업할 땐 주변에 우리 슈퍼마켓하고 피자가게만 있어 골목이 깜깜했는데 6개월이 지나자 PC방 골목으로 상권이 형성되면서 갑자기 커피숍과 PC방이 우후죽순으로 들어섰다. 골목은 밤에도 환해졌다. 잡화, 생필품, 담배, 술, 과일 등 매출이 배로 늘었고 눈코 뜰 새 없이 더 바빠졌다. 그만큼 폐지박스가 많이 나왔는데 박스할머니는 우리매장에서 나오는 박스를 독점으로 가져갔다.

할머니는 하루에 다섯 번 이상 외손녀를 데리고 오셨다. 자주 오지 않으면 다른 할아버지가 박스를 가져가기 때문이다. 어떤 때는 두 분이서 서로 마주치기라도 하면 다투기까지 하신다. 나는 속으로 할머니가 더 많이 가져가기를 바랐고 어쩌다 할아버지가 가져가면 할머니가 가져가야 할 건데 하면서 아까워했다. 할머니는 다리도 절었고 움직일 수 있는 장소가 우리 동네에 한정이 되어있었다. 할아버지는 오토바이에 리어카를 연결해서 다녔기 때문에 다른 동네로 갈 수도 있고 더 먼 곳으로도 갈 수가 있어서 박스를 얻을 수 있는 폭이 넓었다. 폐지박스는 가게 앞에 수북했다. 첫날은 할아버지한테 가져가지 마시라고 했는데 둘째 날까지 그러기엔 조금 미안했다. 결국 이틀간의 폐지박스는 할아버지 리어카에 다 실려버렸다.

박스 할머니의 전화번호도 몰랐고 어디에 사시는지도 몰라서 어떻게 연락을 취해볼 방도가 없었다. 개업하고부터 매일 보다가 이틀 동안 보이지 않으니 나중에는 걱정이 되었다. 일을 마치고 동네 사람들한테 물어서 찾아가 볼 참이었다. 마트를 하면서 이 동네로 왔기 때문에 박스할머니가 어디에 사는지 알 수가 없었고 하루 종일 가게 안에서 24시간을 보내다 보니 밖에서는 무슨 일이 일어나는지도 도통 알 수가 없었다.

할머니의 역사는 대단했다. 매장에 오실 때마다 커피를 한 잔 대접해 드리면 젊은 시절 잘나가던 한때를 생각하면서 얘기 보따리를 풀어놓으셨다.

할머니의 남편은 한의원을 운영해서 누구보다도 부유하게 살았다. 집안일은 파출부 아줌마가 다 했고 당신은 손에 물 한 방울 묻히지 않았단다. 그런데 둘째 아이가 태어나고 1년 만에 남편 분이 뇌출혈로 세상을 떠나고 말았다. 남편분이 돌아가시자 돈을 빌려간 사람이 수도 없이 많았는데 모두 자취를 감췄고, 빚쟁이들만 줄을 섰단다. 결국엔 집도 날아가고 어린 아들과 딸을 홀로 키워야 했다. 결혼하고 10년 만에 일어난 일이었고 온실 속에 자란 할머니는 아무것도 할 줄을 몰랐고, 생계를 위해 할 수 있을 만한 일이 없었다고 한다. 더 기가 막힌 건 현재 아들이 마흔이 훌쩍 넘었는데 결혼은커녕 자기 앞가림도 못 하고 알코올 중독에 빠져있고 딸은 태어날 때부터 앞을 볼 수 없는 시각장애자라는 것이다. 그 딸이 성인이 되어 장애인 재활프로그램에 참여했다가 거기서 다른 장애를 가진 남자를 알게 되었고, 어찌어찌해서 아이를 낳았는데 아이의 아버지는 책임을 질 수 없다고 떠나버렸고 딸은 그 충격으로 우울증이 심해져 정신병원에 입원을 하게 되었단다. 그리하여 외손녀는 할머니가 5년째 돌보고 키우고 계셨다.

자신의 지나온 역사를 말씀하실 때 할머니의 한숨은 땅을 파고도 남았다. 그런 사정을 알고부터 과일도 챙겨드리고 외손녀의 과자도 챙겨주기 시작했다. 과일은 할머니가 좋아하셨고 외손녀는 과자를 주면 웃을 때 유독 목젖이 보이도록 웃었는데 그 모습을 보고 있으면 나까지 행복해지는 마술이 있는 아이였다.

할머니는 보슬비가 오거나 바람이 불 때는 외손녀를 우리 가게에서 놀게 하고 동네 한 바퀴를 순찰하고 오시곤 했다. 그런 횟수가 점점 많아졌고 외손녀는 매장에서도 자기 집에서 놀듯이 그렇게 놀았다. 가게에 손님이 없으면 아들이 읽던 동화책을 읽어주기도 했다. 총기가 있어 한 번 읽어준 이야기는 다 기억을 했고 새로운 동화책에도 관심을 많이 가졌다. 아들이 읽었던 동화책은 모두 이 아이 손에 들어갔다. 이름도 고향에 있는 조카랑 똑같다. 그래서 더 마음이 많이 갔는지도 모르겠다. 그 아이 특유의 밝은 총명함이 보여서 더 끌렸을 수도 있다.

박스할머니한테 문제가 있는 건지 그 아이한테 무슨 일이 있는 건지 궁금했다. 동네사람들에게 수소문해서 겨우 집을 알게 되었다. 불빛이 새어 나오는 걸 보니 다행히도 집에 계시는 모양이었다. 노크를 하니 한참 만에 문을 열어주셨다. 할머니는 깜짝 놀라셨고 바쁜데 여기까지 왔냐며 반겨주셨다.

무릎에 물이 차서 심하게 아팠고 약을 먹어도 소용이 없었단다. 퇴행성관절염이 심했고 그로 인해 다리가 O자 모양으로 굽어있었는데 항상 절뚝거리며 박스를 줍곤 하셨다. 외손녀는 내 무릎에 앉아서 내 손을 놓지 않았고 좋아서 연신 목젖을 보이며 웃었다. 매장에서 가지고 온 삼겹살을 구워서 밥을 챙겨드렸다. 셋이서 함께 저녁을 먹으면서 할머니는 당신의 아픈 무릎보다 외손녀의 앞날을 더 많이 걱정하셨다. 할머니가 박스를 줍는 이유도 오직 외손녀를 위한 것이라고 하셨다. 집으로 돌아오는데 계속 그 아이의 모습이 중학교 2학년 때 나의 모습과 오버랩되었다.

그날은 하동 장날이었고 아버지는 자전거를 타고 집으로 오시다가 교통사고로 머리를 크게 다치셨다. 구급차로 부산에 있는 병원으로 가셨고 머리 수술을 하셨다. 어머니는 아버지의 병간호를 해야 하기 때문에 병원에서 사셔야만 했다.

하루아침에 일어난 일로 우리형제는 고아 아닌 고아가 되어버렸다. 학교에 가면 점심시간이 가장 힘들었다. 어머니가 안 계시니 누가 도시락을 싸주는 사람도 없었고 도시락을 쌀 만한 반찬도 없었다. 점심시간이 되면 혼자 나와서 수돗물을 마시다가 배가 고파서 울었고 엄마가 보고 싶어서 울었다. 몇 달 만에 어머니가 오셔서 우리 형제를 안고 펑펑 울었다. 아버지는 머리를 열고 뇌수술을 두 번이나 받았는데 제정신이 돌아오지 않아 보호자가 있어야만 했다. 부산의 작은고모가 잠시 보호자 역할을 해주시는 날만 어머니는 집에 올 수 있었다. 어머니는 대충 먹을거리를 장만해 주시고 내가 할 수 있는 간단한 요리를 가르쳐주셨다. 김치볶음밥 만드는 법, 김이 어디에 있고 고추장이 어느 항아리에 있는지, 양파를 볶는 것도 대충 알려주고 다시 아버지가 계시는 병원으로 가셨다.

어머니가 아버지 보호자로서 모든 시간을 병원에서 보내는 동안 남동생 둘과 나는 밤이면 무서워서 울었고, 부모님이 보고 싶어서 한방에 누워 누가 먼저랄 것도 없이 단체로 울었다. 겨우 동생들 밥을 챙겨주는 정도였고 어머니의 기대에 부응하지 못했다. 내가 고추장 항아리 뚜껑을 여는 일은 없었다. 어디에 어떻게 사용하는 줄도 몰랐고 학교 갔다가 집에 오면 동생들 빨래는 내 차지였으며 거의 매일 김치 하나로 밥을 먹이다가 질리면 간장과 참기름을 비벼서 한 끼를 해결했다.

오빠는 갑자기 가장이 되어버렸고 고등학교를 하동이 아닌 타지에서 다녔기 때문에 토요일 수업을 마치고서야 하동 집으로 왔다. 외양간 소 먹이는 오빠 손에서 다 나왔고 논에 벼를 낫으로 베는 것도 타작도 오빠가 다 했다. 지금 생각해 보면 고등학생 1학년인 오빠가 그 많은 일을 어떻게 다 했는지 눈물이 앞을 가린다. 오빠는 나보다 몇 배로 더 힘들었다는 걸 결혼을 하고 나서야 알았다.

6개월 만에 아버지가 집으로 오셨다. 아버지도 어머니도 반쪽이 되어있었는데 부모님은 우리를 보고 더 많이 우셨다. 자식들을 챙겨주지 못한 미안함에 울었고 아버지가 앞으로 정상적인 생활이 어렵다는 사실에 앞날이 깜깜해서 우셨을 것이다.

지금 이 꼬마아이도 어머니 아버지가 없고 할머니랑 생활하는데 그 할머니가 자꾸 아프니까 참으로 가슴이 아프다. 할머니의 아들은 알코올 중독으로 생활보조금을 받으면 술값으로 다 날리니 이 일을 어쩌면 좋단 말인가. 집으로 돌아와서도 계속 마음이 편하지 않았다.

다음 날 은행에 볼일 보러 갔다가 할머니 집에 들렀다. 외손녀 이름으로 된 통장이 있는지 물으니 마침 있단다. 할머니도 당신이 언제 어떻게 될지 몰라 폐지를 팔고 푼돈이 생기면 외손녀 통장으로 넣고 계셨다. 한 달에 10만 원씩 입금할 테니 외손녀 공부시키는 데 보탬이 되었으면 좋겠다고 조심스럽게 말씀드렸다. 할머니는 고맙다고 몇 번이나 인사를 하셨다. 다시 은행으로 가서 할머니 외손녀계좌로 자동이체를 시켰다. 지금은 사업이 잘되어 괜찮지만 나중에 어려워지면 내 마음이 변할까 봐 아예 자동이체를 시켰다. 집으로 와서 남편에게는 말을 하지 않았다. 우리가 사업 자금으로 양가 아버님께 빌린 빚이 많아서 남편이 누구보다 열심히 일하고 있다는 걸 알기 때문에 쉽게 말을 할 수가 없었다. 그렇게 세 달이 지났다. 남편이 통장정리를 하다가 정기적으로 모르는 이름으로 매달 돈이 빠져나가니까 어찌된 일인지 물었다. 남편에게 솔직하게 이러이러해서 그렇게 되었노라고 말했다.

남편은 박스할머니와 외손녀의 사정을 나를 통해서 대충은 알고 있었다. 남편은 잘했다는 말도 없고 안 된다는 말도 없었다. 그것은 수용한다는 의미였다. 남편의 내면에도 누군가를 돕고 싶은 선함이 있다는 걸 알게 되었다. 우리 부부는 처음으로 마음이 통했고 다른 사람을 위해서 조금이나마 마음을 내어주는 일을 시작했다.

내가 겪어본 고통은 다른 사람은 겪지 않았으면 좋겠고 그런 상황이 어쩔 수 없이 생기면 그 고통이 최대한 작았으면 좋겠다. 어릴 적 아버지의 교통사고로 인해 6개월을 고아 아닌 고아로 살아야 했고 그런 시간들이 얼마나 힘들고 눈물 나는 일인지 알고 있기에 다른 사람들의 아픔을 보는 눈을 가지게 되었다. 누군가에게 조금이라도 도움이 되는 일을 하고 싶은 용기가 생겼다. 우리가 사업을 하게 된 것도 이런 일을 하라는 메시지일 수도 있다는 생각도 들었다. 이 일을 통해 남편의 뒷모습에서 보석을 발견하게 되었다. 그것은 배려, 봉사, 이해, 한결같음이다. 본받을 만한 좋은 미덕을 갖춘 남편이 부처로 보였다.

　내가 생각하는 배려는 마음을 조금 나누어주는 것이다. 굳이 크게 할 필요는 없다. 작은 것부터 가까운 곳부터 시작해서 꾸준히 한다면 힘들지 않고 기쁜 마음으로 할 수 있다. 중학교 때 아버지의 교통사고가, 그때의 아픔이 지금 박스할머니 외손녀에게 매달 금일봉을 줄 수 있는 용기를 내게 했다. 아버지의 교통사고는 상처받은 사람을 보듬어주라는 교훈을 주었다. 작은 것부터, 가까운 곳에서부터 보살핌이 필요한 곳을 살피는 눈을 주었다. 사업을 시작한 지 3년 만에 남편의 단점보다는 미덕 찾기에 눈을 돌리고 있었다. 이 모든 것이 마음코칭으로 가능했고 매일이 감사하고 기쁨이고 선물이라는 걸 깨달았다.

Part. 2

진짜 나를
찾아서

피곤하고 지친
일상

아침 7시에 눈을 뜨면 아이들 학교준비물을 챙기고 아침밥을 준비한다. 반찬을 예쁜 접시에 담아낸 지는 오래전 일이다. 반찬통 뚜껑만 열어서 식탁에 올리고 밥만 압력솥에 해서 차린다. 딸아이는 양치를 끝내고 머리를 두 갈래로 땋아달란다. 바쁠 땐 한 묶음으로 묶으면 좋으련만. 딸아이는 한 묶음으로 묶는 것보다 양 갈래 머리를 좋아했다. 어제도 바쁘다고 한 묶음으로 묶어주었는데 하루 종일 기분이 좋아 보이지 않았다. 두 번 다시 딸아이 기분을 좋지 않게 해서 보내는 건 말아야지 다짐을 했으니 오늘도 그러기엔 염치가 없었다. 꼬리 빗을 들고 두 갈래로 가르마를 타서 묶고 땋아주었더니 이제서야 얼굴에 웃음을 띤다. 아들은 고양이 세수를 하고 먼저 나가서 기다리고 있다.

아침은 항상 분초를 다투기 일쑤다. 8시에 남편은 아이들을 태우고 학교 앞까지 데려다준다. 가게에서 학교까지 걸어가면 30분이 걸리는 꽤 먼 거리라 아이들도 하교할 때는 스스로 알아서 오지만 조금 힘들었을 것이다. 썰물처럼 세 사람이 빠져나가면 8시부터 매장에서 일을 한다. 설거지는 하지도 못한 채 씽크대에 담가두었다. 학생들이나 출근하는 사람들이 간단하게 마트에 들러 아침 대용을 해결하고 간다. 다들 아침시간은 바쁘게 움직이는 모습들이다. 그나마 아침을 챙겨 먹은 내가 행복하구나 잠시 생각이 들기도 했다.

매장에 손님이 없을 땐 부추를 다듬었다. 저녁에 시어머님 제사라 음식준비를 해야 했다. 아버님 댁에 저녁 8시까지 가려면 부지런히 움직여야 했다. 그나마 창원에서 마산 아버님 댁은 거리가 가까워 다행이긴 했다. 11시쯤 남편이 들어왔다. 남편은 시장을 봐 온 야채, 과일, 건어물을 차에서 내려 작업실로 날랐다. 카운트는 남편이 지켰고 나는 작업실에서 야채를 다듬고 포장하는 작업을 했다. 야채는 다듬는 과정에서 시간을 많이 먹었다. 품목도 많고 일일이 소포장으로 하는 작업은 매일 세 시간에서 네 시간이 걸렸다. 작업을 1/3쯤 했을 때 배가 고파진 남편이 밥 먹자, 뭐 시킬까 하고 물었다. 난 순두부백반이라고 말했다. 매장 앞 김밥천국에 메뉴도 다양해서 번갈아 가면서 시켜 먹었다. 그리해도 제시간에 점심을 먹은 적은 거의 없고 항상 늦은 점심을 먹었다. 매장 안쪽 식탁에서 밥을 먹다가도 손님이 오면 오물거리면서 입을 퍼뜩 닦고 달려갔다. 허기진 상태여서 우리 부부는 허겁지겁 급하게 밥을 먹었고, 이제는 버릇이 되어 고쳐지질 않는다. 식사 시간만큼은 여유롭게 맛을 음미하면서 먹고 싶었지만 그것도 마음대로 되지 않았다. 손님이 오기 전에 빨리 먹어야 했고 김치 냄새를 풀풀 풍기는 것도 짧은 시간으로 끝내야 했기 때문이다.

세 시간의 작업을 끝내고 제사음식을 하기 시작했다. 부추를 씻고 홍합을 넣어서 부침개를 만들었다. 동그랑땡을 부치고 두부 전을 만들 즈음 딸아이가 학교에서 돌아왔다. "다녀왔습니다." 인사를 하는데 어서 와 하고는 얼굴만 잠시 보고 두부전이 타는지 살폈다. 잠깐 꼬옥 안아주는 데 1분도 걸리지 않는 것을 왜 그런 여유도 없었는지. 동태 전을 만드는 게 손이 제일 많이 갔다. 밀가루 옷을 입히고 계란 옷을 입혀서 약한 불로 익혀야 하기 때문에 손이 밀가루와 계란 물로 범벅이다. 동태전은 잘 부서지기 때문에 한쪽 면을 다 익힌 다음 뒤집어야 한다. 살이 떨어지지 않게 조심해서 뒤집다가 그만 달궈진 프라이팬에 데고 말았다. 이번에는 화상을 입지 않고 넘어가나 싶었는데 아니나 다를까 이번에도 새끼손가락을 데였다. 마음이 바쁘니까 매번 요리를 할 때마다 데이고 베이고 손이 멀쩡한 날이 없었다. 이젠 과일만 씻으면 된다. 튀김은 예전에 하다가 식겁을 먹고는 하지 않기로 했다. 가정집이면 안전하게 할 수 있는데 매장에서 튀김을 하는 것은 화재발생의 위험도 있고 팔에 화상의 정도가 심했다. 조상님도 바쁜 며느리의 심정을 이해하시리라 믿고 내가 할 수 있는 만큼만 정성껏 하기로 마음먹었다. 오늘은 그나마 남편이 카운트를 담당해 주니까 수월한데 남편 부재 시에는 손님에게 계산해 주면서 손님이 없을 때는 음식을 해야 하는 경우가 부지기수다.

수박, 귤, 밤, 사과, 배, 바나나, 곶감을 하나씩 꺼내서 마른행주로 물기를 닦고 큰 소쿠리에 담았다. 부침개도 다 식어서 쟁반에 키친 타올을 깔고 종류별로 나란히 담았다. 약과, 유과, 문어포, 북어포, 오징어, 사탕, 과자는 큰 비닐봉투에 담았다. 기름 냄새로 저녁 생각이 없었지만 남편과 아이들은 저녁밥을 요구했다. 아침 7시부터 오후 6시까지 허리 한번 펴지 못했는데 식구들은 배가 고프다고 말했다. 제사 지내고 나면 오후 11시가 넘을 테고 남편도 아이들도 그때까진 배가 고플 테다. 에이 모르겠다. 김치찌개를 배달시켰다. 더 이상 내 몸을 혹사시키기는 싫었다. 충분히 최선을 다하고 있었으므로.

직원이 6시에 출근을 했다. 저녁에 제사가 있어 한 시간만 더 근무해 달라고 부탁을 했다. 시댁에 가면 또 상차림으로 분주하게 움직일 텐데 딱 10분만 허리를 폈으면 했다. 방으로 들어가 보일러를 틀고 누웠다. 온몸이 엿가락 녹듯 땅바닥에 늘어졌다.

잠시의 휴식은 시댁 숙모님의 배려 덕분이다. 어제 전화가 왔다. "질부가 가게일 하랴 바쁠 텐데 나물하고 생선 찌고 탕국거리는 내가 준비 하꺼마." 하셨다. 그 말씀을 듣는데 목이 메어서 말이 나오지 않았다. 울먹이는 목소리로 "고맙습니다." 하고 눈물을 닦았다. 마트 일이 얼마나 힘든지, 얼마나 바쁜지 알아주셨고 아이들이 자동으로 방목된다는 것도 알아주셨다. 내 마음을 알아주시는 것만으로도 충분히 고마운데 내가 할 일까지 해주신다니 감동의 눈물이 흘렀다. 지금껏 18년 동안 마트 일을 하면서 그나마 숨을 쉴 수 있었던 건 숙모님의 세심한 보살핌 덕이 컸다. 숙모님도 젊은 시절 자녀들을 공부시킬 때 마트를 하셨기에 우리의 생활이 어떠한지 이해해 주시고 챙겨주셨다. 알면서도 마음뿐이지 행동으로 옮기기가 쉽지 않은 일인데 매번 제사 때마다 손이 많이 가는 음식들을 장만해 주셨다. 우리 부부는 그 고마움에 숙부님과 숙모님 생신날 추석, 설날에 용돈을 드리는 것으로 마음을 전하고 있다.

제사음식을 차에 싣고 아이들을 태우고 아버님 댁으로 갔다. 아버님은 미리 대청소를 해놓으셨다. 제기도 반들반들하게 닦아놓으셨다. 작은며느리가 조금이라도 편했으면 하는 당신의 마음이 느껴졌다. 12시까지 가게로 가서 직원을 퇴근시켜야 하기 때문에 제사를 조금 일찍 모셨다. 모처럼 아버님과 숙부님, 숙모님, 시누이랑 탕국과 나물을 먹으면서 이런 저런 이야기를 나누었다. 둘째 시누이는 설거지 거리가 나오는 대로 팔을 걷어붙이고 도맡아 설거지를 했다. 제기며 그 나머지 많은 그릇들도 뒷정리를 해주었다. 제사 때면 아버님을 비롯해서 숙모님, 시누이가 모두 나의 손을 하나라도 덜어주려고 애썼다. 피곤하고 지친 일상에 그나마 시댁식구들은 작은 것이라도 해주려 했고, 잠시라도 내 얼굴에 미소가 번지기를 바랐다. 일에 절어있는 시간이 길어질수록 점점 웃음을 잃어가는 며느리가 안쓰러웠을까. 아버님은 제사문제를 거론하셨다.

아주버님은 직장에서 중국으로 발령이 나서 식구 모두를 데리고 중국으로 가셨다. 형님이 계실 때는 형님이랑 둘이서 제사 음식을 분담했다. 형님은 튀김, 고기찌기, 탕국을 준비했고 나는 나물, 과일, 건어물을 준비해서 아버님 댁으로 갔다. 그때는 그래도 전업주부라 집에서 준비하는 것은 식은 죽 먹기였다.

가게 일을 하면서 음식을 만드는 것은 하루 종일 서서 하는 고된 작업이었고 다리가 붓고 허리가 끊어지는 일이었다. 처음에는 가게 일을 하면서 음식을 만들 때 일복이 많은 내가 싫었다. 가게 일을 하면서 음식을 만드는 것은 눈썹을 휘날리는 일이었고 제사음식에 눈물도 많이 들어갔다.

그런 세월이 3년째, 눈물은 나오지 않는다. 왜냐하면 숙모님이 나물, 고기찌기, 탕국을 끓여주시기 때문이기도 하고 시댁식구들이 내 마음을 보듬어주려고 한다는 걸 알기 때문이다. 그렇게 3년을 하고 나니 아버님은 제사를 중국에 있는 큰아들네로 모셔 가라고 통보를 했다.

제사란 무엇인가? 음식을 준비하면서 즐겁지 않고 힘드니까 제사라는 문화에 대해서 다시금 생각하게 되었다. 제사는 우리까지만 했으면 좋겠다는 생각이다. 자녀 세대에는 물려주고 싶지 않다. 기일에 형제들끼리 만나서 부모님을 그리워하고 생각하면 그것으로 충분하다고 생각한다. 허례허식이 뭐가 중요한가. 수많은 며느리들이 힘들고 눈물 나는 일인데. 할머니의 어머님이 그러셨고 할머니가 그러셨고 어머님도 그러셨고 나 또한 그 문화를 벗어날 수 없는 톱니바퀴처럼 맞춰서 가야만 하는 일을 계속할 필요가 있을까.

겨우 12시에 맞춰서 매장으로 왔다. 직원을 퇴근시키고 남편은 잠든 큰아이를 안고 방에 눕혔다. 나는 작은아이를 안고 방으로 들어갔다. 남편은 양치만 하고 곧바로 매장에서 일을 한다. 처음 1년은 새벽 두 시까지 근무했다. 2년째부터 한 시간을 더 일했다. 일하는 시간을 줄이자는 여자와 더 열심히 일하자는 남자는 합의점을 찾지 못하고 매번 툴툴거렸다.

남편은 옆의 PC방 사장님과 친해지면서 새벽 3시에 일 마치고 술을 마시기 시작했고 거의 밤을 새고 다섯 시나 여섯 시에 들어왔다. 나는 피곤한 삶을 술로 달래기 시작하는 남편의 건강을 걱정한다면서 바가지를 한 바가지 긁었다. 술을 마셔대는 통에 잠을 못 자는 날이며 오후 1시부터 잠을 자기 시작했다. 그러면 나는 카운트 보랴 야채며 과일을 작업하랴 발을 동동 굴러야 했다. 직원이 오후 6시에 올 때까지는 정신없이 보낸다. 직원이 출근하면 아이들 저녁을 챙겨주고 씻기고 빨래하며 내일 아침에 먹을 국을 끓이고 나면 잠자리에 들 시간이다. 아이들은 잠들기 전에 동화책을 읽어주는 걸 좋아했다. 바로 잠들고 싶었지만 아이들은 또 무슨 죄라서 하루 종일 부모들의 관심과 사랑을 받지도 못한단 말인가. 가여워서 무거운 눈꺼풀을 올려가며 동화책을 읽어줬다. 다섯 줄을 읽기가 힘들지만 아이들은 그 다섯 줄이라도 엄마가 읽어주는 걸 좋아했다.

침대 가운데 누워서 읽으면 딸은 왼쪽에 아들은 오른쪽에 붙어서 나의 얼굴이며 가슴, 머리카락을 만지다가 잤다. 매번 내가 먼저 잠이 들어서 아이들이 나를 재웠다고 해도 무방하다. 일 속에 파묻혀서 일만 하는 생활에 지치고 몸과 마음이 점점 병들어 갔다.

내 마음
알아가기

"넌 참 행복해 보여." 친구가 말했다.

잠시의 망설임도 없이 "아닌데."라고 말했다. 나도 모르게 저 혼자 입에서 튀어나와 버렸다.

"왜 행복하지 않은데." 친구는 궁금하다는 듯 물었다.

"난 너무 바빠. 아침에 일어나면 잠들기 전까지 일만 하고 살아."

"그렇구나. 나도 너처럼 바빠봤으면 좋겠다. 하는 사업마다 되지 않고 빚만 산더미처럼 늘어나서 죽을 맛이야." 친구는 한숨을 쉬며 말했다.

"그렇구나. 너도 많이 힘들겠구나."

근사한 말로 위로해 주고 싶었지만 다른 말은 떠오르지 않았다. 행복하지 않다고 말해놓고 보니 나보다 더 힘든 친구에게는 내가 부러움의 대상이었다. 커피를 마시며 한참 수다를 떨다가 저녁밥을 챙겨야 한다고 친구가 일어섰다. 사과와 귤을 챙겨서 손에 들려 주니 받지 않겠다며 뿌리치다가 결국은 못 이기는 척 받았다.

친구가 손을 흔들고 인사를 하며 멀리 안 보일 때까지 매장 입구에서 멍하니 바라보았다. 왜 나는 행복하지 않은가 되물었다. 늘 일이 많아 바쁘고 사람한테 시달리는 감정노동이 힘들었다. 근무 시간에 만나는 고객 수가 평균적으로 150명이었다. 그 많은 사람들 중에 남편하고 부딪히고 언성을 높이는 일이 스트레스에 제일 크게 한몫을 했다. 하루도 쉬지 않고 일을 했더니 지쳤다. 마음이 울적해지고 가슴이 답답하고 누가 건드리기만 하면 눈물이 쏟아지는 날들이 많았다. 사업이 잘 되는데 왜 나는 행복하지 않은가 질문을 통해 네 가지의 답이 나왔고 나는 마침내 그 문제를 해결하고자 했다.

첫 번째 해결 방법은 내 마음을 다독여 주기로 한 것이었다.

마음을 다독여 주는 방법은 뭘까? 산책을 하기로 마음먹었다. 그렇게 하려면 근무시간 조정이 필요했다. 직원을 4시에 출근하라 했다. 늦은 시간 산책은 위험하기도 했고 무엇보다 겁이 많아서다. 평소에 직원이 오후 6시에 출근했는데 2시간을 앞당겨 근무시켰다. 직원의 근무시간을 조정했고 내 근무시간은 2시간이 줄어들었다. 가출사건 이후로 남편은 웬만한 일은 내가 원하는 대로 들어주었다. 가출은 해볼 만한 것이었다.

4시에 일을 마치고 산책을 시작했다. 다행히도 집 앞에 정병산이 있어서 얼마나 감사한지 모른다. 운동화를 신고 가장 편한 복장으로 가게를 나왔다. 가볍게 산책을 시작했다. 오르다 보니 정병산 정상까지 찍고 말았다. 오르는 데 45분, 내려오는 데 45분. 총 1시간 30분이 걸렸다. 어둡기 전에 내려올 수 있었고 사전답사를 하고부터 매일 산을 타기로 마음먹었다. 가마솥도 녹이는 찜통더위에 가만히 있어도 땀이 줄줄 흐르는 여름에 왜 산에 가냐고 남편은 말했다. "그냥 좋아서."

자연 속에 1시간 30분을 있다는 건 내 몸 안의 세포를 깨우는 일이었다. 자연과 하나 되어 오로지 느끼고 보고 호흡하는 그 자체가 좋았다. 어제는 지치도록 사람에 시달려서 산에 올랐고 오늘은 산에 오르지 않으면 어쩌지 못해서 산을 찾았다. 나무를 보고 다람쥐도 만났다. 의자에 누워 나뭇잎 사이로 보이는 하늘은 기분을 좋게 했다. 새를 만났을 땐 오늘 이런 일이 있었다. 그래서 내 마음이 이렇다. 이럴 땐 어쩌면 좋으냐? 묻기도 했다. 산 정상에서 아래를 내려다보면 "내가 저 밑에서 아무것도 아닌 일에 아등바등 살았었나!" 싶었다. 내리막길에 내려오다가 아직 익지 않은 도토리가 보였다. 익지도 않았는데 벌써 떨어졌구나 하고 손바닥에 올렸다. 도토리는 나에게 가득한 욕심을 내려놓으란다. 성질도 죽이란다. 천천히 많이 웃으면서 살란다. 도토리의 진심 어린 충고가 고마웠다.

비 오는 날 빼고는 한 달 내내 산을 올랐다. 산에서 울분을 토해내고 위로받고 나를 되돌아보면서 반성했다. 근무시간을 조정해서 산행을 함으로써 내 안에 있는 기쁨, 순수함, 열정을 만날 수 있었다. 그동안 잊고 살았던 나를 조금씩 발견하고 찾아가는 과정이 즐거웠다. 가게에만 있을 때는 죽을 것 같았는데 매장을 벗어나면 그 자체가 숨통이 트이고 좋았다. 내가 좋아하는 걸 하면서 기쁘고 즐거워하는 나를 만났다.

산행의 힘은 대단했다. 감사하고 행복한 이유를 하나씩 찾기 시작했다. 지금 산을 오를 수 있는 건강이 있어서 감사합니다. 성실한 남편이 있어서 감사합니다. 예쁜 딸과 아들이 있어서 감사합니다. 사업이 대박 나서 감사합니다. 빚을 조금씩 갚을 수 있어서 감사합니다. 그리고 보니 감사할 일이 너무도 많았다. 그동안 행복하지 않다고 툴툴대던 자신을 반성했다. 일을 조금 줄이고 여유가 있으니 살 만했다. 일만 하고 사는 것은 나에게 무의미했다. 내가 좋아하는 것을 하기까지 가출을 하고 근무시간을 조정하고 근무시간을 줄이고 우여곡절이 많았다. 그런 방법을 찾는 과정에서 일만 하자는 남편과 상처를 주기도 하고 받기도 했다. 지금은 그런 남편이 그저 고마울 뿐이다.

나를 알아가는 쉬운 방법은 나는 무엇을 할 때 가장 행복한지 내가 좋아하는 것은 무엇인지 스스로에게 물어보는 것이다. 이 일 때문에 내가 죽을 것 같다면 그 일을 그만두어야 한다. 어쩔 수 없이 먹고 사는 일로 해야 한다면 일하는 시간을 줄여야 한다. 내 몸에 집중하고 내 마음을 들여다보아야 한다. 그리고 마음의 말에 귀 기울여야 한다. 마음의 경고를 진지하게 받아들여야 한다. 그리고 하고 싶은 것을 당당하게 시작할 수 있는 용기를 내야 한다.

몇 번의 실랑이 끝에 일요일은 하루 쉬기로 했다. 가게 문을 닫고 같이 가면 좋으련만, 남편은 끝까지 고집을 꺾지 않아서 나만 쉬는 걸로 합의를 봤다.

일요일마다 아이들과 함께 시간을 보내주기로 약속했다. 늘 반복되는 일상에 신물이 났고 혼자 훌쩍 떠나고 싶었다. 아이들은 부모님이 바쁘다는 핑계로 늘 갇혀있다시피 했다. 딸과 아들을 데리고 서울행 기차를 탔다. 4시간 30분 동안 온몸을 기차에 맡긴 채 스쳐가는 풍경을 감상했다. 잠이 오면 자고, 깨고 나면 차창 밖으로 흐르는 풍경을 물끄러미 바라보았다. 모처럼의 여유가 좋았다. 아이들은 오랜만에 타보는 기차에서 계란과 음료수를 먹으며 기뻐했다. 이런 작은 것이 행복인데 그동안 사는 게 왜 그리도 바빴는지. 남편도 함께 이런 걸 느껴보면 좋을 텐데 하는 생각이 계속 마음을 지배했다.

창원 촌놈이 처음으로 서울에 도착하니 사람들은 왜 그리 많은지. 공기는 왜 그리 뿌옇고 탁한지 서울 사람들은 여기서 어떻게 사는지 궁금했다. 아니 오빠네 가족들은 여기서 어떻게 사는지 궁금했다. 서울역에서 눈을 휘둥거리고 있는데 올케언니와 조카가 우리를 보고 아는 체를 했다. 그 많은 사람 중에 아는 사람을 만나니 너무 반가웠다. 서울행이 처음이라 올케언니가 마중을 나온 것인데 너무 고마웠다. 올케언니의 안내로 서울구경에 나섰다. 덕수궁 돌담길도 걸어보고 국립과학전시관에서 인체전시회도 관람했다. 실제 사람의 몸을 기증한 인체여서 피부에 와닿는 몸의 신비를 느낄 수 있었다.

저녁 시간이 되어 버섯전골을 맛있게 먹고 오빠 집으로 갔다. 오빠는 10시쯤 늦게 일을 마치고 왔다. 술잔을 부딪치면서 하룻밤을 오빠 집에서 잤다. 아들은 꿈속에서 사람의 근육이 점점 커지더니 나중엔 몸이 거인으로 변하는 것을 봤단다. 어제 본 인체전시회가 이상한 꿈을 꾸게 한 모양이다.

올케언니가 다음 날도 서울역까지 창원 촌놈들을 배웅해 주었다. 서울구경 잘하고 음식도 대접 잘 받고 따뜻하게 재워줘서 처음부터 끝까지 에스코트해 준 올케언니가 너무 고마웠다. 서울서 창원으로 내려오는 기차에서 아이들은 재잘대기도 하고 손뼉 치기놀이도 하고 재밌어 했다. 그 모습을 지켜보니 자주 여행을 해야겠다고 마음먹었다.

서울 여정을 무사히 마치고 집으로 돌아오니 편안한 내 집이 최고다. 가게에 딸린 코딱지만 한 방이지만 두 다리 쭉 펴고 잘 수 있는 내 집이 그렇게 좋았다. 일상을 벗어나고파 떠나지만 돌아와 보면 일상이, 가족이나 일이 얼마나 소중한지 깨닫게 된다. 그래서 떠나는 자는 행복한지도 모르겠다. 언제든지 돌아올 곳이 있다는 가정하에.

사업을 시작하고 처음으로 일요일에 아이들과 나들이를 했다. 다른 지역을 여행하고 전시회를 관람하고 기차여행을 하는 동안 남편도 같이 왔으면 하는 바람이 있었다. 당분간은 혼자 아이들을 데리고 다니다가 나중에는 남편도 꼭 동참시키리라 마음먹었다. 왜냐하면 이렇게 좋은 걸 나만 하기에는 아까우니까.

 남편도 일을 떠나 이런 소소한 행복을 느껴보기를 기도했다. 조금만 마음의 여유를 가지기를. 내가 원하는 건 그리 큰 것이 아니다. 내 맘대로 살겠다는 것도 아니다. 일을 하지 않겠다는 것도 아니다. 열심히 일할 때는 일하고 일요일 하루 가족과 함께 밥을 먹든 영화를 보든 산책을 가든 시간을 함께 보내자는 것이다. 아이들이 다 성장하고 나면 우리가 놀아주고 싶어도 이미 때가 늦은 것이다. 나중에 후회하지 않게 지금 시간을 내서 하자는 것이다. 끝내 남편을 설득하지는 못했고 나 혼자만이라도 감행했다.
 산행을 시작하면서 기쁘고 즐거워하는 나를 만났고 내 마음속에 어린아이를 잘 다독여 주었다. 힘들고 상처받은 어린아이를. 그러기 위해서는 일을 조금 내려놓아야겠다고 생각했다. 이 상태에서는 내가 행복하지 않았으므로. 욕심은 내려놓고 성질도 내려놓고 그 대신 많이 웃으면서 살고 싶었다. 산행을 통해서 나를 알아가고 또 다른 모습을 발견하고 찾아가는 시간이 되었다. 내 마음을 부드럽게 쓰다듬어주기도 하고 안아주었다. 행복에 대해서 아주 오랜만에 생각을 해보는 시간이 되었다. 잊고 살았던 나를 발견한 기쁨이 가장 컸다. 이제는 마음이 시키는 대로 하면서 실컷 행복해지기로 마음먹었다. 조금씩 사는 게 재미가 있어진다.

어떤 삶을
원하는가

내가 원하는 삶은 무엇일까?

매일이 새롭고 기쁘고 평안한 상태였으면 좋겠다. 더 자세히 말하자면 내가 좋아하는 것을 하면서 기뻐하는 것, 하고 싶은 것을 조금씩 배우고 알아가는 새로움을 발견하는 것, 희노애락에 휘둘리지 않고 마음이 바다처럼 잔잔하기를 원한다. 하루에 적어도 한 시간은 자연과 마주하는 시간도 갖고 싶다.

마음코칭으로 나를 제대로 알고 스스로 조금씩 성장하는 삶을 꿈꾼다. 다시 요약하자면 내가 좋아하고 잘하는 일을 하면서 누군가에게 조금이라도 도움이 되는 삶을 살고 싶다. 남편하고는 식성도 다르고 성격도 다르고 취미생활도 달랐지만 딱 한 가지 통하는 게 있다. 다른 사람에게 조금이라도 도움을 주려는 마음이다. 우리 부부는 작은 것부터, 가까운 곳부터 찾아보기로 하고 마음을 나눌 수 있는 대상을 찾았다. 처음으로 용기를 내서 시작한 것은 우리 동네 박스할머니의 외손녀에게 매달 금일봉을 자동이체 한 것이었다. 두 번째는 환경미화원 아저씨들이 새벽에 일할 때 겨울에는 따뜻한 차를, 여름에는 시원한 음료를 마음껏 먹을 수 있게 대접하는 것과 추석이나 설 명절에 선물세트를 챙겨주는 것이었다. 세 번째는 일주일에 1회 1시간 요가봉사를 가는 것이다. 처음엔 매주 1회가 부담스러웠다. 내가 한 시간 근무시간을 빼먹으면 그만큼 남편이 한 시간을 더 근무해야 한다는 말이기도 했다. 남편은 나보다 곱으로 근무를 하고 있었으므로 쉽게 말이 나오지 않았다. 되면 좋고 안 되면 그만이라 생각하고 남편에게 말했다. 우리 동네 요양시설에 요가봉사를 갔으면 좋겠다고. 남편은 한방에 허락을 했다. 이럴 땐 완전 환상의 콤비다. 그렇게 요가봉사를 시작하게 되었다.

요양시설이라 물구나무를 선다든지 활 자세를 하는 일반적인 요가를 가르치지는 않는다. 요가지도자 과정에서 배운 명상이나 마음수련을 접목했다. 더 나아가 여러모로 나를 성장시켰던 코칭을 융합해서 프로그램을 만들었다. 100세 시대가 열리면서 병든 노인인구가 늘어났음을 염두에 두고 주로 치매예방을 중점으로 수업을 진행한다.

이렇게 하는 것은 내가 마음이 곱고 천사라서가 아니다. 사고로 다리가 불편하신 친정아버지도 고향에 있는 요양시설에서 주간보호를 받고 계신다. 자주 찾아뵙지 못하는 죄스러운 마음인데 어르신들하고 함께하다 보면 조금은 죄의식이 줄어들어 나 편하자고 하는 것이다.

평균연령이 78세에서 85세라 요가보다는 치매예방 쪽으로 프로그램을 만들었다. 연령대가 높아도 곧잘 하시고 활짝 웃는 모습은 어린아이처럼 해맑다. 아침부터 시설에 오셔서 식사하고 지내시다가 저녁에 집으로 가신다. 어린애들이 어린이집에 가듯이 어르신들도 요양시설에 오셔서 주간보호를 받는다고 생각하면 이해가 빠르겠다.

요양시설에 오면 또래 친구들도 만날 수 있고 요일별로 프로그램이 다양해서 좋다. 이곳 요양시설에서는 미술치료, 다도, 노래교실, 요가, 붓글씨 등등 다양한 프로그램을 접할 수 있다. 식사도 영양사가 영양소를 골고루 섭취할 수 있도록 노력을 기울여 정성껏 해준다. 허리나 다리가 아프면 물리치료실도 있어 이용하면 된다.

자식들이 요즘은 너도나도 맞벌이를 하고 있으니 어르신들 세끼 밥상을 차릴 수도 없고 치매가 진행되는 경우엔 가족들이 힘드니 어쩔 수 없이 시설의 도움을 받기도 한다. 갑자기 몸이 편찮으시면 바로 병원으로 모시고 가고 보호자에게 연락을 한다. 일주일에 한 번씩 목욕봉사자들이 깨끗이 몸을 씻겨주기도 한다. 목욕봉사자들과 같은 요일이라 자주 보는데 어르신들을 목욕시키느라 정작 봉사자들은 땀으로 범벅이 되어있어도 표정은 얼마나 맑고 밝은지 천사가 따로 없다. 옆에서 보고 있노라면 말처럼 쉽지 않은 일을 몸으로 봉사하는 사람들이 위대해 보인다. 바빠도 빠짐없이 일주일에 한 번은 요가봉사를 할 수 있었던 것은 목욕봉사자들을 바로 눈앞에서 보았고 큰 울림이 있었기 때문이다.

〈요가 봉사 중〉

요양시설 어르신들을 볼 때마다 고향에 계신 친정아버지 생각이 자동으로 난다. 어머니를 먼저 하늘나라로 보내고 많이 외로우신 아버지다. 어머니가 돌아가시고 10년 후 경운기사고로 다리를 다치셔서 목발을 짚거나 휠체어를 타야만 외출이 가능하시다. 사고로 하반신을 쓸 수 없는 당신은 처음에 이 고통을 어떻게 받아들이셨을지 가슴이 아린다. 어쩌다 쌍계사나 남해로 드라이브 시켜드리고 한 달에 한 번 용돈을 드리는 것으로 마음의 죄스러움을 조금 내려놓기도 하는 이기적인 딸이다.

하루는 아버지 방을 청소하다가 베갯잇에 눈물 흔적이 수도 없이 많아서 나도 울컥 터져버렸다. 딸 앞에서는 울지 않은 척하시지만 홀로 계실 땐 많은 시간을 울고 계셨구나. 아버지에게도 우울증이 왔었지만 그 누구에게도 우울하다고 말씀을 하시지 않았고 혼자 방 안에서 울고 계셨던 것이다.

혼자 계시는 것보다 말동무라도 옆에 있으면 훨씬 나아지리라 생각하고 요양시설에 보내드렸다. 아침에 일어나면 갈 곳이 생겨서 그런지 예전보다 아버지의 얼굴엔 생기가 돌았다. 잠만 집에서 주무시고 나머지는 요양시설에 계시니 아버지를 찾아뵙는 횟수도 자동적으로 예전보다 줄었다. 왕복 3시간이면 아버지를 뵐 수 있는데 매번 마음만 먹고 찾아뵙지를 못하고, 생신이나 집안행사가 있을 때만 잠시 얼굴을 내밀곤 한다. 요양시설에 보내드린 것으로 마음의 짐을 조금 내려놓은 못난 딸이다.

아버지를 찾는 마음으로 우리 동네 요양시설에 간다. 이곳 어르신들도 자녀들과 하루에 몇 마디를 나누고 눈빛을 몇 번이나 마주치는지 보지 않아도 훤하다. 어르신들도 자식들로부터 외면당하고 있다는 걸 알고 계신다. 그래도 자식들에게 짐이 되지 말아야지 하면서도 치매는 계속 진행이 된다.

시설의 9명의 어르신 중에 두 명이 치매를 앓고 계신다. 82세 할머니는 나를 언니라고 부르신다. 수업을 마치고 신발을 신고 있으면 "언니, 언제 올 거야." 하신다. 치매는 지능을 어린아이로 만들고 기억도 잊어버리고 자녀도 알아보지 못하게 하는 슬픈 질환이다. 고령화로 인해 치매환자가 급증하고 있다. 이곳 시설에서는 명상과 더불어 신체활동이 많은 요가가 치매예방에 좋다고 수업을 환영했고 어르신들도 다행히 좋아하셔서 곧잘 따라 했다. 어떤 분은 집에서도 매일 저녁마다 고관절 운동을 하고 좋아졌다며 감사를 표하셨다. 또 다른 어르신은 발끝치기를 매일 했더니 혈액순환에도 좋다면서 기뻐하셨다. 규칙적으로 스트레칭을 하면서 상쾌하고 기분 좋은 컨디션을 유지할 수만 있다면 나의 소명은 다한 것이다. 그나마 잘 실천해 주시니 얼마나 감사한 일인지 모른다. 말이 요가재능 나눔이지 어르신들과 함께 놀아주고 재롱부리다 온다.

어르신들과의 인사법은 "반갑습니다." 하고는 두 손을 잡고 손등을 쓰다듬는 것으로 시작한다. 그다음 사랑을 가득 담은 포옹을 한다. 어떤 어르신은 눈물까지 흘린다. 이런 스킨십을 그동안 받아보지 못했으므로. 너도 나도 맞벌이 하는 자식들로부터 점점 외면당하고, 핵가족화 때문에 사람이 많이 그리운 분들, 정신은 점점 어린 아이로 되어가는 어르신들은 안아주는 스킨십만으로도 기뻐하셨다.

본격적으로 요가매트에 앉아서 목 풀기, 손목 돌리기, 머리마사
지, 귀마사지, 손뼉 치기, 자신에게 칭찬하기, 옆 사람에게 칭찬
릴레이, 다리 운동, 고관절 운동, 척추 펴기, 공기놀이, 손발 지압
하기, 명상 순으로 50분을 한다.

어르신들은 그중에 공기놀이를 제일 좋아하신다. 동심으로 돌아
가 어릴 적에 작은 돌을 주워서 공기놀이 한 것을 추억하시고 춘자
랑 했다느니 영순이랑 했다느니 갑자기 말문이 트이신다. 손등에
공기를 모두 올려놓고 공중에 띄어서 얼른 받는 동작은 나도 다 받
기 힘든데 어르신들은 곧잘 하셨다. 그때만큼은 10대 소녀로 돌아
가서 가장 환한 웃음을 지으신다. 일부러 손을 많이 사용하게 해서
최대한 치매예방에 중점을 둔다. 한 동작을 할 때마다 얼마나 열심
히 하시는지 시설의 담당선생님이 사진을 찍곤 한다. 의사도 아닌
내게 괜히 어깨가 아프니 다리가 아프니 어리광을 부리신다. 자세
를 교정해 주는 척하다가 주물러드린다. 한 사람만 주물러주면 차
별하냐고 질투심에 목소리가 커지고 눈빛이 달라지고 너도 나도
아프다고 아우성이다. 이럴 땐 완전 어린아이다. 똑같이 골고루
동등하게 관심을 가져줘야 된다. 하다 보니 요령껏 하는 방법도 터
득했다.

가끔 창원교도소, 서부청사에 강의 일정이 중복되면 부득이하
게 요양시설에 가지 못하는 경우가 있다. 1주일을 걸러서 시설에
가면 열 배로 힘을 내서 온몸으로 인사해 주신다. 지금껏 요가재

능 나눔을 하면서 많은 분을 만났고 그중 여덟 분은 하늘나라로 가셨다. 내가 알고 있는 분만 그렇고, 연락을 일일이 받지 못한 분을 포함하면 훨씬 많을 것이다. 돌아가셨다는 소식을 들으면 함께 나누었던 덕담이나 해맑게 웃으시던 모습만 한동안 기억에 남는다. 한 번이라도 더 손이라도 잡아드릴걸, 더 많이 활짝 웃어드릴걸, 돌아가시고 나면 언제나 미련이 남는다.

요가재능 나눔을 통해 내가 얼마나 소중하고 귀한 존재인지 알게 되었고 사명감을 갖고 정성껏 해야겠다는 다짐도 한다. 어르신들의 모습이 남의 일이 아니고 내 아버지의 일이자 내가 겪어야 될 일이기 때문이다. 나도 나이를 먹고 노화가 진행되면 어떤 말을 해야 하고 어떤 행동을 해야 하는지 내가 더 많이 배운다. 치유받는 쪽도 오히려 나 자신이다. 철이 조금 들기도 하고 겸손함을 배운다. 평소에 잊고 지내던 평범한 일상이 얼마나 소중한지 겸허함을 배우는 시간이 되기도 한다.

대부분 어르신들은 부부 중 한쪽을 먼저 보내고 홀로 계신 분들이었는데, 악다구니하며 다투었던 그 시절이 지나고 보면 오히려 행복이었노라고, 지금은 옆에 말 붙일 그 누군가도 없는 외로운 시간과 지내고 있음을 고백하시곤 하셨다. 가까이에 있는 사람이 수많은 사람 중에 가장 소중한 사람이니 나중에 후회하지 말고 지금 잘해주라는 일침도 아끼지 않으셨다. 그런 모든 말씀들이 나에겐 얼마나 엄마 같은 말인지 한동안 그 말씀을 곱씹으며 집으로 돌아오곤 한다.

우리는 모두 언젠가 죽는다. 그 언젠가가 내일이 될 수도 있다. 시간이 영원한 것이 아니라 유한한 것이라는 걸 깨닫고 나면 소중한 것이 무엇인지 알게 된다. 중요한 우선순위가 정해지면 어떤 사람과 시간을 많이 보내야 하는지 알게 된다. 그리고 사랑하고 선을 베푸는 일에 가치를 두게 된다. 요가를 통해서 내 마음을 보았고 잃어버린 나를 찾았다. 마음이 하는 소리에 귀를 기울이다 보니 요가봉사도 하게 되었다. 요가봉사를 5년 정도 했을 때 경남도지사 표창장을 받았다. 그 타이틀에 부끄럽지 않게 정성들여 어르신들을 맞이하고 더욱더 열심히 요양시설을 찾으려고 노력한다. 이 모든 것이 고맙고 감사할 따름이다. 건강이 허락하는 동안은 계속 요가재능 나눔을 하고 싶다.

나는
어떤 존재인가

고향에 가면 가장 먼저 들르는 곳이 있다. 엄마 산소다. 어머니는 살아생전엔 술을 입에도 대지 않으셨다. 술 없이는 하루도 견디기 힘든 아버지를 보고 술이라면 진절머리가 나셨을 것이다. 그런 어머니의 무덤 앞에 술잔을 놓고 꺼이꺼이 울었다.

무덤 앞에만 오면 이 세상 모든 서러움이 한꺼번에 밀려온다. 무덤 속에서 엄마의 얼굴, 목소리, 체취, 함께했던 추억들도 모두 쏟아져 나왔다. 공동묘지가 그렇게 크진 않아서 이렇게 평일에 오면 다른 사람들 눈치 보지 않고 실컷 울 수 있어서 좋았다. 엄마 옆에 나란히 누웠다. 죽은 자들과 나란히 누워있어도 무섭지가 않았다. 왜냐하면 엄마가 옆에 있으니까.

엄마는 팔베개를 해주시며 이렇게 말씀하셨다. "이젠 그만 울어도 된다. 네가 우는 모습을 보니 속상하구나. 우리 영임이가 많이 웃고 행복했으면 좋겠구나." 흐르는 눈물이 멈췄다. 엄마를 기쁘게 하는 일이라면 무엇이든지 할 수 있다고 소매로 눈물을 닦으며 말했다. 엄마는 또 이렇게 말씀하셨다. "네가 이러고 살기에는 아깝구나." 정신이 번쩍 들었다. 집으로 돌아오는 내내 머릿속에서 생각들이 많아졌다. 다음 날 4시에 일을 마치고 어김없이 산을 올랐다. 사업이 잘되어 감사합니다. 이렇게 산에 올 수 있는 건강을 주셔서 감사합니다. 나무도 풀도 이름 모를 꽃들도 볼 수 있어서 감사합니다. 항상 입산의 시작은 이 마음에서 출발한다. 1/3쯤 오르면 땀이 등줄기로 줄줄 흘러내린다. 이 또한 얼마나 감사한 일인지 온몸으로 받아들인다. 산을 타는 중에 어제 어머니가 하신 말씀을 자꾸 되새김질한다. 무슨 뜻일까?

정병산 정상을 찍고 내려오는데 마음이 이렇게 말하고 있었다. "일만 하기에는 아깝지 않니."

"맞아, 나답게 살고 싶어." 또 다른 마음이 이렇게 답을 했다. 내가 생각하는 나답게 산다는 것은 남의 눈치 보지 않고 내 마음이 시키는 대로 하는 것이다. 그렇게 하려면 내 마음에서 간절히 원하는 소리를 들어야 한다. 내가 잘할 수 있고 행복하고 남에게도 이로움을 줄 수 있는 일을 찾아보기로 했다. 어떤 좋은 방법이 없을까 나에게 계속 질문을 했고 일주일째 산책을 하다가 해답이 나왔다. "요가, 코칭, 마음수련 이 세 가지를 접목해서 동기부여강사를 해봐야지." 이렇게 대답을 하고 있었다.

"그럼 어떤 주제로 강의를 할 건데?" 또 다른 내가 말을 걸었다.

"글쎄 어떤 주제가 좋을까?" 계속 질문을 했고 생각에 잠기고 여러 가지 생각들이 나타났다 사라지기도 했다. 그러다가 "마음코칭"
이라고 나도 모르게 답이 나왔다. 좋은 아이디어라고 자찬했다.

　방향과 주제가 정해지고 나니 속도가 붙기 시작했다. 자료를 찾
고 마음코칭과 관련된 PPT를 만들었다. 독수리 타법까지는 아니
지만 처음으로 만들다 보니 꽤 많은 시간이 걸렸다. 그래도 하나씩
만들어질 때 느껴지는 가슴 떨리는 설렘은 이루 말할 수 없이 기뻤
다. 완성되고 나서 거울을 보며 제스처, 표정, 말투까지 현장에서
강의하는 것처럼 연습해 봤다. 잘하고 있는지 제대로 하고 있는 건
지 궁금했다. 가장 테스트를 잘할 수 있는 방법이 떠올랐다. 녹음
을 하는 것이었다. 나름대로 잘했다고 생각했는데 녹음된 것을 듣
고는 웃음이 나왔다. 형편없었고 오만함에 부끄러워서 얼굴이 빨
개졌다. 사투리도 많이 나왔고 말투도 너무 딱딱했다. 평소에 나
의 말투가 이랬단 말인가 실망스러웠다. 잘하고 싶었고 잘할 수 있
는 방법을 찾아보았다. 복식호흡과 시 낭송이 자신감을 올려주었
다. 매일 연습 또 연습을 했다.

　이젠 필드에 나가고 싶었다. PR을 해야 하는데 좋은 방법이 마
땅히 떠오르지 않았다. 나와 인연을 맺은 사람들과의 식사자리에
서 "마음코칭을 들어 보셨나요." 하고 나도 모르게 말이 나왔다.
말꼬를 트고 주저리주저리 설명을 했다. 어떻게 했는지 기억은 하
나도 없는데 한 분이 자기 직원들이 30명 되는데 당장 내일 오전
10시에 강의를 올 수 있냐고 물었다. 나는 어디서 그런 용기가 났

느는지 모르겠지만 "첫 고객이라 평생 잊지 않겠습니다. 기쁜 마음으로 내일 뵙겠습니다." 이렇게 말했다.

그때의 기분이란 "심봤다!"였다. 큰 기대를 하지 않고 무심코 했던 말인데 이렇게 좋은 결과가 오다니. 간절한 눈빛에 나를 도와주려고 하나 보다 하며 진심으로 감사를 드렸다.

집으로 돌아와 커다란 거울을 보며 연습을 했다. 첫 강의라 잠을 자려고 해도 심장소리가 쿵쾅거려서 잠을 잘 수가 없었다. 거의 새벽이 되어서야 겨우 눈을 붙였다. 아침 일찍 일어나 평소처럼 요가와 복식호흡으로 설레는 마음을 달랬다.

첫 강의라 목소리도 떨리고 입술이 바짝바짝 마르고 가슴은 쿵쾅거리고 진정이 되지 않았다. 매일 마트에서 150명의 고객을 마주하고서도 멀쩡했던 나인데, 여기는 고작 30명에 불과한데 왜 이리 떨리는 건지.

20분 정도 지나자 이 떨림도 기분 좋게 즐기자고 주문을 걸었다. 처음보다는 훨씬 마음이 가라앉았다. 한 사람마다 눈맞춤을 하고 미소를 머금고 순서대로 해나갔다. 잘하겠다는 욕심보다는 내가 알고 있는 것을 어떻게 하면 잘 전달할 수 있을까에 초점을 맞췄다. 수강자들의 고개 끄덕임을 볼 때 행복했고 안도의 한숨을 쉬었다. 어찌어찌해서 50분의 강의를 마쳤다. 박수소리가 귀에 쟁쟁하게 들리고 인사를 하고 한 사람마다 악수를 하고 마무리를 했다. 다행히도 많은 분들이 유익했노라고 강의 평가를 해주셨다.

이렇게 첫 강의가 무사히 끝나고 반응도 생각했던 것보다 좋아서 힘을 얻었다. 모자란 부분을 보충해서 앞으로 더 좋은 강의를 하기 위해 책을 읽고 PPT 수정도 하고 바쁜 날들을 보냈다.

강의를 하고 나서 깨달은 점은 그동안 마트에서 일을 했던 게 많은 도움이 되었다는 것이다. 고객들을 대할 때 몸에 익혔던 눈 맞춤, 말투, 제스처까지 그 모든 것들이 도움이 되었다. 만약에 마트에서 일을 해본 경험이 없었다면 감히 강의를 해보자고 생각도 못했을 것이다. 일하는 게 힘들다고 툴툴거렸던 지난날을 반성했다. 힘든 과정을 묵묵히 견뎌왔고 그 결과가 이렇게 나오니 감격할 뻔했다. 내가 하는 슈퍼마켓 일을 통해 배운 것이 너무나 많았다는 사실에 눈물이 날 정도였다. 지금 하는 마트업무가 나를 성장시키는 시간이 되었다는 사실을, 단순한 돈벌이가 아니라 그 이상의 의미가 있었다는 사실을 깨달았다. 힘든 마트일은 나를 강사로 키우기 위한 하나의 도구였다.

첫 강의를 계기로 창원교도소, 서부청사, 경남중기청 등에서 러브콜이 들어오기 시작했다. 강의를 하는 일은 즐겁고 기쁘고 뿌듯하고 사명감을 느끼게 한다.

새로운 일에 도전했고 새로운 세계가 나에게 왔다. 나는 기꺼이 즐거운 마음으로 소명을 다할 것이다. 마음의 소리를 잘 들어주고 보듬어주고 평안하게 하는 게 마음코칭인데 많은 사람들은 그 방법을 잘 모르고 살아가고 있다. 예전의 나처럼.

시간을 많이 필요로 하는 것도 아니고 몇 가지의 방법만으로도 충분히 행복하고 즐겁고 기쁜 마음으로 하루를 맞이할 수가 있다.

내가 행복하면 직장, 가족, 이웃들에게 고운 말을 하게 되고 상대방을 배려하는 여유도 생기기 때문에 다른 사람과 어울리는 능력이 좋아진다. 자연적으로 주변에 사람이 많이 따르기 마련이고 업무성과도 향상된다. 내 마음이 행복하고 평온하면 다툼이 줄어들고 진심으로 다른 사람에게 베풀 수 있는 여유가 생긴다. 나를 온전히 존중하고 사랑하기 때문에 다른 사람도 존중하고 사랑할 수 있다. 예전에 남편과 함께 슈퍼마켓 일을 하면 하나에서 열까지 일하는 방식이 서로 다르기 때문에 고함소리가 났다. 목에 핏대를 세우고 침을 튀기며 다투기를 매일 했었다. 남편이 큰 목소리로 몇 번 고함을 치면 나는 매장 구석에 가서 눈물을 닦고 나와야 했다. 결국엔 어깨통증으로 병원을 다니고, 아이들도 눈에 들어오지 않는 우울증까지 겹쳐 찾아왔다. 전생에 원수도 이런 원수는 없을 것이다. 매일이 악몽이고 지옥이 따로 없었다.

그러다가 나를 찾는 과정에서 요가를 배우고 시 낭송을 하고 산책을 했다. 마음의 소리에 귀를 기울이게 되었다. 그렇게 진짜 나로 살기로 마음먹었다. 그 모든 과정들이 모여서 '마음코칭'이 되었고 그것을 나에게, 사랑하는 가족에게 실천하고 있다. 내가 존재하는 이유는 이 마음코칭을 한 사람에게라도 더 많이 알려주고자 하는 데 있다. 더 나아가 많은 사람들이 마음코칭을 알고 평안했으면 하는 바람이 있다. 마음을 다스리는 방법을 알고부터는 남편과 대화가 부드러워졌다. 남편이 존경스럽고 측은한 마음이 생기면서 이제는 고맙기만 한 존재가 되었다. 자녀들과의 대화도 사랑과 신뢰, 격려, 칭찬의 대화로 바뀌었다.

　나를 사랑하는 방법을 알고 실천하면서 많은 사람들이 행복하기를 소망한다. 나의 소명은 상처받고 지쳐있는 많은 사람들이 마음 코칭으로 행복할 수 있게 돕는 것이다.

나의
호감도 높이기

우리가 첫 대면에 누군가를 만났을 때 '저 사람은 호감이 간다, 저 사람은 비호감이야'와 같은 감정을 갖는다. 주로 호감이 가는 사람은 밝고 긍정적이고 자신감 있고 목표가 뚜렷하고 열정의 미덕을 갖추고 있다.

스스로에 대한 호감도를 심리학에서는 자기 존중감이라고 말한다. 나는 하루를 마감할 때까지 그날 최선을 다했다면, 많이 웃고 즐거웠다면 존중감이 올라갔다. 다음은 나의 호감도를 높이기 위해 매일 연습한 것이다. 처음 시작할 때 일주일만 하루도 빠지지 않고 해보자고 마음먹었는데 이제는 습관이 되었다.

거울 보고 웃는 연습

아침에 일어나면 얼굴 표정이 굳어있다. 거울을 보면서 웃는 연습을 10번씩 한다. 처음엔 입꼬리만 올라가다가 서너 번 하면 눈도 코도 볼도 얼굴 전체가 웃게 되고 일곱 번째부터는 마음까지 웃게 된다. 이너스마일inner smile이 되면 최고의 웃는 얼굴이 된다. 일종의 최면의식인데 이렇게 준비를 하고 출근하면 남편과 업무 인수인계를 할 때 큰소리가 나지 않는다. 또 고객들에게 활짝 웃고 먼저 인사를 건네면 돌아오는 미소는 더 기분 좋게 한다. 꽃다운 창원대 학생들의 풋풋하고 생동감 넘치는 웃음은 그 자체로도 매력적이다. 내가 먼저 웃고 아이들을 깨우고 아침밥을 차리고, 내가 먼저 웃으며 슈퍼마켓으로 출근을 한다. 자동으로 남편에게 부드러운 말이 나오게 된다. 거울 보며 웃는 습관은 요가를 하면서 알게 되었고 하루를 시작하면서 이만큼 근사한 아침을 기쁘게 맞이하는 게 또 있을까 싶다.

차 마시기

차를 마시면 마음이 차분해지고 감정을 통제할 수 있는 능력이 생긴다. 차를 좋아하다 보니 차 만들기도 좋아하게 되었다. 대추차, 모과차, 생강차, 레몬차 등 주로 한방차 만드는 걸 좋아한다. 대추차는 씨를 발라내는 데 꽤 오랜 시간과 인내가 필요하다. 모과차는 육질이 단단해서 자르는 작업 중에 손바닥 껍질이 벗겨지고 한참 열중해서 하다보면 피가 나는 경우도 다반사다. 그래도 좋아하니까 하게 된다. 생강은 물에 불려서 껍질을 숟가락으로 벗기고 잘게 채 썰어서 벌꿀을 넣어 버무리면 된다. 그중에 가장 쉬운 건 레몬차 만들기다. 레몬을 소금과 식초를 희석한 물에 깨끗이 씻어서 물기를 제거한 다음 슬라이스 한다. 슬라이스 한 레몬을 유리병

〈나를 위한 대추차〉

에 담아 꿀을 넣으면 끝이다.

한방차를 만들 때는 설탕보다 꿀을 사용한다. 우리 가족 모두가 먹을 거니까 설탕 대신 꿀 사랑을 실천하고 있다. 친정엄마가 돌아가신 후 한 달 만에 첫아이를 낳았다. 친정엄마 없는 출산 후엔 산후 조리를 제대로 하지 못했고 그 뒤로 손발이 차서 따뜻한 성질의 한방차를 만들기 시작했다.

차 만들기는 일종의 나를 위한 수행이다. 묵묵히 대추씨를 발라내고 모과의 딱딱한 껍질과 씨름하는 과정을 일일이 모두 손으로 해야 하고 시간도 많이 걸리기 때문이다.

겨울에 김장김치는 담지 않아도 한방차는 매년 만들어서 먹는다. 완성된 차를 벌꿀 병에 담아서 쪼르륵 세워두면 보기만 해도 배부르다. 아이들이 어느새 다 자라서 딸은 양산에 직장을 다니고 있고 아들은 서울에서 공부를 하고 있다. 세 집 살림을 한 지 몇 년 되다 보니 포장해 주는 게 더 많다. 딸집에도 한 통, 서울 있는 아들한테도 한 통, 이웃에 살고 있는 조카한테도 한 통 이렇게 퍼 주다 보면 정작 우리 몫은 조금 남는다. 나눠줄 때 기쁨이 느껴지는 그 맛에 많이 만들기도 한다. 삼사일 몸살 나서 드러눕기도 하지만 주는 기쁨을 만끽하기 위해 하게 된다. 출근해서 남편과 업무 교대를 할 때도 따뜻한 찻잔을 두고 하고부터는 큰소리가 나지 않는다.

아하! 그렇군요

상대방의 말을 들을 때 추임새를 넣으면 된다. 주로 말을 많이 들어주고 "그래서, 어떻게 되었는데, 아하! 그랬구나." 하면서 추임새를 하면 된다. 말을 능숙하게 잘하는 사람이 부러웠으나 말주변이 없어서 들어주는 편을 선택했다. 그러다 보니 너도나도 달려와서 이야기보따리를 풀어놓기에 바빴다. 상대방의 마음을 이해해 주고 아프고 상처받은 사람은 토닥여 주고 응원해 준다.

'아하! 그렇군요'는 코칭공부를 통해서 알게 되었다. 사업장에서 일할 때나 친구들과 대화할 때 요긴하게 사용하면 훨씬 대화가 재미있고 소통 능력도 좋아진다. 가장 중요한 것도, 가장 어려운 것도 사람의 마음을 얻는 것이다. 쉽지는 않지만 다른 사람을 내 편으로 만들기 전에 내가 먼저 상대방을 인정해 주고 그 사람의 편이 되어주어야 한다. 나의 말은 줄이고 상대방의 말을 많이 들어주는 것이다.

내가 만나는 사람은 모두 좋은 사람입니다

사업장에 "내가 만나는 사람은 모두 좋은 사람입니다"라고 크게 글씨를 써서 붙여놓았다. 일을 하다 보면 좋은 사람을 훨씬 많이 만나는데 때로는 진상 고객도 만나게 된다. 그럴 때 이 말을 세 번 읽고 나면 '저 사람도 좋은 사람인데 무슨 이유가 있을 거야' 하고 너그러운 마음이 생긴다. 또 이 글귀를 보고 많은 사람들이 자신이 좋은 사람이 되려고 노력하게 된다는 점도 큰 장점이다. 처음 들어 왔을 때의 표정이나 말투가 카운트하고 나갈 때 달라져서 가는 경우도 많다. 어떤 고객은 이 말이 좋아서 핸드폰으로 찍어 가는 사람도 있었다. 명함에도 맨 위에 이 글귀를 넣었다. 나만의 명함이, 특별한 명함이 탄생되었다. 특히 사람을 많이 만나는 직업은 "내가 만나는 사람은 모두 좋은 사람이다."라는 마음으로 대하면 한결 관계가 수월하고 부드럽게 된다.

눈 맞춤

사람의 눈은 거짓말을 하지 않는다. 최대한 사랑을 가득 담아서 눈을 보면서 말을 하자. 우리 매장에는 다문화 고객이 많다. 필리핀, 인도, 중국, 파키스탄, 스리랑카 사람들이 많이 온다. 해마다 외국 사람들의 수는 점점 늘어가는 추세다. 말 그대로 창원도 지구촌이 되어가고 있다는 증거일 것이다. 언어소통이 안 될 때 눈을 보면 고객의 감정을 읽는 데 많은 도움이 된다. 여기서 주의할 점은 경계의 눈빛은 삼가 해야 한다는 것이다. 이방인이라는 편견을 버리고 우리라는 열린 의식을 가져야 한다. 상대방도 나의 눈빛을 바로 읽을 수 있다는 점을 명심해야 한다.

나에게 칭찬하기

스스로에게 칭찬을 하는 방법은 나의 호감도를 높여주는 최고의 방법이다. 머리를 토닥토닥 두드리면서 "영임아, 기특하고 고맙고 사랑한다." 이렇게 세 번을 외친다. 꼭 본인의 이름을 부르면서 해 보는 게 좋다. 이 방법을 자녀들에게 혹은 남편에게 하면 멋진 사랑 표현이 된다.

또 다른 방법으로 자신의 장점이나, 칭찬해 주고 싶은 것을 한 가지 정해서 말하는 것도 좋다. 그 어떤 것도 괜찮다. "나는 나를 좋아합니다. 왜냐하면 열심히 노력하기 때문입니다."

왜냐하면~의 다음문장은 날마다 다른 것으로 채울 수 있다. 이런 칭찬을 반복하면 비타민을 먹는 것처럼 힘을 얻게 되고 나의 강점을 매일 발견하는 재미도 쏠쏠해진다.

요가 산책 명상

요가를 하면 몸이 좋아지는 건 당연하다. 더 좋은 이유는 마음을 만날 수 있다는 점이다. 요가를 통해 몸과 대화를 하고 마음을 들여다보는 자체가 나를 찾는 시간이 된다. 요가의 마무리는 명상으로 하면 가장 이상적이다. 몸도 마음도 평온해지니 이보다 더 좋은 운동이 또 있을까 싶다.

명상은 아침에 일어나서, 점심 먹기 전에, 저녁에 잠들기 전에 한다. 내 마음을 관찰하는 명상을 하면 근무할 때 그 어떤 고객을 만나도 스트레스를 받지 않는다. 무심히 관찰하는 연습을 반복하다 보면 모든 사람들을 있는 그대로 받아들이게 된다. 산책은 1시간 코스로 하는데 바쁠 땐 30분이라도 꼭 한다. 자연과 하나 되는 것만으로 충분히 마음코칭이 된다. 조금 더 나아가 사색을 통해 고민되는 문제나 해결해야 할 문제가 생기면 산책을 통해 스스로에게 질문하고 답을 찾는 과정에서 보다 지혜로운 최선의 방법을 선택할 수 있다.

내가 먼저 밝게 웃고 인사하기

밝은 사람은 사람을 끌어당기는 매력이 있다. 상대방이 모른 척할 때도 내가 먼저 인사를 한다. 준비물은 밝은 미소를 머금고 진심어린 눈빛으로 맞이하는 것이다. 잘못 전달되면 이 사람이 나한테 무슨 꿍꿍이가 있는 걸로 오해할 수 있다. 최대한 밝게 활짝 웃는다. 거울을 보고 웃는 연습을 많이 할 필요가 있다. 스스로 판단할 때 진심으로 웃는지 가식적으로 웃는지 알 수 있다. 많이 웃을 수록 자연스러운 웃음이 된다.

센터링

아침에 일어나면 기지개를 켜면서 나에게 긍정적인 말을 해준다. 큰 소리로 세 번 외친다.

"나는 모든 면에서 점점점 좋아지고 있다!" 여기에 당신이 좋아하는 그 어떤 문구를 넣어도 좋다.

아이들은 처음에 내가 이렇게 했을 때 배를 잡고 웃었다. 지금은 자녀들도 일어나면서 외치고 있다.

　긍정적인 주문은 중독성이 강하다. 매일 하다 보면 놀라운 하루가 펼쳐진다. 점점 좋아지려고 부단히 노력하게 된다. 나를 통제할 수 있기 때문에 표정이 밝아지고 자신감 있는 자신을 만날 수 있다. 당신은 이미 주변사람들에게 호감이 가는 사람으로 되어있을 것이다.

　매일 반복적으로 연습하면 습관이 된다. 이런 연습을 통해 충분히 나의 호감도를 높일 수 있다. 처음에는 내가 습관을 길들이지만 나중에는 습관이 내 몸을 밀고 나가는 것을 느낄 수 있다. 그래서 한 사람의 몸에 배인 습관을 보면 그 사람이 보인다.

약점
극복하기

내가 가장 자신 없는 것은 수영이다. 이 세상에서 제일 무서운 게 물이기 때문이다. 고향이 하동이라 섬진강에서 재첩도 잡고 물고기도 잡고 모래사장에서 두꺼비집 놀이를 하는 것은 방과 후 필수 코스였다. 섬진강을 수도 없이 보고 냄새를 맡으며 자랐는데 그것이 물을 무서워하게 된 이유가 되었다. 방학이나 여름이면 꼭 한두 명은 섬진강에 사람이 빠져 죽었다. 그러면 마을에 소문이 돌았는데 물귀신이 해마다 생사람을 잡아 간다는 둥 어린 여자아이만 골라 간다는 둥 숭숭한 소문이 동네를 얼어붙게 했다. 나중에는 사람들의 상상과 생각들이 보태져서 실제사건보다 몇 배로 불어나 있기도 했다. 있는 그대로 전달한다 해도 하루만 지나면 온갖 설들이 무성했다. 인명사고가 일어나면 부모님은 강둑 근처에도 가지 못하게 으름장을 놓았다. 자녀를 사랑하는 만큼 무섭게 타이른다. 대충 말하면 호기심 많은 아이들은 어디로 튈지 모르기 때문이다.

특히 남자아이들은.

　평생 잊지 못할 사건이 있었다. 초등학교 5학년 때로 기억이 된다. 섬진강둑이 터져서 물이 갑자기 불어나는 통에 우리 집이 지붕만 남기고 다 잠겨버렸다. 삽시간에 일어난 일이라 홍수가 논과 과수원, 집들을 집어삼키는 속도는 가히 살인적이었다. 다행히 아버지가 새벽에 일어나 우리가족을 모두 피신시켜 할머니 댁으로 갈 수 있었다. 우리 동네는 지대가 낮았고 할머니 동네는 산 위에 있어서 다행히도 아무 피해가 없었다. 아버지는 애지중지 키우던 소를 떠내려 보내고 마음이 어떠셨을까. 담담하게 아버지는 이렇게 말씀하셨다. "너희들이 모두 무사하니 감사하다."고.
　TV, 냉장고, 밥솥, 이불, 옷가지들, 가구들, 쌀, 농산물들, 농기구들 모두가 물에 잠겨있는데 감사하다는 말이 나오다니. 그 상황에서 아버지는 그렇게라도 하지 않으면 숨을 쉴 수조차 없으셨을 것이다. 물난리에 고향 사람 중 많은 사람이 죽었고 실종자도 많았다. 더 큰일을 당한 사람들과 비교하며 아버지는 힘을 내셨다.

　어머니는 그날부터 웃음도 사라지고 말수도 점점 줄어들었다. 주렁주렁 아이 다섯을 데리고 시집에 들어갔으니 시어머니는 그렇다 치고 손위 동서에게 얼마나 미안하고 눈치가 보였겠는가. 할머니는 둘째 아들이 물난리를 만났으니 또 얼마나 마음이 아프셨을까. 큰어머니는 남편도 없는 집에 시부모 모시고 그 많은 농사일에 지쳐있는 상황에서 우리 가족 7명이 들어왔으니 그 마음은 또 얼마나 무거우셨을까.

그 시절엔 풍족하지 않아서 식구 하나만 숟가락을 보태도 힘든 시절이었다. 총 7명의 우리 식구들은 살아야 했고 어쩔 수 없이 눈치와 구박을 받으면서도 버텨야 했다. 물이 다 빠져나가기는 5일이 걸렸다. 5일간의 일은 어머니 아버지를 50년을 한꺼번에 산 것처럼 늙게 했다.

물에 한번 잠긴 것은 그 어떤 것도 쓸모가 없었다. 이불, 옷, 전자제품, 쌀 한 톨도 모조리 쓰레기가 되었다. 쓰레기를 치우는 것도 여간 보통일이 아니었다. 모든 것을 잃고 다시 모든 것을 장만해야 하는 부모님은 얼마나 힘드셨을까. 얼마나 앞이 깜깜했을까.

어머니는 당장 보리와 쌀을 빌려오고 이불이며 베개, 옷가지들을 얻어 오셨다. 몸에 맞지 않는 옷들이 많았는데 옷을 입었다기보다 걸치고 있어야 했다. 물먹은 벽지를 걷어내고 다시 도배하고 장판도 새로 하고 농기구 닦아서 쓸 만한 것은 정리하느라 부모님은 허리 펼 시간도 없었다. 한숨만 짓고 있기에는 자식들이 다섯 명이나 되다 보니 무엇이라도 해야만 했다.

나는 그때 무엇을 도왔는지 기억이 없다. 물이 무섭다는 것만 생생할 뿐이다. 오히려 울며불며 부모님이 일하는데 더 힘듦을 보태지나 않았는지 모르겠다. 무서운 물의 위력은 우리 가족 모두를 오랫동안 힘들게 했다. 5일 만에 일어난 이 모든 일들이 얼마나 기가 막혔으면 엄마의 귀가 멀었겠는가. 어머니는 병원 갈 돈으로 우리들 입에 풀칠하는 것을 선택하셨다. 물난리가 있고부터 어머니는 평생 귀가 먹어서 살았다. 내가 말을 할 때는 눈을 보지 않고 입모양을 보고 알아듣곤 하셨다. 어머니 앞에서 말할 땐 최대한 천천히 입모양을 크게 해야 했다. 그렇게 해도 한 번에 알아듣는 경우는 거의 없었다. 네 번 다섯 번을 해야 알아듣곤 하셨다. 갑자기 귀가 들리지 않았으니 얼마나 답답하셨을까. 그땐 눈물이 홍수보다 더 넘쳤었다.

　내가 말수가 줄어들고 웃음이 사라진 것도 이때부터다. 모든 날들이 바쁘고 힘들고 눈물이 앞을 가려서 앞이 제대로 보이지 않았다. 암흑의 세상이었다. 환경은 사람을 철저히 지배했다. 부모님을 비롯해서 언니, 오빠, 동생들 모두를 힘들게 했고 웃음을 앗아갔다. 나는 그 환경이 너무 싫었다. 벗어나고 싶었다.
　빠져나오고 싶어도 도저히 나올 수 없는 지옥 그 자체였다. 한 줄기 빛이라고는 찾아볼 수 없었으므로.
　지금 내가 두 아이를 둔 어머니가 되어보니 한 많은 어머님 생각에 눈물을 몇 번이나 닦게 된다. 글을 쓰다가 엉엉 소리 내어 울다가를 반복하고 있다. 이 사건으로 물에 대한 트라우마는 공포 그 자체가 되었다. 물만 보면 숨이 턱턱 막히고 물에 잠긴 우리 집이 떠오른다. 해수욕장이나 수영장에 가면 기분이 좋은 게 아니라 귀가 먹은 어머니 생각이 제일 먼저 난다. 그 트라우마를 극복해 보려고 수영장에 갔다가 남들은 한 달이면 마스터하는 것을 나는 초급반만 3개월을 했다.

　태풍 매미가 왔을 때 마산 어시장이 모두 잠겨서 많은 사람들이 피해를 입었다. 우리가 매일 장을 보는 건어물가게도 물에 잠겨서 재산피해가 엄청 컸다. 복구 시간도 한참이나 걸렸다.

초등학교 5학년 때 물난리가 났을 때도 인정 많은 이웃들이 있어서 힘을 냈던 기억이 났다. 우리 집에 옷가지를 주고 쌀을 주고 반찬을 준 동네 사람들이 한없이 고마웠었다. 내가 그때 받은 은혜를 돌려줄 때가 되었다고 생각해 어시장에 피해를 입은 수재민 돕기에 일백만 원 성금을 냈다. 생활터전이 물에 잠기면 모든 걸 잃어버린 거와 마찬가지라는 걸 먼저 겪어봐서 알고 있다. 남편은 거래처 건어물가게에 물 퍼내는 작업을 도왔다.

어릴 적 초등학교 때의 물난리로 힘든 고통의 시간을 보냈고 눈물도 많이 흘렸다. 그때의 물난리로 인해 지금은 수재민 돕기에 적극 나서는 일을 하게 되었다.

〈물 극복기〉

내가 자신 없는 것은 말하기다. 남들 앞에만 가면 더듬더듬 말을 더듬는다. 얼굴이 빨개지고 어디서부터 어떤 말을 해야 할지 모른다. 재미있는 말도 썰렁하게 한다. 내 생각과 감정표현도 서툴다. 혹시 말하다 실수할까 걱정하다가 더 실수를 한다. 목소리도 개미 소리요 내 주장을 논리적으로 말하지 못한다. 그러다 보니 말 잘하는 사람이 부러웠다. 말을 조리 있게 잘하고 싶었다.

하루는 신문을 읽는데 홍보물이 보였다. 문성대학교 평생교육원에 "리더십과 스피치" 과정이 눈에 들어왔다. 이거다 싶어 얼른 등록을 했다. 첫 강의가 있던 날 30명이나 수강자들이 와서 놀랐다. '다른 사람들도 나와 같구나.' 동질감이 드니까 조금은 위로가 되었다. 일주일에 한 번 수업을 하는데 이 강좌의 특별함은 수강자가 앞에 나와서 한 사람씩 발표를 하게끔 한다는 것이다. 내 차례가 돌아오기도 전에 가슴이 떨리고 목소리도 떨리고 표정은 굳어졌다. "말을 잘하려면 연습밖에 없습니다." 교수님의 말씀이 옳았다. 집에서 거울을 보며 30번 넘게 연습을 하고 가서 발표하니까 자신감이 붙기 시작했다. 목소리가 자신감 있게 멀리 가도록 하기 위해 복식호흡을 사용했는데 많은 도움이 되었다. 나중에 16주가 지나 수료식을 할 때는 사회자 역할을 하면서 스피치를 즐기기까지 했다. 지금 "마음코칭" 강사로서 강의를 할 수 있는 것도 "리더십과 스피치" 강좌를 만났기 때문이다. 지금은 나의 단점을 멋지게 극복해서 강의를 하고 있다.

나는 숫자에 약하다.

그럼에도 슈퍼마켓을 운영하는 걸 보면 신통방통하다. 수학을 못해도 고객에게 거스름돈 내어줄 때 한 번도 실수를 하지 않았다. 바코드를 긁으면 포스 프로그램이 거스름돈을 정확하게 계산해 주기 때문에 가능한 일이었다. 또 급하게 계산할 때가 있으면 얼른 계산기를 두드리기도 한다. 어떤 때는 한참 계산기를 두드리다가 혼자 웃곤 한다. 계산기에 의존하다 보니 어이없을 정도로 단순한 것도 계산기로 하고 있었기 때문이다. 숫자는 도통 재미가 없다. 학교 다닐 때 수학점수가 가장 낮은 걸 보면 셈치에 가깝다.

초등학교 4학년 때 일이다. 담임선생님이 칠판에 산수 문제를 20문제 적어놓았다. 20문제를 다 풀고 나서 집으로 갈 수 있었는데 나는 두 문제를 어떻게 푸는지 몰라 고민하고 있었다. 짝꿍은 이미 다 풀고 얼굴에 미소까지 짓고 있었다. 괜히 책상 위에 줄을 그어서 넘어오지 말라고 한 것을 후회했다. 이젠 짝꿍 손이 내 책상으로 넘어와서 좀 가르쳐줬으면 싶었다. 시간은 점점 흐르고 '이 친구가 벌떡 일어나 가버리면 어쩌지.' 생각이 들 즈음 짝꿍이 의자를 박차고 일어나 가버렸다. 부럽기도 하고 얄밉기도 했다. 그런데 그 짝꿍이 그날부터 멋지게 보였다. 내가 못 풀고 있는 문제를 공책 한 장을 찢어서 풀이해서 놓고 간 것이다. 그 친구 덕분에 6번째로 교실 문을 나올 수 있었다. 그다음 날에 학교에 가자마자 책상 선을 넘어와도 된다고 했다. 지금도 초등학교 모임에 가 그 사건을 얘기하면서 배꼽을 잡는다. 짝꿍은 산수를 잘해서 보험회사 대리점을 하고 있고 나는 산수를 못하는데 슈퍼마켓을 운영하고 있다. 내 의지는 아니고 남편이 하다 보니 하게 된 것이지만 말이다. 산수를 못해서 크게 삶에 지장이 있는 건 아니다. 그래도 더 하기 빼기 정도는 잘하려고 암산연습을 하곤 한다. 마트 일을 통해 암산 능력이 조금 나아졌다.

드림 리스트
작성하기

드림 리스트를 작성했다. 언젠가는 가지고 싶은 것, 하고 싶은 것, 되고 싶은 것을 모두 적었다. 작성한 것을 쭉 훑어보니 가지고 싶은 것보다는 대부분 경험해 보고 싶은 것이 많았고 되고 싶은 것도 많았다.

1년 만에 놀라운 일이 벌어졌다. 드림 리스트에 동그라미 숫자가 많아졌고 그 기쁨은 이루 말할 수 없었다. 목표하고자 하는 방법을 찾고 하나씩 해나감으로써 성취감에 기뻐했다. 어떤 목표는 시간이 오래 걸리는 것도 있다. 그 목표는 계속 끌고 가면 된다. 오래 걸리더라도 언젠가는 꼭 하리라는 믿음을 가지고 중간에 그만두거나 포기하지만 않는다면, 그동안 성취한 동그라미를 보면서 할 수 있다는 확신이 생긴다. 마음속에 생각만 있는 것보다 적어보면 훨씬 더 구체적인 계획이 나오기 때문에 꼭 노트에 적어야 한다. 매일 들고 다니는 노트에 적고 자주 보는 것이 도움이 된다.

드림 리스트를 작성할 때 나만의 노하우가 있다.

첫 번째는 목표에 최종기한을 정한다.
두 번째는 시각화한다.
세 번째는 공표한다.
네 번째는 구체화한다.
다섯 번째는 현재형을 쓴다.

나는 이렇게 했을 때 실천할 수 있는 확률이 높았다. 평소에 드림리스트를 어떻게 작성하고 실천했는지 공개한다.

예전에 번지점프도 학우들 앞에서 공표를 하는 바람에 혼자서는 엄두도 내지 못할 일이 초스피드로 진행되었다. 공표한 지 일주일 뒤에 번지점프를 했으니까. 공표를 하면 신기하게도 나의 꿈을 도와주는 사람이 나타났다. 그만큼 말의 힘은 대단했다. 부끄럽다고 그냥 마음속으로만 간직하는 것은 어리석다.

가족이나 이웃 동료들에게 꿈을 말해야 한다. 그래야 그 목표를 이루기 위해 방법을 찾고 노력하게 되고 누군가가 도움을 주기도 한다. 무릎시술을 하고 한 달 동안은 병원에 있었고 퇴원한 후의 한 달은 목발을 짚고 다녔다. 걸을 때마다 무릎에 통증이 있어서 제대로 걸을 수 없었다. 왼쪽 다리를 두 달 동안 사용하지 않아서 완전 곯아졌다. 다리 굵기가 오른쪽 다리랑 두 배로 차이가 났다. 왼쪽다리를 원래 상태로 만들려면 어떤 방법이 있을까 고민했다. 무릎에 최대한 무리를 주지 않는 운동을 골랐다. 수영, 자전거 타기, 고무 밴드로 다리근력 키우기 이 세 가지 방안이 나왔다.

하루 중에 구체적으로 어떻게 할 건지 정해서 노트에 적었다. "수영은 오전에 1시간 한다. 자전거 타기는 오전 20분 오후 20분 한다. 고무 밴드로 다리근력 키우기는 2시간마다 20분씩 한다." 이렇게 적어서 부엌에 붙이고 거실에도 붙였다. 가족들 앞에서 말했다. 엄마다리가 많이 곯아졌다. 원래대로 만들려면 이 세 가지를 해야 한다. 6개월 동안 열심히 해서 꼭 왼쪽다리를 원상복구를 시킬 거다. 가족들은 그렇게 될 거라고 응원해 주었다.

수영은 1시간을 목표로 매일 수영장에 갔다. 수영장 가는 시간과 집으로 오는 시간, 샤워하는 시간, 초급반 수업 50분 모두 2시간이 걸렸다. 비가 오나 눈이 오나 6개월은 빠지지 않고 갔다. 물을 이 세상에서 제일 무서워하는데 어떻게 그럴 수 있었을까? 목표를 적었고 가족들 앞에 공표를 했고 하루에 1시간씩 하겠다고 구체적으로 적었기 때문에 가능했다고 본다. 자전거 타기는 생각보다 힘들었다. 오른쪽 다리는 아무렇지 않은데 왼쪽다리는 힘을 주기도, 구부리기도 힘들어 진땀이 났다. 그래서 처음엔 10분을 채우지 못하고 한 달 동안 20회만 하는 걸로 수정했다. 자전거 타기를 20회만 해도 온몸이 땀으로 젖었다. 그러다 한 달 후에는 10분씩 오전, 오후에 하는 걸로 했다. 그러다가 또 한 달 후엔 20분씩 오전, 오후에 탔다. 고무 밴드로 다리근력 키우기는 수영이나 자전거 타기에 비하면 일도 아니었다. 이 동작은 병원에 있을 때도 계속 해왔던 동작이었다. 이 동작이 끝나면 무릎을 세워서 오른쪽 왼쪽으로 닿게 하는 고관절을 교정해 주는 자세도 했다. 왜냐하면 시술을 하지 않은 오른쪽다리를 나도 모르게 많이 사용하다 보니 이미 다리 굵기도 차이가 많이 났고 그러다 보니 고관절이 비뚤어 져 있었기 때문이다. 시술한 다리를 원래대로 복구하기 위해 6개월을 매일 하루도 빠짐없이 온몸을 다해서 노력했다. 위의 내용을 보면 알다시피 나의 목표는 왼쪽다리 원상복구를 6개월이라는 최종기간 안에 해내는 것이었다. 시각화를 위해 부엌과 거실에 붙였고 가족들 앞에서도 '공표'했다. 하루에 어떻게 할 건지 구체화했고 현재형으로 글을 썼다.

"나는 왼쪽다리를 원래대로 할 것이다."

"나는 왼쪽다리를 6개월 안에 원래대로 만든다. 수영은 오전에 1시간, 자전거 타기는 오전 20분 오후 20분, 고무 밴드로 다리근력 키우기는 2시간마다 20분씩 한다."

첫 문장은 "~할 것이다"는 미래형이다. 미래형은 실천가능성이 희박하다. 미래형보다는 현재형이 훨씬 전달력이 강하다. 두 번째 문장은 구체적으로 하루에 어떻게 할지 나타나 있고 "~한다"로 현재형을 썼다. 두 문장 중 어떤 문장이 실천 가능성이 높겠는가?

매일 요가를 1시간 한다. 나도 사람인지라 어떤 날은 하기 싫은 날도 있다. 그럴 때 크게 말을 해버린다. "나는 요가를 한다." 이렇게 말하면 어느새 요가 매트를 펴고 있다. 현재형으로 말하는 것은 실행할 수 있게끔 무의식을 훈련시키는 방법 중에 최고였다. 외부에서 오는 유혹은 얼마든지 통제할 수 있다. "오늘 저녁에 시간 되시면 식사할까요?"라고 누군가 말할 때 "저녁에 시낭송 가야 합니다. 다음에요." 이렇게 말하면 된다. 죄송할 필요가 없다. 당당하게 내가 어떤 일을 하기로 되어있다고 설명을 하면 상대방도 기분 나쁘게 생각하지 않는다. 항상 최고의 방해 요소는 나 자신이다. "오늘은 그냥 푹 쉬어. 다이어트는 내일부터 하는 거야." 내 안에 또 다른 내가 계속 이렇게 유혹을 한다. 이럴 때 현재형으로 말을 해버린다. 그러면 무의식이 말대로 움직인다는 사실이 놀랍지 않은가?

이 방법은 나를 통제하는 방법 중 최고였다.

"나는 요가봉사를 할 거야."보다

"나는 요가봉사를 목요일에 1시간 한다." 이 문장이 훨씬 실천 가능하다.

이런 방법으로 나는 드림 리스트를 작성했고 지금은 요가봉사를 매주 목요일에 1시간 하고 있다.

"나는 언젠가 누군가를 도울 거야."보다

"나는 박스할머니 외손녀에게 매달 10만원을 자동이체 한다."가 훨씬 실천 가능하다.

이 방법으로 드림 리스트를 작성해서 마음을 나누는 일을 지금 실천 하고 있다.

"나는 수재민을 도울 거야."보다

"나는 수재민 돕기에 100만원을 기부한다." 이 문장이 훨씬 실천 가능하다.

이처럼 할까 말까 망설여질 때는 용기 있게 구체적으로 말을 함으로써 실행력을 높이면 결국 마음먹은 대로 성취할 수 있다.

드림 리스트에 "책 쓰기"가 적혀있었다. 그동안은 말을 하지 않았고 진전이 없었다. 올해 신년모임에 갔다가 2019년도에는 글을 쓰는 작가가 되겠다고 동료들 앞에 공표를 했다. 이 모임은 김 회장님이 밥만 먹는 모임은 무의미하다고 회원들이 돌아가면서 30분씩 강의를 할 수 있게 만든 모임이다. 김 회장님의 미래지향적 리더십으로 오늘날 책을 냈다고 해도 과언이 아니다. 그 모임에서 작가가 되겠다고 회원들 앞에 공표를 하지 않았다면 이 책은 세상에 나오지 않았을 것이기 때문이다.

일단 말은 해버렸고 뱉은 말에 책임을 지기 위해 노력하는 방법만 남았다. 글쓰기 수업에 수강신청을 하고 수업료를 인터넷뱅킹으로 보냈다. 무엇을 시작한 뒤 내가 직접 해보고 부딪쳐 보면 옆에서 그냥 바라보았을 때와 달리 훨씬 어렵고 힘들고 노력해야만 하는 것이 다반사다. 왜냐하면 세상은 호락호락하지도 않을뿐더러 그냥 이루어지는 것은 아무것도 없기 때문이다. 이 사실은 지금까지 살아오면서 터득한 진리다. 작가라는 란에 동그라미를 치고 싶고 그러려면 아주 많이 노력하고 많은 시간을 들여 정성껏 글을 써야 한다는 것도 안다. 또 하나의 성취감을 맛보려면 당연히 수고로움을 치러야 하지 않겠는가?

작가가 되기 위해 목표를 구체화했다. "나는 2019년 6월까지 작가가 된다." "오전 1시간 오후 1시간 책을 읽는다." "필사는 2페이지씩 한다." "글쓰기는 한 꼭지 A4용지에 2.5매 분량을 쓴다." 이렇게 하루에 실행할 수 있도록 구체화해서 해보니 시간이 꽤 많이 걸렸다. 할 수 없이 잠자는 시간을 두 시간 줄였다. 누가 시켜서 했다면 잠을 두 시간 줄여서 하지는 못했을 것이다.

작가라는 꿈을 정했고 최종기한을 6개월로 잡았다. 매일 책읽기, 필사, 한 꼭지씩 쓰기를 구체화시켰다. 동료들과 가족들 앞에서 공표했다. 시각화했고 현재형으로 썼다.

이 다섯 가지 형식을 목표에 적용했기 때문에 매일 글쓰기가 가능했다. 이번에 글쓰기를 하면서 느낀 점은 글을 잘 쓰려면 먼저 많은 책을 읽어야 한다는 것이다. 말을 잘하려면 먼저 상대방의 말을 잘 들어야 하는 것과 이치가 같았다. 목표를 정하고 적는 것은 쉽다. 누구나 다 한다. 그러나 실천하지 않는 꿈은 말 그대로 하룻밤의 꿈에 불과하다. 실천하기 위해 다섯 가지 형식을 적용해 보자. 목표에 최종기한을 정한다. 시각화한다. 공표한다. 구체화한다. 현재형으로 쓴다. 무심코 적었던 드림리스트보다 훨씬 많은 성취감을 느낄 수 있을 것이라 확신한다.

Part. 3

마음코칭이란
무엇인가

마음코칭이란 마음에서 일어나는 희노애락의 감정들에 휘둘리지 않고 평온하고 행복한 마음상태로 자신을 이끌어가는 것이다. 스스로 내 마음을 바라보고 읽고 리드하면서 평온한 상태를 만든다. 일반적인 코칭은 코치가 고객 개인의 성과를 향상시키고 잠재능력을 개발시켜 스스로 목표달성을 할 수 있게 도와주는 파트너 역할을 한다.

그동안 요가, 마음수련, 코칭 공부를 하면서 이 세 가지 요소를 접목해서 나만의 마음코칭 방법들을 만들었다. 마음코칭으로 마음을 다스리는 방법을 알고부터 나를 아끼고 사랑하게 되었다. 내 마음이 행복하고 평온하면 가족이나 이웃, 직장에서 상대방을 배려하는 여유도 생기기 때문에 다른 사람과 어울리는 능력이 좋아진다. 자연적으로 주변에 사람이 많이 따르기 마련이고 업무성과도 향상된다. 나를 온전히 존중하고 사랑하기 때문에 다른 사람도 존중하고 사랑할 수 있다. 마음코칭은 남편과의 대화를 부드럽게 만들었고 자녀들과의 대화도 사랑과 신뢰, 격려, 칭찬의 잔치로 바꿔놓았다. 이기적인 나를 이렇게 변화시킨 것이 바로 마음코칭이다. 마음코칭으로 많은 사람들이 행복했으면 좋겠다. 나의 소명은 많은 사람들이 마음코칭으로 행복해질 수 있도록 돕는 것이다. 이 장에서 나오는 내용은 마음코칭을 생활 속에 실천하는 스토리다.

마음 꽃밭
가꾸기

마음 꽃밭 가꾸기는 꽃밭에 잡초가 올라오면 잡초를 뽑는 것과 마찬가지로 마음에 분노, 시기, 질투, 미움 같은 감정들이 올라오면 그 감정을 관찰하다가 알아차린 다음 잡초 뽑듯이 뽑는 것이다. "화가 나 있구나." 알아차리게 되면 화를 달래줄 수 있다. 그러지 않고 화가 올라오면 하루 종일 화를 낼 수도 있다. 그러면 결국은 나만 손해다. 내가 미워하는 그 사람은 멀쩡하다. 화를 내면 나만 마음이 괴롭고 힘들다. 내가 이 세상에서 가장 소중한데 왜 계속 몸의 세포들에게 스트레스를 줘야 하는가?

호흡을 깊고 크게 한다. 복식호흡을 하면서 숨을 내어 쉴 때 화를 같이 내보낸다. 다섯 번 여섯 번 계속 화가 없어질 때까지 한다. 호흡을 하면서 나를 화나게 했던 사람 이름을 부르면서 "○○○를 용서한다."라고 말한다. 현재형은 나의 무의식을 움직이게 하는 힘을 가지고 있다. 마음밭에 화, 시기, 질투, 분노, 미움 이런 부정적인 것은 뽑아내고 미덕의 보석들만 키워보자. 사랑, 기쁨, 감사, 희망, 배려, 유연성, 창의성, 봉사, 책임감, 겸손, 인내, 관용, 상냥함, 근면, 기뻐함, 소신, 친절, 신뢰, 끈기, 예의, 헌신, 평온함, 신용, 협동, 존중, 진실함, 용기, 열정, 한결같음, 용서 등등 미덕의 보석들은 얼마든지 많다.

이렇게 많은 미덕을 한꺼번에 모두 마음 꽃밭에 심으면 몸살이 나고 만다. 하루에 한 가지씩 미덕을 심어보는 거다. 오늘은 기쁨의 카드를 선택한다. 하루 종일 거울 보면서 웃는 연습을 하고 작은 일에 크게 기뻐한다. 물 한 잔을 먹어도 기쁘고 누군가 나의 이름을 불러준 것도 기쁘고 코스모스가 한들거리는 걸 봐도 크게 기뻐한다.

다음 날은 이해의 카드를 선택한다. 누군가가 나와 대립되거나 코드가 맞지 않을 때 사용한다. 이해하려는 내 마음을 그대로 알아차리고 잠시 보듬어주어야 한다. 이 감정을 인정해 주는 것만으로 충분하다. 힘들게 하고 괴롭혀 온 사람을 이해해 주는 방법은 그 사람의 이름을 부르고 이해한다고 하면 된다. "나는 ○○○를 이해한다." 깊고 크게 호흡을 하면서 소리를 내거나 마음속으로 외친다.

존중의 카드를 처음으로 선택하고 출근했다. 왜냐하면 남편과 잠깐 인수인계 하는 데도 서로 의견충돌이 많았기 때문이다. 남편을 존중하기로 마음먹고 인수인계를 했다. 일단 따뜻한 차를 컵에 따르는 것부터 존중을 듬뿍 담아서 주었다. 존중은 어느 날 내가

"당신을 존중합니다." 한다고 해서 바로 생기는 것은 아니었다. 이 사람은 이런 색깔을 타고 났으니 "있는 그대로 인정합니다." 하고 나니까 비로소 존중하는 마음이 생겼다. 존중은 다름을 인정할 때 생겨난다. 처음엔 "존중합니다."라고 몇 번이나 마음속으로 외쳐도 왜 잘되지 않는지 몰랐다. 있는 그대로 인정을 해주지 않고 왜 저 사람은 저런 방식으로 일을 할까? 하면서 받아들이지 못하면 헛수고였다. 남편은 빨강이라면 나는 파랑인데 어떻게 똑같을 수 있겠는가? 서로 일하는 방식이 다를 뿐이지 틀린 건 아니다. 빨강이면 빨강이라서 그렇구나 하고 인정을 먼저 해줘야 한다.

미덕의 카드를 매일 하나씩 다르게 선택하면서 이런 저런 경험과 노하우가 생기기 시작했다. 마음 꽃밭에 여러 가지 미덕의 보석을 심는 과정에서 나의 부족함을 알게 되기도 했고 반성하는 시간도 가졌다. 더 중요한 건 재미있고 즐겁고 행복한 일들도 엄청 많이 일어났다는 사실이다. 내일은 내 마음밭에 어떤 미덕의 보석을 심어볼까?

비가 오는 아침이었다. 기쁨의 카드를 선택하고 출근을 했다. 거울을 보면서 웃는 연습을 하고 오늘 하루는 기쁨을 만끽하기로 마음먹었다. 놀랍게도 기쁨의 카드를 선택하는 날은 몸에서 기쁨이 샘솟았다. 커피 한 잔을 마셔도 기쁘고 아들한테 전화가 와도 기쁘고 이렇게 일을 할 수 있다는 것도 기뻤다. 모든 포커스가 기쁨에 맞춰지는 것이다. 자연스럽게 표정이 밝아졌다. 인사 목소리도 경쾌하다. 아침을 매장에서 챙겨 먹고 양치를 하고 있는데 남자고객 한 사람이 들어왔다. 양치거품 때문에 말은 못하고 인사만 꾸벅했다. 손님은 제품을 고르고 있을 테니 천천히 양치를 하고 오라고 했다. 후딱 작업실에서 양치질을 끝내고 카운트로 왔다. 손님이 고른 제품을 카운트하고 감사합니다 하고 인사를 했다. 고객은 "그냥 갈라 하다가 주인장 얼굴을 보니 그냥 가면 안 되겠더라구요."라고 말했다.

하루를 시작할 때 어떤 카드를 선택하느냐에 따라 펼쳐지는 일상들이 다르다. 출근할 때 기쁨의 카드를 선택했고 내 몸이 기쁨으로 가득 찼다. 고객은 그 모습과 기운을 그대로 감지하고 매출을 올려주었다.

그다음 날은 용기의 카드를 선택했다. 그동안 한번 해보고 싶은 일을 과감하게 용기를 내서 시작한다든지 조금만 노력하면 해볼 만한 일들은 눈치 보지 말고 시작해 본다.

내가 책 쓰기에 도전하기까지는 많은 용기가 필요했다. 내까짓 게 무슨 책을 쓴다고. 발목을 잡는 태클에 주저주저하다가 작년에 그 기회를 놓쳤다. 그때는 용기가 부족했다. 놓친 것이 후회가 되었고 두 번 다시 후회하지 않기 위해 책 쓰기에 용기를 내서 도전을 했다.

이렇게 나에게 필요한 카드를 매일 골라가면서 마음 꽃밭에 심어보자. 매일이 새롭고 기쁨이고 행복할 것이다. 위에 있는 미덕의 보석들은 수첩에 적어놓기 바란다. 출근 전에 하나를 선택할 때 아주 요긴하게 쓰이기 때문이다. 매일 고르는 재미도 쏠쏠하다.

아침에 일어나 스스로에게 "나는 오늘 기쁨의 카드를 선택한다." "나는 오늘 감사의 카드를 선택한다." 하고 속삭여 보라. 내가 선택했기 때문에 최선을 다하고 기쁘고 감사한 하루가 만들어진다.

퇴근해서 고향친구 모임에 갔다. 친구들과 깔깔대고 있는데 직원한테 전화가 왔고 단골손님을 바꿔주었다. 단골은 지금 당장 오라고 했다. 왜 그러시냐고 물었더니 제품에 문제가 생겼다며 바로 오라는 것이다. 직감으로 좋은 일은 아닌 것 같았다. 모여있는 고향친구들에게 사정 이야기를 하고 매장으로 갔다. 가보니 한 사람은 단골고객이고 다른 한 사람은 처음 보는 사람이었다. 단골은 아무 말도 하지 않았고 처음 보는 사람이 말했다. 이 계란이 상했다. 먹고 탈이 났고 몸에 알레르기가 생겼다. 배상하라고 했다. 일단 먼저 죄송하다고 말하고 계란을 살펴보았다. 영수증을 보니 우리 매장의 물건이 맞았다. 유통기한은 아직 많이 남아있었고 열 개 중 두 개는 먹었고 한 개는 까맣게 부패되어 있었다. 몸에 이상증상이 생겼다면 병원에 가서 치료를 받고 그 비용은 모두 배상하겠다고 마무리를 짓고 고향친구 모임에 갔다. 친구들은 장사를 하는 고단한 일상의 한 면을 보고 마음을 다독여 주었다. 고향친구란 이런 허물까지 보여주어도 편하고 이런 허물도 다 받아주고 그대로 감싸주었다. 술맛이 좋았다.

다음 날 남편한테 자초지종을 얘기했다. 어제 저녁에 전화번호 받은 걸 남편한테 건넸다. 남편은 전화를 걸어 몇 마디 하다가 매장으로 고객을 불렀다. 단골은 아무 말이 없었고 처음 보는 남자는 부패한 계란을 판매한 대가로 200만 원을 요구했다. 남편은 어이가 없어서 파출소에 연락을 한다고 했다. 단골고객은 병원 갈 일이 종종 있었고 돈이 없어서 남편에게 5만 원을 네 번 빌려간 사람이었다. 은혜를 갚기는커녕 이런 일이 생겼으니 남편은 얼마나 어이가 없었을까? 험상궂게 생긴 남자를 돌려보내고 남편은 단골에게 솔직히 말하라고 했다. 단골은 우리 매장에서 계란을 샀고 부패한 계란은 두 달 전에 샀는데 다 먹지 못해서 남아있었다고 한다. 두 달 전에 산 계란을 이번에 구매한 계란에 살짝 끼워서 몸에 탈이 났다고 쇼를 한 다음 보상금을 노린 것이란다. 물론 그 아이디어는 순진한 단골의 머리에서 나온 건 아니었고 험상궂게 생긴 처음 보는 남자의 소행으로 밝혀졌다. 단골은 약간의 언어장애가 있었고 주변에 아는 사람이 그렇게 많이 없었다. 그런데 어떻게 이런 험상궂게 생긴 남자를 보고 형님이라고 따라다니게 되었는지 모르겠다. 험상궂은 남자도 언어장애를 가진 단골도 딱히 수입이 없는 차에 한탕을 노리고 사기를 치려다가 남편의 예리한 통찰력으로 덜미를 잡히고 말았다.

남편은 결국 파출소에 연락을 하지 않았고 두 번 다시 이런 일은 하지 않겠다는 다짐을 받고 일을 종결시켰다. 그런 일이 있은 후 우연히 집 앞 골목에서 두 사람과 마주쳤다. 가슴이 콩닥거렸고 시선을 어디에 둘지 몰라 하고 있는데 험상궂은 남자가 "미안합니다." 하고 사과를 했다. 그날 나는 얼른 용서의 카드를 선택했다. "나는 가여운 이 두 남자를 용서합니다." 용서의 카드를 선택하고 나서 두 남자를 다른 눈으로 보게 되었다. 언어장애를 가진 단골과

험상궂은 이 남자는 사회적 약자였다. 집안형편이 좋지 않아 제대로 교육을 받지 못했고 보호자인 부모님들도 없었으며 더욱더 안타까운 건 그 어떤 보호도 받지 못하고 지하 원룸에서 살고 있었던 것이다. 우리 사회가 이 사람들을 보듬어주고 올바른 직업을 가질 수 있게 도움을 주어야 할 일이라고 생각이 들었다.

명상으로
가는 길

　대부분의 사람들은 명상이나 호흡법을 절에서 배우지만 나는 요
가지도자 과정에서 배웠다. 요가는 아사나(자세), 호흡법, 명상을
항상 삼위일체로 두고 진행한다. 요가를 구성하는 8단계 중에 아
사나와 명상, 호흡법이 포함되어 있다. 요가수행을 하다 보면 자
동으로 복식호흡이 된다. 요가나 수영, 자전거 타기, 달리기 등 유
산소운동이 좋은 이유가 바로 여기에 있다. 이 운동을 하는 과정에
서 자동으로 복식호흡이 되기 때문이다. 평소에 우리가 습관적으
로 가슴으로 쉬는 숨은 흉식호흡이다.

　나는 요가를 할 때 아사나와 호흡법에 집중하고 마지막은 명상
으로 마무리했다. 요가수행을 하고 나면 몸이 피로해 있기 때문에
누워있는 자세에서 깊은 호흡으로 명상을 했다. 굳이 꼭 앉아서 명
상과 호흡법을 하라는 법은 없다. 피곤할 때나 환자의 경우 누운
자세로 해도 무방하다. 특히 명상을 처음 접하는 초심자들은 와선

명상을 추천한다. 왜냐하면 처음부터 좌선명상을 하면 부담스럽고 어려워하는 사람이 많기 때문이다.

누워서 몸에 긴장을 풀고 호흡에 집중해서 의식을 안으로 집중시킨다. 나는 항상 요가 마지막 동작에 사바 아사나를 했다. 사바는 죽음을 뜻한다. 몸은 누워있고 의식은 깨어있는 상태에서 몸과 영혼을 분리하는 요가수행법이다. 이 동작을 하고 나면 피로가 풀리고 저녁에 깊은 숙면을 취할 수 있었다. 처음부터 누워서 하는 명상을 배워서 별 부담 없이 할 수 있었다. 명상이 어려운 건 5분 정도까지는 집중이 되지 않고 오만가지 생각이 떠다니기 때문이다. 그러다 어느 정도 한곳에 집중을 하다 나도 모르게 잠이 드는 경우가 많다. 부끄럽지만 처음에 나도 그런 경험이 무수히 많았다. 항상 요가를 마치고 마지막에 명상을 했기에 피곤하기도 해서 그랬다.

명상은 시작할 땐 조금씩 하다가 다음 날에 조금 더 가보는 과정을 계속 하루도 쉬지 않고 하는 것이 중요하다. 빠지지 않고 연속적으로 하다 보면 명상의 매력에 심취된다. 나중에는 아무 생각이 없는 고요하고 평온한 상태 그 자체가 된다. 우주와 내가 하나로 연결되어 나를 잊고 오로지 이 세상의 풍경으로 흡수된다. 명상의 즐거움에 도취되어 매일 명상을 하고 있는 자신을 만난다. 와선명상이 어느 정도 익숙해지면 좌선명상에 도전해 본다. 좌선명상의 좌법은 부처님상을 연상하면 이해가 빠르겠다.

호흡법은 숨을 들이쉬고 멈추고 내쉬는 과정을 의식적으로 길고 깊게 하는 것이다. 코를 통해서 들숨, 숨 멈춤, 날숨을 깊게 쉰다고 생각하면 이해가 빠르겠다. 호흡법은 공복에 하는 것이 가장 좋다. 그것이 힘들면 가볍게 차나 우유 한 잔 정도는 무방하다. 몸이 가벼운 상태에서 해야 집중이 잘되고 등을 똑바로 세우기에 편하다.

몸에 긴장을 풀고 몸을 움직이면서 등을 펴고 편안하게 앉는다. 호흡에 집중해서 의식을 안으로 집중시키기 위함이다. 눈을 감고 천천히 코로 숨을 깊게 들이마신다. 숨을 아랫배까지 불룩하게 깊게 들이마시고 천천히 내어 쉰다. 이때 숨을 들이쉴 때보다 내어 쉴 때 시간을 더 길게 잡는다. 이것이 복식호흡이다. 보통 태아는 엄마 뱃속에서 복식호흡을 한다. 복식호흡이 좋은 이유는 혈액이 잘 돌아 몸을 유연하게 하기 때문이다. 아기들의 다리가 머리까지 올라가는 모습을 떠올리면 훨씬 이해가 빠르겠다. 어떤 의학박사는 모든 병의 원인을 흉식호흡이라고 말하기도 한다. 그래서 의식적으로 태아 때부터 쉬었던 숨인 복식호흡을 하려고 한다.

왜 호흡법이 중요할까? 복식호흡의 좋은 점은 폐에 산소가 흉식호흡보다 3배에서 5배 정도 더 공급된다는 것이다. 폐가 활동을 많이 하기 때문에 소화력도 좋아진다. 담을 제거하고 화, 분노, 불안 등 신경 진정효과가 있다. 고혈압이나 관상동맥에도 좋다. 산소가 혈액에 많이 공급되기 때문에 신경은 평안해지고 마음은 고요하고 맑아진다.

호흡법 중에 가장 기초적인 복식호흡은 꼭 공복에 하지 않아도 된다. 식사 후 3시간 정도 지나서 해도 무방하다. 근무할 때 의자에 앉아서 크고 깊은 숨을 열 번만 쉬어보자. 편안해지고 차분해지고 안정을 찾게 된다. 불안하거나 상사에게 보고할 일이 있다면 이 복식호흡 몇 번으로 훨씬 자신감 있게 업무처리를 할 수 있다. 일간에서 호흡이나 명상이 사람을 너무 차분하게 한다고 창의적인 부분은 감소한다는 논문을 발표한 적이 있는데 나는 좋은 점이 훨씬 많기 때문에 명상이나 호흡법을 많은 사람들에게 추천하고 있다. 오히려 통찰력이나 문제해결능력은 좋아졌기 때문이다.

호흡법을 처음 시작할 때는 복식호흡을 열 번만 제대로 해보자 하는 마음이 중요하다. 호흡에 집중하고 그 숨이 몸속에 들어가서 머물다가 다시 나오는 과정을 관찰해 본다. 긴장하지 않고 편안한 자세로 호흡에 집중하는 것이 중요하다. 처음 시작은 오전에 열 번 제대로 하기, 오후에 열 번 제대로 하기, 저녁에 잠들기 전 열 번 제대로 하기로 해보자. 처음부터 많은 욕심은 빨리 지치게 하고 장기적으로 하기 어렵게 한다. 이렇게 하루에 세 번만 해도 몸에서 많은 변화가 일어난다. 단 하루에 아침, 점심, 저녁 제대로 해보기를 일주일은 빠지지 않고 해야 한다. 그래야 골반근육이 단련되고 혈액순환에 효과를 본다. 모든 운동의 기본은 꾸준히 유지하는 것이다. 일주일 지속적으로 하고 나면 또 일주일 지속적으로 하면 된다. 열심히 하루를 살아준 내 몸에게 주는 최고의 선물이다. 그 변화를 꼭 느껴보시라.

명상은 티베트어로 '친해지다'라는 뜻이다. 마음을 알아가는 과정이고 마음과 친해진다고 생각하면 이해가 빠르겠다. 신체에서 일어나는 감정들 생각, 느낌들을 다정하게 맞이하고 관찰하는 이 수행을 '마음 챙김'이라고도 한다. 이 마음 챙김을 불교에서는 '위빠사나'라고 부른다. 이 말은 '명확하게 보기 혹은 통찰'을 의미한다. 명상은 내 마음을 관찰하고 일어나는 감정들을 친구를 맞이하듯 즐거운 마음으로 맞이해 주는 것이다. 지금 질투가 생겼다면 '질투가 내 몸에 찾아왔구나.' 알아차림 한다. 그런 다음 "안녕 ~ 질투야 우리 친해보기로 하자." 이렇게 맞이하는 것이다. 질투를 억지로 밀어내면 오히려 질투가 내 몸을 공격한다. 질투에 휘둘리지 않고 달래고 맞이하는 과정에서 질투가 자연스럽게 물러나게 하는 것이 훨씬 지혜롭다. 내 몸에 찾아온 감정들에 적대감을 갖거나 압도당해서는 안 된다. 반가운 고향친구가 나를 찾아온 것처럼 친절하게 맞이해 주면 된다. 두려움이나 화가 마음에 나타났을 때 그 감정들을 바라보고 알아차린다. 일부러 밀어내려 하지 말고 그 감정과 친해짐으로써 두려움이나 화가 다른 형태의 에너지로 변하게 한다. 어머니와 같은 마음으로 아이를 보듬어주듯 자신의 고통을 감싸 안아보자.

처음 명상을 시작할 때는 인도자가 있는 명상을 추천한다. 몇 번 하다가 익숙해지면 혼자서 개인명상을 해도 좋다. 명상도 공복에 하는 것이 좋다. 식사를 했다면 3시간 정도 지난 뒤에 하면 좋다. 왜냐하면 배가 부르면 명상에 집중할 수 없고 졸거나 잠을 자는 경우가 많기 때문이다. 명상의 좌법은 부처님상을 연상하여 잡고, 등을 똑바로 세우고 무릎 위에 팔을 내린다. 손등은 무릎 위에 올린다. 이때 엄지와 검지를 동그랗게 연결시킨다. 엄지는 대우주를 의미하고 검지는 소우주인 나를 의미한다. 우주와 내가 하나로 연결되어 있음을 알게 되고 우주적인 관점에서 보는 통찰력이 생긴다.

명상을 통해 열린 마음이 생긴다. 명상은 다른 사람과 내가 하나로 연결되어 있음을 아는 것이고 누군가에게 도움을 주고 선을 베푸는 방법을 찾고 감동을 주는 지혜에 이르는 길인 것이다.

명상은 최대한 몸의 긴장을 풀고 의식을 몸 안으로 집중시키는 일이 키포인트다.

명상의 수순으로 첫 번째 '제감'이 있다. 우리 감각들은 눈에 보이는 외부자극에 감응하도록 되어있다. 이렇게 밖으로 향해 있던 마음을 내면으로 모으는 작업이 필요하다.

두 번째는 '응념'이다. 마음을 한 점에 집중시키는 것이다. 산란한 마음을 없애기 위해 하나의 대상에 마음을 모은다.

세 번째 '정려(선)'는 움직이지 않게 된 마음을 근본으로 의식 활동을 무한대로 넓힌다.

네 번째는 '삼매'라고 하는 명상의 경지에 이른다. 요가의 궁극의 경지인 해탈, 깨달음, 자아실현, 헌신, 사명감이 여기에 해당된다.

요가를 통해 호흡하고 명상을 하면서 나의 사명감을 찾았다. 내 마음을 관찰하고 나의 보석들을 발견하는 과정에서 고통과 아픔이 주는 교훈을 받아들이자 자연적으로 나에게 사명감이 왔다. 기꺼이 즐거운 마음으로 받아들이고 함께 가고 있다. 나의 사명감은 많은 사람들이 마음코칭으로 행복하고 평안하기를 도우려는 마음이다.

명상의 종류는 많은데 여기서 몇 가지만 소개하겠다. 쉽게 할 수 있는 철저하게 실용적인 부분에 중점을 두었다. 한번 따라 해보자.

10초 명상: 10초 동안 진심으로 어떤 대상이 행복해지기를 바란다. 가족이나 이웃 그 누구를 해도 좋다. 더 나아가 나는 미워하는 대상이나 대립되는 사람을 해보았다. 조금 더 이해하는 폭이 넓어졌고 용서할 수 있는 용기가 생겼다.

주시 명상: 마음과 감정에서 일어나는 것을 판단 없이 관찰하는 것이다. 만약에 여기에 안경이 있다고 가정을 하자. 이것을 볼 때 많은 생각이 떠오를 수 있다. 이때 '디자인이 예쁜 안경이다.' 등으로 보지 않고 본질만 본다. '이것은 안경이다'로만 인식하는 것이다. 평소에 우리는 자신만의 편견과 선입견으로 사물을 이해하고 바라보는 일이 잦다. 또 흔히 눈으로 보이는 부분만 보고 판단을 하는 실수를 범하기도 한다. 우리가 주시명상을 해야 하는 이유다. 편견 없이 바라보는 주시명상을 연습하면 편견과 선입견을 깨는 데 많은 도움이 된다. 명상은 눈으로 보는 것이 아니라 마음으로 볼 수 있게 해준다.

툭담: 죽음명상이라고도 한다. 육체와 의식이 분리되는 것을 깨어있는 상태에서 경험하는 것이다. 육체와 영혼을 분리하는 이 명상은 요가동작 중 사바 아사나와 같다. 잠들기 전에 누워서 편안하게 해보면 불면증에도 효과가 크다.

미소 명상: 자주 하는 미소 명상을 소개한다. 온몸에 미소를 짓는 마음으로 명상을 하게 되면 자동으로 친절이 나온다. 편안하게 앉아서 눈을 감고 몸의 긴장을 푼다. 부드럽고 편안한 미소를 마음속에 가득 채우고 그 미소가 주변으로 퍼져나가는 것을 의식한다. 자연스럽고 편안하게 호흡한다.

부처의 미소처럼 얼굴에 미소를 지으며 얼굴의 긴장을 푼다. 눈가의 미소와 입가의 미소를 가만히 느껴보라. 이번에는 목에 미소를 느껴보라. 천천히 가슴으로 내려보내라. 심장이 고동칠 때마다 온몸이 미소로 퍼져가는 모습을 상상하라. 어깨를 지나 팔로 몸통으로 다리 아래로 편안히 미소를 느껴보라. 온몸에 미소를 그리며 넓고 친절한 의식 안에서 편안하게 느껴보라. 어떤 생각이나 감정이 일어날 때 조건 없는 친절로 받아들여라. 어떤 판단도 하지 말고 관조하라. 온몸에 미소 짓기가 어렵다면 부처의 부드러운 미소, 성모마리아의 미소, 예수 혹은 그 어떤 대상의 미소를 지어보는 연습도 도움이 된다. 그 미소를 떠올리며 따라 해보는 것만으로 자비가 생긴다.

자비 명상: 자비 명상은 자신과 다른 사람 더 나아가 세상의 모든 존재에게 열린 마음이 되도록 이끄는 명상이다. 몸에 긴장을 풀고 편안하게 앉는다. 머리, 어깨, 팔, 다리 온몸에 긴장을 느끼지 않는 상태로 등을 바로 편다. 편안하고 고요히 앉아서 깊은 호흡을 한다. 코로 들어오는 숨과 나가는 숨을 천천히 느낀다. 얼굴과 마음속에 미소를 그리면서 온화하고 편안한 마음과 연결시킨다. 이

제 당신의 근본적인 선함을 기억하고 마음을 열어보자. 당신이 친절했던 때를 떠올려 보라. 행복했던 때를 떠올려 보라. 당신의 선함을 잠시 동안 감사하는 마음으로 바라보라. 이제 당신에게 자비를 보내보라. 내가 자비로 가득차기를, 나 자신을 있는 그대로 수용하기를, 내가 행복하기를 이렇게 속삭여 보라. 나 자신에게 자비를 보내는 방법이다.

이제는 당신이 생각하는 소중한 사람을 떠올려 보자. 소중한 사람이 진심으로 행복하기를 바라는 마음으로 그 사람을 위해 속삭여 보자. 사랑하는 사람에게 자비의 마음을 보내자. 당신이 또한 자비로 가득차기를, 당신이 당신 자신을 있는 그대로 수용하기를, 당신이 행복하기를 바라자.

이제는 나와 대립되거나 상처를 주고 분노, 두려움을 느끼는 대상에게 마음으로 자비를 보내자. 먼저 이 사람을 생각할 때 무엇이 떠오르는지 잠시 동안 그것에 부드럽게 주의를 기울인다. 그의 근본적인 선함을 보려고 노력한다. 이 사람의 친절이나 선함이 발견되지 않는다면 단지 이 사람도 행복하기를 원하고 고통 받지 않기를 바란다는 사실을 생각한다. 이제 친절과 자비의 마음을 내보내라. 당신 또한 자비로 가득차기를, 당신이 당신 자신을 있는 그대로 수용하기를, 당신이 행복하기를.

마음코칭의
즐거움

폭음이 연일 계속되는 여름이었다. 가만히 있어도 땀이 줄줄 흘렀다. 매장에 에어컨을 틀어놓고 있으면 많은 고객들이 시원해서 근무조건이 좋다고 말을 했다. 밖에서 일하는 사람은 무더위에 힘들겠구나 생각하는 순간이다. 그런 말을 들으면 투정들이 쏙 들어가 버린다.

풍채가 좋은 스님이 매장에 오셨다. 스님은 합장을 하고 경북 봉화산에 있는 작은 절에서 수행을 하고 있다고 했다. 딱 봐도 땡중은 아니었다. 매장에 한 번씩 어중간한 중 행세를 하고 와서 돈을 받아가는 경우도 많았다. 처음엔 승복만 입고 있으면 다 스님인 줄 알았는데 18년 넘게 이 일을 하면서 땡중과 스님을 구분할 수 있는 눈이 생겼다. 전라도를 지나왔고 지금은 경남 맨 밑에서 경북 봉화산까지 도착하는 일정에 속세 사람들을 만나고 있노라고 말했다.

"이 더운 날씨에 수고가 많습니다. 여기 시원한 물 한잔하십시오." 하고 냉장고 안에 있는 생수 한 병을 드렸다. 스님은 물 한 잔에도 합장을 하고 "목이 마르던 차에 제일 반가운 걸 주셔서 감사합니다." 하고 물을 마셨다. 스님은 내 얼굴을 찬찬히 보시더니 절에서 수행한 달마도를 그려주고 싶다고 했다. 마침 손님들이 조금 뜸한 시간대라 허락을 했다. 스님은 등짐에서 말려있던 비단을 꺼냈고 붓과 벼루, 먹을 꺼냈다. 비단을 펼치니 중앙에 화선지가 붙어있는 고급진 달마도 화폭이 나왔다. 스님은 내 얼굴을 보면서 달마도를 그렸다. 붓의 굵기와 먹의 명암으로 먹, 물, 붓 이 세 가지 재료만으로 그리는 것이 신기했다. 몇 번의 붓 터치로 달마가 완성되었다. 눈으로 보고도 쓱쓱 붓이 몇 번 지나가니 달마가 되어 신기했다. 스님은 생수 한 잔의 고마움을 이렇게 크게 표현을 하셨다.

물 한 잔에 너무 큰 걸 받는 것 같아 감개무량하다고 말했더니 스님은 물이라는 물질은 보지 않았고 내 마음을 보았다고 했다. 땀 흘리고 목마른 사람에게 물 한 잔 건네는 선한 마음을 보았다고 했다. 선을 베푸는 것이 최상의 미덕이라고도 했다. 물질의 크고 작음에 판단을 했던 나의 부족함이 부끄러워지는 시간이다. 봉화산까지 가시는 길에 드시라고 생수와 과일을 넉넉하게 챙겨드렸다. 그날 인연으로 스님은 새벽마다 우리 가족을 위해 좋은 글을 보내주고 계신다. 작은 생수병 하나가 귀한 인연으로 연결되었다.

귀한 스님과의 인연은 많은 느낌표를 던져주었다. 눈에 보이는 물질을 보지 말고 그 너머를 보라고. 스님이 가시고 나서도 한참 그 가르침에 정신을 놓고 있었다. 저 스님이 왜 우리 매장에 오셨을까? 저분이 왜 나에게 저런 말씀을 하셨을까? 계속 꼬리에 꼬리를 물고 질문을 하고 있었다. 슈퍼마켓에서 일을 하다 보면 많은 사람을 만난다. 그 많은 이웃들에게 작은 것이라도 선을 행하라는 가르침으로 받아들였다. 물이 필요한 사람은 물이, 따뜻한 위로의 말이 필요한 사람에게는 따뜻한 말 한마디가 필요하다는 것을 깨달았다. 고객이니까 형식적인 인사나 말을 했던 자신을 반성했다. 비로소 마음으로 고객을 대하고 정성으로 고객을 대하는 마음이 생겼다.

옆집 언니가 뚝배기에 해물탕을 담아 왔다. 뚜껑을 열어보니 보글보글 지글지글 군침이 돌았다. 일하다 보면 점심은 대충 시켜서 먹었는데 언니 덕분에 맛있는 점심을 먹을 수 있겠다 싶어 나도 모르게 흥얼흥얼 콧노래가 나왔다. 배추김치도 손수 담았다며 한 포기 챙겨주었다. 남편이 시장을 보고 들어왔고 같이 해물탕을 먹었다. 누가 매일 이렇게 반찬이랑 국을 뚝딱 끓여준다면 좋겠다고 남편한테 말했다. 남편은 "바쁘면 그냥 대충 시켜 먹으면 되지. 그 대신 내가 반찬 투정은 안 하잖아." 했다. 남편은 미역국에 김치 하나를 챙겨줘도 맛있게 먹었다. 그런 남편에게 진심으로 고맙게 생각한다. 남편은 미더덕과 버섯을 좋아하고 나는 새우와 게를 좋아해서 각자 숟가락에 올라가는 모양이 다르다. 퍼뜩 밥을 2층 집에 올라가서 한 공기 더 퍼 왔다. 둘이서 반 공기씩 더 먹었다. 시원한 국물에 어찌 맛있게 먹었던지 땀이 났다. 국물을 먹을 때마다 옆집 언니의 따뜻한 마음과 정이 느껴졌다. 이 국을 준비할 때 평소보다 간이라도 한 번 더 봤을 것인데 어찌 고맙지 않겠는가. 옆집에 사는 이웃이라 자주 커피나 차를 한잔 나누었고 이런 저런 가정사도 자연스럽게 나왔다. 언니의 남편은 고등학교 선생님이라는 것과 한 번씩 오시던 멋쟁이 할머니가 언니의 시어머니라는 것도 알게 되었다. 언니도 친정어머니가 돌아가셔서 나와 같이 채워지지 않는 헛헛함을 함께 나누기도 했다. 언니 딸은 고3이라 저녁 11시 30분에 마트 앞을 지나가곤 했다. 어제 무거운 가방을 메고 지나가기에 초코렛과 과자, 찹쌀떡을 손에 쥐여주었다. 수능 준비에 얼굴이 홀쭉했다. 수고한다고 힘내라고 등을 토닥여 주었다. 언니는 그게 고마웠던지 이렇게 해물탕과 김치로 감사의 표현을 해왔다.

이웃하고 산다는 것도 큰 인연이니 작지만 마음을 나누고 차를 나누는 일은 사소한 일이지만 소중하다. 이렇게 감동의 해물탕 한 그릇이 얼마나 소중하고 감사한지 모른다. 남을 진정으로 위하는 마음, 이웃이 진정으로 잘되기를 바라는 마음에 기분 좋은 행복을 느꼈다. 작지만 마음을 나누는 일이 새삼 크게 느껴지는 하루였다. 나도 언니처럼 누군가에게 따뜻한 해물탕 같은 사람이 되어야겠다. 이렇듯 우리의 삶은 평범한 생활 속에 스승이 있다. 사람을 변화시키는 것은 훌륭한 말보다 사랑과 진심이 담긴 뚝배기 한 그릇이다.

비가 오는 아침이다. 이 비가 눈이었으면 좋겠다고 생각했다.

노오란 유자차를 마시며 매장 밖을 구경했다. 우산 하나를 같이 쓰고 가는 커플 대학생 모습은 예쁘고 사랑스럽다. 나도 저건 해보고 싶은 충동이 일었다. 목욕바구니를 들고 급히 가는 아주머니, 비가 오면 유독 바쁜 배달아저씨들, 책가방을 메고 학교로 향하는 학생들 모두 분주해 보인다.

　눈앞의 정병산 운무는 한 폭의 그림이다. 산에 가고 싶은 충동을 꾹 눌러둔다. 나중에 일 마치고 우산 쓰고 산책하면 되니까 잠시만 눌러둔다. 비 오는 날은 산책하기가 불편하기도 하지만 우산을 쓰고 조용히 걷는 것도 때론 아름다운 쉼표다. 빗소리, 땅에서 올라오는 냄새, 저벅저벅 발자국 소리, 나무와 풀들이 비를 환영하는 소리 등 모두가 다 축복으로 느껴진다. 길의 냄새, 숲의 소리, 잠깐 산책의 묘미를 상상하곤 픽 웃었다. 하루 중 가장 행복한 시간이 이렇게 출근해서 손에 한 잔의 차를 들고 있는 순간이다. 아주 잠깐 일을 잊고 멍 때리는 시간을 즐긴다. 차를 마실 수 있는 여유에 감사하고 이렇게 풍경을 감상할 수 있다는 것도 감사하다. 이때 남학생이 얼른 비를 피해 매장으로 들어왔다. 빵과 우유를 산다. 대충 아침을 챙겨 먹고 학교로 갈 모양이다. 아들도 서울서 공부하는데 저러고 아침을 때우는가 싶기도 했다. 남학생은 추운지 몸을 웅크리고 있었다. 계속 나의 컵에 있는 유자차를 보고 있었다. "따뜻한 유자차 한 잔 드릴까요?" 했더니 "주시면 잘 먹겠습니다." 했다. 대부분의 사람은 이렇게 차를 권하면 "아니오. 괜찮습니다." 이렇게 대답을 하는데 이 학생은 남달랐다. 대뜸 달라고 한다. "잠시만 기다려요." 유자청 뚜껑을 열어 종이컵에 두 스푼 넣어서 뜨거운 물을 붓고 내밀었다. 자주 왔던 단골인지라 눈에 익은 탓도 있겠지만 추운 날씨에 유자차가 정말 먹고 싶었나 보다 했다.

자연스럽게 유자차를 나누며 이런저런 얘기를 하게 되었다. 단 5분이지만.

"어머니가 유자청을 담아 가져가라고 했는데 귀찮아서 안 챙겨 왔어요. 지금은 후회됩니다."

남학생을 보고 나는 서울서 공부하는 아들 생각이 났는데 남학생은 유자차를 보고 어머니를 생각했구나.

우리는 모두 누구의 아들이고 딸이고 어머니이고 아버지다. 아들 또래를 만나면 아들 생각이 자동으로 나고 어머니뻘을 만나면 자동으로 어머니가 떠오른다. 특히 객지생활은 더욱더 그럴 것이다. 잠깐이라도 어머니가 되어주고 싶었다. "아까 보니까 우산도 쓰지 않고 오던데 우산이 없나요?" 말을 건넸다. "어제 학교에서 깜빡하고 안 챙겨 왔어요." 학생은 대답했다. "아~그렇구나. 매장에 놀고 있는 우산이 있는데 쓰고 나중에 주세요." 하며 챙겨주었다. 학생은 고맙다고 인사를 하고 나갔다. 잠깐이라도 추위가 가셨으면 학교에서도 즐거웠으면 하는 바람이다.

아들도 서울생활이 고달플 것이다. 누군가 아들에게 따뜻한 차라도 한 잔 건넸으면 좋겠고 우산을 잊고 간 날은 놀고 있는 우산이라도 건네줬으면 하는 바람도 가져본다. 누군가에게 잠깐 어머니가 되어준 짧은 시간에 소소한 기쁨을 느낄 수 있었다. 남을 위해서 뭔가 크고 대단한 걸 해주려고 하면 평생 하지 못할 수도 있다. 가까운 곳에서 쉬운 것부터 하다 보면 작은 것이 쌓여서 나중에 크게 마음을 낼 수 있다. 마음을 나누는 일은 대단한 결심이 필요하지 않다. 그냥 평소에 일어나는 일상에서 작지만 관심을 가지고 보는 눈이 필요할 뿐이다. 오늘부터 이웃에게 작지만 차라도 한 잔 나누어보면 어떨까?

나에게
미션을 주어라

    내가 다른 사람을 위해서 뭔가 해줄 수 있는 파이를 늘리고 안전지대를 넓히는 방법을 소개한다. 지금껏 나는 이 방법을 통해서 내 마음속에 용기와 확신이 차오르는 것을 경험했다. 이 정도면 먹고살 만하지. 직책도 이 정도면 나쁘지 않아. 지금 현재의 모습에 안주하는 것은 안전지대를 한정하는 것과 같다. 나의 안전지대는 넓을수록 좋다. 어제보다는 조금 더 나아질 수 있게 행동할 수 있는 방법이 있다. 바로 나에게 미션을 주는 것이다. 미션을 통해 성장하고 긍정적인 에너지로 나를 업그레이드 시켜보자.

    한 달에 4개의 미션을 정한다. 세 개는 나를 위한 미션이고 한 개는 남에게 해줄 수 있는 미션이다. 이렇게 하다 보면 한 달에 한 번은 작은 것이라도 나눌 수 있는 용기가 생긴다. 나에게 미션을 줌으로써 행동을 이끄는 이것은 나의 안전지대를 넓히는 방법 중 최고였다. 내가 아는 어떤 분은 일주일 단위로 다른 사람을 위해서 밥을 사고 책을 선물하시기도 한다. 대단하고 존경스럽고 본받고 싶은 분이다. 나에게 미션을 준다면 과연 얼마만큼 실행할 수 있을까?

교보문고 가서 책 10권 구입, 고향친구에게 전화하기, 나에게 "넌 멋져!"라고 외쳐주기, 1만 원의 행복 느끼기의 미션이 있는 달은 일주일에 하나씩 해보면 된다. 순서를 굳이 정할 필요는 없다. 교보문고에 가서 책을 10권 샀다. 될 수 있으면 지인들의 책을 사주면 더 좋다. 성남주 작가님의 『냄비보다 뚝배기의 삶』을 구입해서 고향친구들과 시 낭송 언니들에게 선물했다. 한 달에 한 번은 다른 사람을 위해 한 가지씩 선을 베푸는 일에 도전해 보자는 목표를 잡았고 실행할 수 있는 방법을 알게 해준 그분께 감사드린다.

뜨개질 수세미 20개 만들어서 선물하기, 나의 약점을 강점으로 만들기, 나에게 칭찬하기, 이웃에게 칭찬하기의 미션이 있는 달은 시간이 날 때마다 뜨개질을 했다. 뜨개질을 하는 동안 내내 친구들과 이웃들에게 줄 것을 생각하면서 행복했다. 생각보다 수세미가 5개 더 많이 만들어졌다. 수세미는 주부들에게 인기 짱이다. 이웃에 있는 언니들과 고향친구들에게 선물했다. "어머 색깔이 곱기도 해라. 이걸 네가 직접 뜨개질했다니 감동이야 고마워." 작은 것이라도 나누는 기쁨은 크게 다가왔다.

밥 사기, 최고로 멋지게 차려 입기, 나에게 선물하기, 마사지 받기의 미션이 있는 달은 최고로 멋지게 차려 입고 교보문고로 갔다. 주영철 작가님의 『가슴 뛰는 삶으로 나아가라』 출간기념 저자와의 만남에 참석했다. 나를 위한 일이 다른 사람에게도 좋은 일로 이어지는 것은 축복이다. 나도 좋고 상대방도 좋으니 이보다 더 좋을 수가 있을까. 밥 사기 미션을 수행하기 위해서는 독서모임에 김밥과 과일을 준비해서 갔다. 독서모임을 하면서 좋은 점은 예전에는 내가 좋아하는 책만 읽었는데 그때보다 다양한 책들을 접할 수 있고 좋은 책들을 많이 만나볼 수 있는 행운을 거머쥔다는 것이다. 똑같은 책이라도 느낀 점과 밑줄 치고 싶은 부분은 다 달랐고 함께 생각들을 공유하면서 서로를 더 많이 알아가는 시간이 되었다. 책을 매개체로 토론하는 시간은 다른 시각으로 사물을 볼 수 있는 눈을 갖게 했다. 책을 읽어야 하는 이유가 여기에 있다. 나만의 닫힌 사고에서 열린 사고로 이끌어주기 때문이다.

꽃다발 선물하기, 미장원 가기의 미션이 있는 달엔 뜻밖의 일이 생겼다. 그동안 한 번도 보지도 못했고 알지도 못하는 『너를 있는 그대로 사랑해』의 황수빈 작가에게 꽃다발을 선물한 것이다. 꽃다발 선물하기 미션을 수행하기 위해 성남주 작가와 같이 교보문고에서 저자와의 만남을 가졌는데, 그동안 아들을 보살펴 온 고단한 작가에게 위로를 주고 싶었다. 지금 생각해도 잘한 일 중에 하나로 꼽힌다. 미션은 이렇게 나와 인연이 있든 없든 상관하지 않고 선행을 실행하게끔 이끌었다.

이번 주에는 따뜻한 차 10잔 대접하기가 미션이다. 거래처에서 제품을 진열하는 영업사원에게 커피를 대접했더니 엄청 고마워했다. 비를 맞고 배달하는 단골손님에게 따뜻한 유자차를 건네고 오히려 손난로를 선물로 받아서 미안하기도 했다. 단골 학생들에게 유자차를 주니 감기가 훅 달아난 것 같다고 말해줘 뿌듯함이 생겼다. 매일 자정에 마트에서 마감정리를 하는데 하루 매출이 얼마인지 카드결제는 얼마인지 현금결제는 얼마인지 오늘 고객 수는 몇 명인지 한눈에 다 볼 수 있다. 이렇게 마감을 하고 정리를 하다 보면 새벽 1시 30분이 되는데 이 시간에 오는 고객들은 거의 정해져 있는 단골들이다.

이들은 누구보다 열심히 사는 사람들로서 하루 일과를 마치고 아침 먹거리를 사러 오는 사람이 대부분이다. 어제부터 부쩍 추워진 날씨에 손을 호호 불어가면서 일을 하고 있는데 고객 한 분이 손난로를 내민다. 나보다 더 추울 텐데 그걸 나에게 주신다. 나는 실내에서 일하고 옆에 따뜻한 난로가 있어서 괜찮다고 해도 막무가내로 주고 싶어 했다. 더 이상 거절하면 성의를 무시하는 것 같아서 "고맙습니다. 덕분에 따뜻한 겨울을 보낼 수 있겠어요." 하면서 받았다. 배달하느라 오토바이를 타면 나보다 더 손난로가 필요할 텐데 자신에게 소중한 물건을 다른 사람에게 주는 것은 보시요 헌신이다. 추운 걸 알기에 또 다른 추운 이웃이 눈에 보였으리라. 그 손님을 통해서 따뜻한 겨울을 더불어 살아가는 법을 배운다. 따뜻한 손난로로 철이 들고 느낌표가 생기고 이웃의 부처로 인해 내가 성숙해지는 시간이다. 교촌치킨 사장님! 손난로 진심으로 감사합니다.

미션을 수행하다 보면 되로 주고 말로 받는 경우가 더 많았다. 도반 중에 한 분이 블랙커피를 좋아하신다기에 그분께 블랙커피 100티를 드렸다. 그분은 내가 책을 좋아한다고 책을 선물해 주셨다. 한 달 뒤에는 매번 교보문고에 가는 것이 바쁘다 보면 잘 안 된다고 책을 사보라고 현금을 주셨다. 이렇게 고마울 수가. 감동이 감동을 낳고 감동이 사람을 변화시킨다. 이분에게 미션수행에 대해서 알게 되었는데 이렇게 또 몸소 가르침을 주신다. 작은 것이라도 나누는 삶은 더 많은 뭔가가 들어온다는 진리를 깨닫는 순간이다. 지금보다 더 많이 나누어야 하는 이유가 여기에 있다.

편백 경침 선물하기 미션이 있는 날이었다. 편백 경침을 이용한 스트레칭은 피로회복에도 좋고 일자목이나 목 디스크에도 효과가 그만이다. 오금이나 종아리 마사지, 발목 지압 등 편백 경침으로 잠들기 전 20분 동안 몸을 마사지했다. 이렇게 하고부터는 밤에 잠을 자다가 다리에 쥐가 내리는 것이 없어졌고 숙면으로 깊은 잠을 잘 수 있었다. 특히 고관절의 대칭을 바로 잡아주는 효과는 탁월하다. 반달모양이라 일명 경추 베개로도 불리는 이것을 나만 하기에는 아깝다는 생각에 경침 베개를 사용하는 방법을 알려주고 선물하기 미션을 하기로 마음먹었다. 일단 질렀다. 편백 경침을 15개 구입했다. 누구에게 주면 도움이 될까 명단을 적어보았다. 고향친구 중에 마산창원 모임을 하는 친구들과 그동안 고마웠던 학우들에게 선물을 했다. 선물을 하고 보니 몇 사람이 눈에 밟혔다. 결국은 편백 경침을 10개 더 추가로 선물했다. 미션은 미션으로 끝나지 않고 수행하는 과정 내내 행복을 주었다.

이번 주의 미션은 그동안 소홀했던 친척 중 한 사람에게 전화하기다. 막상 전화를 하려고 핸드폰을 들고 보니 사는 게 바빠서 소홀했던 사람은 친척뿐이 아니었다. 당장 고향에 계시는 아버지께 안부전화를 했고 옆에서 아버지를 보살펴 주고 계시는 형부와 언니한테도 안부전화를 했다. 그러고 나서 외사촌 언니한테 전화를 했다. 아이들이 다 커서 직장생활을 하고 있고 형부가 건강이 좋지 않아서 힘들다고 했다. 살다가 놓치는 것들이 이것뿐만 아니고 또 얼마나 많겠는가? 놓치고 사는 것들 중에 내가 챙겨야 할 일이 뭐가 있을까 생각해 보는 시간이 되었다.

재첩국 나누기 미션이 있는 달은 고향의 언니한테 10박스를 구입해서 고마운 지인들에게 나누었고. 배즙 나누기 미션이 있는 달은 고향친구에게 10박스를 구입했다. 고마운 마음을 표현할 수 있다는 것에 그저 기쁘고 감사함이 가득 찼다. 나에게 미션을 주고 행동하기까지 스스로 미션을 수행할 방법을 생각하는 시간, 미션을 끝내고 나서 변화하는 시간들이 나를 성숙한 길로 안내해 주었다. 미션수행으로 마음코칭하는 시간들이 많아지기를 빌어본다.

처음 미션을 시작할 때는 나의 형편에 맞게 시작하면 된다. 나는 한 달에 얼마를 해야지 마음속으로 정해놓고 시작했다. 내가 할 수 있는 범위 내에서 하면 된다고 생각했다. 신기하게도 1년 뒤에 놀라운 변화가 일어났다. 내가 미션을 수행하며 점점 성장했다는 것

〈재첩국 나누기 미션〉　　　　　　　〈뜨개질 수세미 미션〉

이고 그 성장만큼 내가 할 수 있는 미션이 커졌다는 사실이다. 누 군가에게 마음을 나누는 미션수행을 통해 나의 안전지대도 점점 넓어졌다. 다른 사람에게 해줄 수 있는 목록이 많다는 것은 그만큼 사랑이 많다는 증거니까 최고로 부자가 된 느낌이다.

나에게 미션주기의 가장 큰 수혜자는 바로 나 자신이다. 왜냐하 면 작은 것 하나라도 준비하는 시간 자체가 가슴 뛰는 일이기 때문 이다. 하루를 무의미하게 보내지 않고 매일 가슴 뛰는 일을 할 수 있다면 그 얼마나 큰 행복인가?

처음엔 작은 것에서 시작을 하다가 미션을 수행하고 그런 경험 들이 쌓이게 되면서 용기와 확신이 생겼다. 그 용기와 확신의 경 험이 많을수록 더 큰 미션을 세울 수 있다. 무엇보다 놀라운 건 그 미션을 수행할 힘이 점점 커진다는 것이다. 아는 만큼 보이고 사랑이 많은 만큼 베푼다.

미션 수행은 내가 생각했던 것보다 훨씬 놀라운 능력을 가지고 있다.

당신은 가슴 뛰고 싶은가?

자신에게 미션을 주어라. 충분히 해낼 수 있다. 그 어떤 미션이라도.

일상 속에서 미션을 수행하면서 한 발짝 더 나아가기를.

기특하고 고맙고
사랑한다

　군대에 있는 아들한테서 전화가 왔다. 외박 나와서 동대구역에서 출발해 10시 30분에 창원 도착 예정이란다. 지난주에 외박 나온다고 미리 연락을 받아서 어제부터 준비한다고 바빴다. 소고기와 홍합을 참기름에 볶아서 미역국을 끓였다. 콩나물, 시금치나물도 했다. 전복, 굴을 손질해 놓고 소고기 등심도 준비를 했다. 전부 다 아들이 좋아하는 메뉴로 골랐다. 업무상 자정이 넘어 마트에 마감을 하고 씻고 이리저리 하다 보면 잠드는 시간이 새벽 3시다. 자연적으로 아침 일찍 일어나는 것은 힘들어 보통 10시에 일어난다. 오늘은 아들이 온다고 9시에 알람도 없이 자동으로 눈이 번쩍 뜨였다. 아들이 뭐기에 어미는 이리도 짝사랑을 하는 걸까? 쌀만 씻어서 퍼뜩 압력솥에 앉혔다. 혹시 대봉감홍시도 먹을라나 싶어서 접시에 예쁘게 올려놓는다. 아들방 청소도 했다. 부엌에는 예쁜 그릇들도 내놓았다.

아들은 현관문을 열자마자 "어머니!" 하고 큰소리로 외친다. "어서 와 우리 아들!" 둘이는 얼싸안고 뺨을 부비며 반가움의 인사를 나눈다. 머리부터 발끝까지 스캔한 후 무탈함을 서로 확인하는 시간이 잠시 흐른다. 아들은 얼굴에 여드름이 많이 올라와 있었고 신체는 더 건강해 보였다. 얼굴빛도 좋아 보인다. 그제서야 어미는 안도한다. 따뜻한 밥을 아들은 맛있게 먹으면서 "역시 집밥이 최고예요." 엄지를 치켜세운다. 어제부터 아들이 온다고 시장 보고 다듬고 데치고 준비한 보람이 있다. 자식 입에 밥 들어가는 걸 보면 어미는 먹지 않아도 배가 불러온다. 둘이서 오랜만에 같이 밥을 먹는다. 그래서 식구이지 않은가? 쳐다만 봐도 웃음이 나오고 마음은 즐겁다.

아들은 오랜만에 아버지랑 목욕탕을 가보고 싶다고 했다. 군 생활하면서 휴가 나오면 가장 하고 싶은 게 아버지랑 목욕탕 가는 것이라니 대견하다. 군대를 가면 아버지에 대한 생각이 깊어진다더니 아들도 그렇나 보다. 아버지란 어떤 존재인지, 남자로서 국방의 의무를 하면서 남자들만이 겪는 애환을 알아가는구나 싶었다. 군대에서 축구, 농구 한 이야기를 했다. 같은 생활관을 쓰는 동기생 중에 두 명하고 친하다고 말했다. 나름 군 생활이 힘들 텐데 힘든 내색을 하지 않는 속 깊은 아들이다. 운동을 좋아하고 평소에 성격이 상대방을 잘 맞춰주고 배려심이 많은 아이라 적응을 잘해나가고 있어서 다행이고 고맙다. 아들은 밥을 다 먹고 마트에 내려가서 초콜릿 과자를 가져왔다. 어릴 때부터 초콜릿을 좋아하더니 커서도 여전하다.

딸과 아들은 달라도 많이 다르다. 우리 부부처럼.

초등, 중등, 고등학교 때까지 둘이서 많이 다투었다. 딸은 동생이 자기 방에 들어오는 걸 싫어했는데 동생은 누나 놀리는 재미에 일부러 들어가 침대에 눕곤 했다. 그러면 딸은 나가라고 고함을 질렀다. 그런 적이 엊그제 같은데 이제 누나와 동생은 오랜만에 만나서 반갑고 오랫동안 떨어져 있어서 그런지 다툼보다는 서로 챙겨주고 있다.

딸이 대학교 1학년 때 일이다. 술을 입에도 대지 않았던 딸은 신입생 환영회에서 처음으로 술을 마셨고 만취상태에 집에 들어와 구토를 했다. 거실은 엉망이고 악취가 심했는데 아들이 그 토사물을 다 치우고 걸레질까지 했다. 고등학교 1학년인 아들한테 어떻게 그걸 다 치웠는지 물었다. 아들이 "엄마는 가게에 일하시고 아버지는 주무시고 누나는 인사불성이고 치울 사람이 저밖에 없었어요." 한다. 나는 비위가 약해서 토사물을 못 치울 것 같은데 아들을 다시 보게 되었다. 딸은 취직을 하고 동생에게 용돈을 챙겨준다. 멋진 누나다. 동생은 고마움의 표시로 누나를 양산 원룸까지 운전해 준다. 다시 누나는 고마움의 표시로 아이스커피를 산다. 둘이 사이좋게 서로를 챙기는 모습에 뿌듯했다. 잘 커줘서 고맙고 서로 잘 챙겨줘서 감사했다. 먼저 딸에게 "○○아 기특하고 고맙고 사랑한다." 해주었다. 딸은 내가 이렇게 해주면 활짝 웃으며 안긴다. 아들에게도 "○○야 기특하고 고맙고 사랑한다." 해주었다. 아들은 나에게 "영임아 기특하고 고맙고 사랑한다."라고 보답을 한다. 엄마라고 하지 않고 나의 이름을 불러주니 기쁘기도 하고 어이가 없기도 해서 모두 웃음바다가 된다. 우리 가족은 이 인사말을 시작으로 기특하고 고맙고 사랑스런 존재가 되었다.

매일 아침에 출근하기 전에 나에게 머리를 토닥토닥하면서 "영임아 기특하고 고맙고 사랑한다."로 마음을 센터링 했다. 매일 하다 보니 너무 좋아서 이걸 나만 하기에는 아까웠다. 좋은 것은 나누고 공유해야 한다. 특히 가족한테는 더욱더.

제일 먼저 딸에게 해주었다. 아마 딸이 대학교 1학년 때인 걸로 기억한다. 학교에서 돌아온 딸을 안아주면서 "○○아 기특하고 고맙고 사랑한다." 하며 머리를 토닥여 주었다. 딸의 반응은 놀라웠다. "엄마 술 드셨어요?" 한다. 이런 망했다. 괜히 했나 생각이 들었다. 평소에 안하던 짓을 하니까 술주정인 줄 알았나 보다. 평소대로라면 딸이 "다녀왔습니다." 하면 나는 "응 어서 와." 이 정도에서 끝났다. 오늘은 머리를 토닥이며 격하게 이렇게 반응을 했으니 그럴 만도 하다. 그래도 기분은 좋은지 해맑게 웃는 모습을 보고 그 이후로 매일 해주었다.

아들은 고등학교 1학년 때인 걸로 기억한다. 저녁 11시에 학교를 마치고 집으로 왔다. 무거운 책가방을 메고 집으로 들어왔을 때 얼른 달려가 "○○야 기특하고 고맙고 사랑한다." 해주었다. 아들의 반응은 상상을 초월했다. 아무 말도 하지 않고 오른손을 귀 옆에 대고는 빙글빙글 돌리는 것이었다. 쪽팔린 것을 참고 용기를 내서 해줬는데 이런 반응을 보이다니 그동안 표현하지 못했던 생활에 반성했다. 사랑하고 예쁜 자녀들에게 그 마음을 전혀 전달하지 못해서 이런 반응이 나온 걸 받아들였다. 다 내 탓이다. 앞으로 매일 기특하고 고맙고 사랑한다는 말을 해줘야지 다짐했다. 그렇게 시작을 한 인사법이 매일 하루도 빠지지 않고 이어졌다. 한 달, 두 달, 1년. 우리 가족은 드디어 사랑을 표현하는 방법을 알았고 매일 실천하면서 익숙해졌다. 열심히 시간만 나면 서로에게 해주었다. 왜냐하면 우리 가족은 기특하고 고맙고 사랑스런 존재이므로.

중요한 건 이 인사법이 자녀들을 춤추게 했다는 것이다. 자동으로 자녀들은 스스로 마음코칭을 하면서 목표를 정했고 열심히 노력했다. 딸은 공무원 시험을 목표로 부단히 노력을 했다. 새벽 4시에 일어나 세수를 하고 책상에 앉았다. 인터넷 강의를 듣고 1시간은 꼭 산책을 하고 왔다. 공부만 하는 것이 얼마나 따분한 짓인지 알기에 나만의 산책코스로 데려갔다. 공무원 시험은 엉덩이 싸움이라고들 하는데 하루 종일 책상에 앉아서 엉덩이를 붙이고 있는 딸의 모습은 안쓰러웠다. 그래서 산책으로 머리를 맑게 하는 데 도움을 주고 싶었고 다행히도 매일 산책을 하고 왔다. 한 번 알려준 그 길을 매일 걸으면서 딸은 스스로 마음코칭을 했다. 자연을 보면서 마음을 위로했을 것이고 자기 마음속 아이도 만났을 것이다. 힘들고 지겨운 일상에 그런 틈이 있었기에 몸도 마음도 건강하게 잘 버텨준 것이라 믿는다. 지금 93년생들은 대학을 졸업하고 취직할 곳이 마땅치 않아서 공무원 시험을 준비하는 것이 대부분이었고, 딸도 그 부류에 들었다.

아들은 서울에 있는 대학교를 목표로 열심히 노력했다. 엄마 아빠가 마트 일을 하면서 제대로 챙겨주지도 못하고 방목했는데 방목한 결과치고는 딸과 아들이 잘해주었다.

아들 방에 청소하러 들어갔다가 목표를 책상 앞에 붙여놓은 것을 보았다. 엄마에게 기특하고 고마운 존재가 되기 위해 부단히 노력했다. 딸은 공무원시험에 합격해서 어엿한 직장생활을 하고 있고 아들은 서울에 있는 대학교에서 공부를 하고 있다. 아이들이 집에 있을 때 아무리 바빠도 아침은 꼭 새 밥을 지어서 챙겨줬고 집에 돌아오면 꼭 안아주면서 "기특하고 고맙고 사랑한다."고 말해주었다. 꼭 말로 표현을 해야 아느냐고 남편은 말한다. 그러나 나는 어느 날 마음의 준비도 없이 평소에 고마움이나 감사의 말을 표현해 드리지 못했던 어머니를 갑자기 잃었다. 표현하고 싶어도 어머니는 이제 옆에 계시지 않는다. 잃고 나서 후회하면 무슨 소용인가? 두 번 다시 후회하지 않기 위해 아이들에게는 꼭 말해주고 싶었다. 바쁘다는 핑계로 이 두 가지도 해주지 않는다면 너무 미안할 것 같아서 시작을 했는데 지금은 우리 가족이 다 모이면 이 인사말로 토닥여 주기 바쁘다. 우리 가족의 트레이드마크가 되었다.

하루는 너무 피곤해서 소파에 누워 잠들었다. 현관문을 열고 들어오는 딸이 "다녀왔습니다." 하길래 "응 어서 와." 하고 비몽사몽으로 꿈틀거리고 있었다. 딸은 조용히 자기 방에 가방을 두고 나와서 "영임아 기특하고 고맙고 사랑한다." 하면서 내 머리를 토닥여 주었다. 힘이 나고 피로가 싹 가시면서 나도 모르게 웃음이 나왔다. 딸이 피곤해하는 엄마에게 힘을 실어주고 싶었구나. 그 마음이 전해졌다. 딸도 내가 이렇게 해주었을 때 힘을 얻었구나 싶었다. 딸의 토닥거림에 힘을 내서 집안청소며 빨래를 했다.

　"기특하고 고맙고 사랑한다."는 자신에게 해주면 마음에 좋은 감정이 센터링되기 때문에 자존감도 올라간다. 이것을 자녀에게나 배우자에게 꼭 해보시라. 평소에 사랑한다는 말은 닭살이 돋고 손발이 오그라들어서 하지 못했다. 말은 하지 않아도 사랑하는 걸 행동으로 보여주면 된다고 생각했다. 행동으로만 보여주는 것보다 말과 행동이 일치할 때 사랑의 힘은 훨씬 강하다. 표현을 하기 전과 후의 모습이 확연히 차이가 났다. 예전에는 가족끼리 인사도 거의 하지 않았고 하더라도 형식적이었고 무미건조했다. 가족끼리라서 소홀했던 일들이 이것뿐이겠는가?

　이 인사말로 나 자신을 마음코칭 했고 가족들과는 더 많이 웃고 격려하고 칭찬의 대화를 나누게 되었다. 처음 한 번이 어렵지 용기 내서 한 번만 해보시라. 한 번만 쪽팔리면 된다. 두 번은 자동으로 하게 된다. 남편에게 이 인사말을 해주었더니 코를 벌렁거리면서 잠시 쑥스러워 했다. 그리고 이내 "나도 당신을 사랑 한데이."라고 말했다. 가족이라서 더 많이 바라보고 웃어야 되는 걸 이 인사말을 알고부터 실천하고 있다. 열심히 일하는 이유는 가족들과 행복해지기 위해서이지 않는가? 오늘 당장 가족에게 "기특하고 고맙고 사랑한다."고 서로 토닥여 주길 바란다.

나에게
말 걸기

평소에 우리는 밥은 먹었는지 애들은 몇 살인지 안부를 묻고 잡다한 뒷담화까지 많은 말을 하고 산다.

다른 사람과 많은 말을 하면서 정작 나 자신과 얼마나 대화를 했는지 곰곰이 생각해 보기 바란다. 지금껏 다른 사람과 많은 대화를 나누었다면 이제는 나 자신과 대화를 나누어보자.

산책을 하면서 "나는 앞으로 어떻게 살 것인가?" 하고 나에게 물었다. 산책을 하는 동안 계속 10분이고 20분이고 물었다. 내 마음에게 말을 걸어보면 하루 만에 답이 나올 수도 있고 한 달 만에 답이 나올 수도 있다. 그때 마음이 하는 소리에 귀 기울여야 한다. 산책을 하다가 나에게 말을 걸어보면 생각들이 정리가 된다. 나에게 말 걸기의 힘은 스스로에게 묻고 답하고 귀 기울이다 보면 행동하게 된다는 것이다.

첫 번째로 나에게 말을 걸어본다. 나는 앞으로 어떻게 살 것인가?

그동안 나는 많은 것을 받았다. 부모님의 사랑을 받았고 형제들에게도 많은 사랑을 받고 있다. 남편이나 자녀들에게도 이미 받은 것이 너무 많다. 무릎시술 할 때도 병원에 있는 동안 많은 책을 받았고 이웃들에게 많은 염려를 받았다. 덕분에 병원에 있는 한 달 동안 책 30권을 먹어 치웠다. 이제는 조금씩 나누는 삶을 살고 싶다.

그러면 나누는 삶은 구체적으로 어떤 것들이 있을까? 또 나에게 물었다. 박스할머니 외손녀에게 금일봉 자동이체하기, 창원대학교에 발전기금 내기, 요가봉사하기, 장애인 단체에 기부하기, 교도소 강의 등 방법들이 나왔다. 방법들이 구체화되니까 실행할 수 있는 용기가 생겼다. 내가 할 수 있는 범위 내에서 목록을 적어보았다. 작은 것부터, 가까운 곳부터 찾아보았다. 용기를 내서 하나씩 시작했다. 시작했다면 꾸준히 앞으로 밀고 나가는 용기도 있어야 한다. 열정이란 냄비처럼 부르르 끓어오르는 것이 아니라 말과 행동이 일치할 때 나타난다. 꾸준히 지속적으로 밀고 나가는 것이 열정이다. 작은 것이라도 선을 베푸는 행동을 계속 밀고 나가면 된다.

두 번째로 나에게 말을 걸어본다. 내게 중요한 것은 무엇인가?

나에게 무엇이 중요한지 순서대로 적어보았다. 첫 번째가 나와 가족이다. 예상했던 대로 나와 가족이 최고 일순위에 나왔다. 나를 기쁘게, 소중하게 생각하고, 남편의 밥상을 정성스럽게 차려주고,

딸, 아들에게 맛있는 음식을 챙겨주고 사랑한다고 표현을 한다. 양산에서 직장생활을 하는 딸 원룸에 김치며 반찬들을 챙겨주고 서울에서 공부하는 아들한테는 국이며 반찬들을 택배로 보낸다.

그다음으로 중요한 것은 강의를 하는 것이다. 강의를 하려면 건강이 우선이다. 요가, 자전거 타기, 산책으로 몸과 마음을 단련시킨다. 하루도 빠지지 않고 하다 보니 이제는 습관이 몸에 붙었다. 강의를 하다 보면 수강자들이 어떤 질문을 할지 모르기 때문에 신문을 읽고 독서를 통해 다양한 간접경험을 해야 한다.

그다음 세 번째로 일이 중요하다. 자녀들을 공부시키고 끊임없이 자기계발을 하는 공부를 하고 일상생활을 유지하기 위해 필요한 돈을 벌 수 있는 공간인 슈퍼마켓이 얼마나 소중한지 모른다. 비가 오나 눈이오나 실내에서 편안하게 일을 하는 것도 행복이다. 출퇴근 시간도 1분이면 된다. 2층에서 1층으로 내려오면 출근이다. 이 모든 것이 얼마나 큰 축복인지 그저 감사할 따름이다. 이것을 사업을 시작했을 땐 몰랐다. 세월이 한참 지난 후에야 이 모든 것이 축복임을 알아차림 했다.

세 번째로 나에게 말을 걸어본다. 어떻게 하면 행복할 수 있을까?

좋아하는 걸 했을 때 나는 행복했다. 좋아하는 걸 하면서 행복을 찾는 소소한 나의 일상을 공유했다. 열심히 일하고 짬을 내서 산책할 때 자연과 함께하는 순간 마음이 평온했다.

여기에 한 가지 꿀팁을 드리자면 핸드폰을 끄고 산책을 해보는

것이다. 핸드폰을 꺼버리면 마음과 신경이 오롯이 자연에 머무른
다. 더 많이 느끼고 보고 들을 수 있다. 풀 내음, 흙을 밟는 느낌,
풀 한 포기, 나무, 스치는 바람까지 온전히 함께 풍경이 되어 하나
가 된다. 급할 것도 없고 내 속도만큼 걸어서 그만큼의 풍경을 보
는 것은 정직한 행복이다. 이 시간만큼은 순수한 어린아이로 돌아
간다.

〈산책길에서 쑥을 캐서 남편에게 차려준 밥상〉

행복할 때 행복하다고 말할 때 옆에 있는 사람도 행복해했다. 감정표현을 참고 살아온 부모세대와 그 영향을 받아 제대로 표현하는 데 서툰 지금의 나는 이제 조금씩 변화되고 있다. 좋으면 좋다고 싫으면 싫다고 행복하면 행복하다고 말한다. 특히 사랑하는 감정은 자주 표현한다.

사랑하는 사람에게 요리를 해줄 때 행복했다.

우리 가족은 미역국을 좋아한다. 미역이 주재료라서 어쩌다 기장이나 통영 등 바닷가에 가면 미역을 1년 내내 먹을 만큼 사 온다. 나물을 좋아해서 나물을 무치고 고기사랑이 지극한 남편을 위해서 고기를 양념하고 구울 때 행복했다.

새로운 걸 도전했을 때 행복했다.

10년 전에 스포츠댄스를 도전했다. 몸치에서 탈출하기 위해 시작했는데 하다 보니 점점 빠져들었다. 스승님은 대구에 사시는 분인데 이름만 대면 거의 다 아는 유명한 분이시다. 열정이 남달랐고, 그 열정에 부응하기 위해 발바닥에 물집이 생겨도 밴드를 붙여가며 배웠다. 댄스화는 가죽으로 되어있고 내 발에 꼭 맞는 슈즈를 신어야 하기 때문에 조금만 무리를 하면 발바닥이나 뒤꿈치가 벗겨졌다. 좋아하니까 그 어떤 것도 감수할 수 있었다. 초급 중급 고급 과정을 거쳐 지도자 과정까지 하게 되었다. 지도자 과정은 남자 파트너의 순서까지 할 수 있어야 했기 때문에 당연히 시간이 오래 걸렸다. 스승님은 경험 삼아 스포츠 댄서 경연대회에 참여하면 어떻겠는지 물어왔고 우리 팀들은 자신감에 가득차서 콜을 외쳤다. 저녁마다 강당에 모여서 연습을 했다. 요리 못하는 사람이 꼭 상처를 내듯이 스포츠 댄스를 배운 지 1년밖에 안된 우리는 몸에 잔뜩 힘이 들어있었고 조금만 연습을 해도 지치고 발바닥에 불이 났다. 발은 주인을 잘못 만나서 밤마다 혹사당했다. 드디어 경연대회가 있는 날 우리는 비장의 각오를 하고 광주로 갔다. 경남을 대표해서 멋지게 메달을 목에 걸고 오리라 다짐하면서.

우리 창원 팀은 순서가 맨 마지막이었는데 앞 팀들이 하는 걸 보고 기가 죽었다. 수준 차이가 하늘과 땅 차이였다. 우리끼리 연습할 때는 몰랐다. 우리 수준이 어느 정도인지.

큰 무대에서 각 지역을 대표하는 댄서들이 몰려왔고, 대부분 3년 이상 경력을 보유한 댄서들이었다. 겨우 햇병아리 1년 차인 우리 차례가 끝나고 나는 쥐구멍이라도 있으면 들어가고 싶었다. 그래도 좋은 경험을 한 것으로 스스로를 위로했다. 하루 종일 스포츠 댄서들의 경연을 보면서 눈이 호강하고 기분 좋은 떨림을 즐겼다.

스포츠 댄스를 한참 보고 있으면 나도 모르게 눈이 튀어나온다. 왜냐하면 스포츠 댄스의 세 가지 특징이 '예쁘게, 파워풀하게, 섹시하게'이기 때문이다. 스포츠 댄스를 취미로 도전했다가 지도자 자격증을 받았을 때 그 기쁨이란 말로 다 표현이 어렵다. 이 자격증으로 같이 배웠던 언니는 초등학교 방과 후에 아이들에게 스포츠 댄스를 가르치고 있다. 내 자격증은 장롱에 고이 모셔져 있지만 그때의 열정과 도전은 지금 생각해도 멋졌다. 이 과정에서 자신감도 많이 찾았고 부끄러움도 많이 없어졌고 무대공포감을 승화시켜 즐길 수 있게 되었다. 아마도 지금 강의를 할 수 있게 용기를 낼 수 있었던 것도 어쩌면 스포츠댄스를 배웠기 때문인지도 모른다.

누군가를 위해 마음을 나눌 때 행복했다.

어머니를 마음의 준비도 없이 보내고 나서 어머니 없이 할머니가 보살펴 주는 외손녀를 알게 되었고 매달 금일봉을 자동이체시켰다. 엄마 없는 빈자리를 잘 알기 때문에, 엄마 없는 삶이 얼마나 서러운지 알기 때문에 그런 아이에게 눈이 갔다.

경운기 사고로 다리가 불편하신 친정아버지 생각을 하면서 이곳 요양시설을 찾아 일주일에 한 번은 요가봉사를 한다. 매번 갈 때마다 아버지를 뵈러 가는 마음으로 간다. 말이 요가봉사지 어르신들과 놀다 온다. 요가봉사를 마치고 집으로 돌아오는 길은 기쁨, 감사, 행복, 뿌듯함과 같은 감정들이 내 몸을 가득 채운다.

요가를 할 때는 무아지경에 빠진다. 요가를 하는 동안만큼은 잡념이 사라지고 오로지 내 몸과 요가가 일체된다.

한참 몰입하다 보면 땀이 줄줄 흐르면서 몸이 교정되고 건강해지는 그 황홀감은 중독에 가깝다.

음악을 틀어놓고, 시 낭송을 틀어놓고 하기도 하는데 완전 몰입된 상태에서는 그 소리조차 들리지 않는다. 오로지 몸과 요가가 합체된다.

내 삶을 180도로 바꿔놓은 게 요가다. 요가를 통해 배운 것은

멋진 자세나 기술이 아닌 마음이었다. 삶은 나 자신을 바라보고 있
는 그대로 받아들이는 자세로 나와 함께 나아가는 것이란 걸 알게
되었다. 요가를 만난 것이 내 인생의 터닝 포인트가 되었다. 이렇
게 좋은 요가를 통해 봉사활동을 할 수 있으니 이것 또한 얼마나
감사한 일인지.

　도전을 끝내고 나면 아드레날린이 온몸에서 뿜뿜 뿜어져 나온
다. 성취감이 쌓이면 쌓일수록 행복지수도 올라갔다. 6개월 단위
로 새로운 것에 도전했고 포기하지 않고 완주했다면 나에게 선물
을 주었다. 그동안 포기하지 않고 열심히 한 나 자신에게 보상을
해주는 것이다. 메모해 둔 읽고 싶은 책을 10권 사온다든지, 강의
할 때 입을 옷을 한 벌 산다든지, 마사지를 받는다든지, 또 다른
도전을 하는 데 과감하게 투자한다든지 등으로 반드시 수고한 보
상을 나에게 해준다.

　교보문고 가는 날은 행복하다. 읽고 싶은 책을 메모해 두었다가
한방에 몰아서 사는데 가방이 묵직할수록 더 많이 행복했다. 보석
이나 옷 욕심은 전혀 없는데 책 욕심은 많다. 문학, 철학, 수필, 소
설, 시집 가리지 않고 읽는다. 박경리의 대하소설 『토지』를 1권부
터 21권까지 사 온 날은 지금도 기억에 생생하게 남아있다. 한 권
씩 읽고 책꽂이에 꽂는 맛은 지금도 잊을 수 없다. 어머니가 몹시
그리운 날은 어김없이 교보문고에 간다. 그 어떤 것으로도 헛헛함
이 채워질 수 없는 날은 교보문고에 간다. 책을 읽다 보면 내 안에

서 일어났던 모든 감정들이 모두 소멸되고 잔잔한 평안만이 남아
있다.

〈아들과 교보문고〉

Part. 4

마음코칭,
이렇게
시작하라

마음에 관한
이해

"갑자기 주위가 어두워졌다.

얼른 나가서 하늘을 올려다보았다.

금방이라도 비가 쏟아질 것처럼 하늘이 잔뜩 흐렸다.

소풍 간 딸아이가 올 때까지는

비가 오지 않았으면 좋겠다."

이 글은 딸이 초등학교 2학년 때 내가 쓴 일기이다. 소풍 간 딸이 올 때까지 비가 오지 않았으면 하는 엄마의 마음이 보인다. 그렇지만 여기에서 마음이 보인다는 사기다. 왜냐하면 마음은 눈에 보이지 않기 때문이다. 그런데도 우리는 말과 행동을 보면 마음을 읽을 수 있다. 이렇게 글로 표현을 해도 마음이 보인다. "마음은 이것이다."라고 명료하게 말할 수는 없지만, 눈에 보이지 않지만 보인다.

현상은 존재하나 그 실체는 보이지 않는다. 그렇다면 마음이란 무엇인가? 내가 아는 마음은 나의 말과 행동과 몸을 움직이는 열쇠다. 우리가 흔히 마음을 다른 말로 영혼, 정신, 감정이라고도 표현을 한다. 강의하러 갔는데 처음 보는 수강자가 대답도 잘하고 눈을 반짝이며 열심히 메모를 하고 있다면 나는 그 수강자에게 호감을 가진다. 이런 감정이 일어나는 것도 마음이라는 사실이다. 오늘 처음으로 우리 매장에 온 고객이 왠지 정이 많을 것 같고 성격도 시원시원할 것 같고 하동에 있는 고향친구를 닮은 것 같기도 하다고 느끼는 감정도 마음에서 나오는 것이다.

"나는 할 수 있다."고 긍정적으로 반복해서 마음을 먹으면 잠재의식이 그 방향으로 움직인다. 그렇다면 또 잠재의식은 무엇인가? 잠재의식은 우리도 모르는 사이에 습관화된 의식이다. 예를 들면 우리가 밥을 먹을 때 밥숟가락에 밥을 담는다. 반찬을 올린다. 입으로 가져간다. 씹는다. 삼킨다. 이렇게 하면서 밥을 먹진 않는다. 아무 생각 없이 TV를 보면서 밥을 먹기도 하고 음악을 감상하면서 밥을 먹기도 하지만 먹는 데 지장은 없다. 이렇게 반복적으로 습관화된 의식이 잠재의식이다.

우리가 흔히 알고 있는 학문적 지식이나 정보, 경험을 통해 인식하고 추리하는 마음, 감정이나 견해 등은 의식이다. 이렇게 마음은 의식과 무의식(잠재의식)으로 되어있다. 그렇다면 우리가 맛있는 요리 프로그램을 볼 때 입안 가득 침이 고이는 건 우리 마음속에 맛있는 음식이 들어있는 것일까? 군침이 도는 마음의 반응은 그 음식에 대한 맛이나 경험, 정보, 이미지들이 총망라한 것이라 볼 수 있다.

우리 집 가훈은 "일체유심조"다. 모든 것은 마음이 만들고 마음이 성공과 행복의 열쇠라고 믿는다. 다시 말하면 내가 생각하는 마음은 나의 말과 행동과 몸을 움직이는 열쇠다. 사업을 하면서 기쁘고 슬프고 아파하고 그런 과정에서 철이 들고 성숙해졌다. 마음이 많이 상한 적이 있었는데 우리부부가 그때 어떻게 마음코칭을 했는지 알아보자.

사업을 시작한 지 3년 만에 위가가 닥쳤다. 남편과 나는 마음이 많이 상했고 매일 괴로워했다. 남편이 술에 취해 들어왔다. 어제도 그랬다. 나는 바가지를 긁을 수가 없었다. 오로지 일만 하고 살아왔는데 이 매장을 비워달라는 임대인의 말을 듣고부터 술을 밥보다 더 많이 먹었다.

이젠 뭘 하고 먹고살아야 하나? 어디서 어떻게 해야 하나? 막막했다. 처음 이 가게를 오픈했을 땐 이 골목이 깜깜했다. 골목에 피자가게와 우리 마트만 달랑 두 개 있었다. 임대인은 처음 이 점포를 세내면서 5년이고 10년이고 언제까지 하라고 임대를 주었다. 6개월이 지나자 이 골목 상권이 PC방과 커피숍으로 바뀌는 바람에 양쪽 주택가 블록에 우후죽순으로 많은 가게들이 생겨났다. 깜깜한 골목이 갑자기 대낮처럼 환해졌다. 많은 사람들이 우리 매장을 찾았고 눈코 뜰 새 없이 바빴다. 점심은 한참 지난 시간에 자장면을 시켜서 대충 서서 먹곤 했다.

　사업을 시작하고 3년 동안 우리 사업의 매출은 최고였다. 그런 날이 매일 연속으로 이어졌다. 그때 임대인은 노래방을 운영하고 있었는데 가만히 보니 우리 매장에 손님들이 끊임없이 오니까 슬슬 욕심을 내기 시작했다. 결국 계약기간이 만료되었으니 이 마트를 비워달라는 것이었다. 다른 업종으로 바꾸지 않고 마트를 그대로 자기가 하겠다고 했다. 임대기간이 만료되었으니 비켜는 준다. 그 대신 우리도 다른 장소에 점포를 구하고 다시 시작해야 하니 3년 동안 일궈온 상권을 인정해 주는 권리금을 요구했다. 임대인은 권리금을 10원도 인정하지 않았다. 억울했다. 임대인은 우리가 점포를 비워주면 당장 장사를 할 수 있지만 쫓겨나는 우리 입장에서는 당장 먹고사는 일이 막혀 버린 셈이었다. 만약에 임대인이 아닌 다른 사람이 우리 마트를 인수할 경우 하루 매출이 엄청났기 때문에 몇 천만 원의 권리금을 받을 수 있었다. 그런데 임대인이라는 이유만으로 그것을 인정할 수 없다는 것이다. 임대차계약서에 그렇게 표기가 되어있었으므로 참으로 막막하고 속상하고 억울해서 남편은 인사불성이 되어서 들어왔다. 술을 못하는 나도 술을 먹어야 잠이 들었는데 가장인 남편은 오죽했을까? 아무리 속상하고 억울해도 몸이 상할까 걱정이 되어 술을 조금만 먹으라고 해도 막무가내였다. 남편은 한 달을 그렇게 알코올 속에 빠져 살았다. 거의 폐인이나 마찬가지인 몰골이었다. 시간은 자꾸 지나가고 비워줘야 하는 날짜가 다가왔다.

둘이서 술을 한잔하면서 앞으로 어떻게 할 건지 의논했다. 둘 다 술이 들어가니 마음속에 있는 말들을 솔직하게 꺼내는 허심탄회한 시간이 되었다. 술을 마셔보니 술에는 그런 힘이 있었다.

서로에게 그동안 고생 많았다고 토닥여 주며 다시 새롭게 인생 설계를 바꾸어야만 하는 시점이라고 의견일치를 보았다. 이렇게 술만 퍼마신다고 누가 이 문제를 해결해 주지 않았다. 우리가 마음을 바꿔서 마음을 다시 잡아야 했다. 새롭게 다시 시작한다는 것은 다시 점포를 얻기 위해 시장조사를 한 달 정도 해야 하고 아이들 학교문제 등도 고려하는 등 여러 가지 문제들이 한꺼번에 바뀌는 일이었다. 사업을 시작하면서 아이들이 학교가 멀어 고생을 많이 했는데 그것도 미안하고 마음에 걸렸다. 그 모든 상황을 맞춰야 했고 신중하고 또 신중해야만 했다. 일단 남편과 둘이서 점포를 구하러 다녔다. 세 곳을 보고 고민했다. 두 개의 점포는 임대로 내어놓았고 한 점포는 3층짜리 건물을 통째로 매매로 놓은 곳이었다. 우린 3층짜리 건물에 그날 다섯 번을 갔다. 그리고 15일 동안 매일 갔다. 상권을 분석하는 일은 남편이 전문가라 맡겼다. 문제는 돈이었다. 건축물의 용도가 제1종 근린생활시설이라 일반 주택보다 두 배로 높은 매매가였기 때문에 고민하고 또 고민했다. 무리해서 사느냐 전세점포를 얻느냐의 갈림길에서.

남편과 나는 좀 넓은 시점에서 고민하고 결정을 내리기로 했다. 매장을 전세로 얻어서 하다가 잘되면 또 쫓겨나는 서러움을 두 번 다시 겪고 싶지 않다는 것에 의견이 일치했다. 마음을 다잡기 전에는 한 달 동안 술독에 빠져 방황했고 마음을 다잡고 나서는 하나씩 문제를 해결하기 위해 몸을 움직였다. 마음먹기가 힘들지 마음을 먹고 나니 몸이 알아서 움직였다.

　부족한 돈을 어떻게 구할까? 고민 끝에 우리가 살던 집을 과감하게 정리했다. 우리에게 필요한 집은 잠만 자는 집이 아니었다. 장사를 할 수 있는 상가주택이 필요했다. 원래 살고 있던 주택은 거의 매일 비워져 있었다. 매장에 딸린 방에서 먹고 자고 했으니까. 그 집을 처분하고 3년 동안 모았던 돈을 긁어모았다. 사실 3년 동안 뼈 빠지게 일을 해도 시아버님, 친정아버님께 빌린 돈을 갚아 드리고 나니 그리 많이 되지는 않았다. 그나마 두 분 어른들께 빚이라도 갚을 수 있어서 얼마나 다행인지 모른다. 우리가 성공을 해야 하는 이유가 두 분 아버님께 빚을 갚기 위함이었다. 그때는 그것만이 간절했다. 일단 집을 처분하고 빚을 갚고 남은 돈을 보태서 상가주택을 사기로 마음먹고 선금을 걸었다. 나머지 모자라는 돈은 상가주택을 담보로 대출을 받았다. 오늘날 편안하게 2층에서 1층으로 출근할 수 있기까지는 임대인한테 쫓겨나는 시련을 겪었기 때문이다. 그때는 임대인이 죽이고 싶을 만큼 원망스러웠는데 지금은 오히려 그 임대인에게 고마워해야 할 판이다. 임대인이 나가라고 하지 않았다면 오늘날 편안하게 일할 수 있는 3층 건물은 우리에게 없었을 것이다. 이 사건으로 우리는 초심으로 돌아가 마음을 다잡고 새로운 마음으로 일을 하기 시작했다. 마음먹기에 따라 폐인이 될 수도 있고 위기를 멋지게 극복해서 새로운 돌파구를 찾을 수도 있다.

열심히 살아온 나를 잠시 내려놓고 쉬게 하자. 지친 몸과 마음을 잠시 내려놓고 쓰다듬어주자. 하루에 1시간은 나를 위한 시간을 만들자. 더 많이 웃고 더 많이 행복하기 위한 잠시 멈춤은 어떤 방법이 있을까?

전통시장에 갔다. 정육점에 들러 남편이 좋아하는 고기를 사고 미역국에 넣을 조갯살과 홍합을 샀다. 야채를 파는 할머니는 국밥을 시켜서 먹고 있었다. 다 드실 때까지 일부러 시장 한 바퀴를 돌아서 콩나물과 시금치를 샀다. 고사리는 고향에서 올라온 말린 고사리를 쓰면 된다.

시장을 한 바퀴 도는 동안 유난히 시선을 사로잡은 곳은 꽃집이다. 앞에 놓인 빨강과 분홍의 시클라멘 화분에 마음이 쓰러졌다. 화분 두 개를 샀다. 이파리는 동글동글 초록을 가득 머금고 꽃대는 어찌나 많이 올렸는지 풍성한 꽃들이 가득 피었다. 대견하고 기특하다. 꽃을 보고 있노라면 마음이 환해지고 자꾸 웃음이 났다. 발걸음은 가볍고 춤까지 추면서 현관 신발장에 화분 두 개를 나란히 놓았다. 예쁘다. 그 어떤 말을 갖다 붙일 수 없다. 그냥 예쁘다. 보기만 해도 행복하고 잠시 마음을 내려놓은 지금 이 순간 행복하다. 이렇게 단순한 멈춤을 반복적으로 훈련함으로써 자유롭게 어린아이로 돌아간다. 마음이 편해지고 지금 여기에 오롯이 집중하게 된다. 잠깐의 멈춤으로 입가에 미소가 번지고 마음속 어린아이도 기뻐했다. 지금 이대로 감사할 따름이다. 자유롭게 현재를 온 마음으로 맞이하고 있는 지금만 존재할 뿐이다.

"빨강아, 분홍아, 우리 집에 온 걸 환영해. 나에게 이런 기쁨을 주어서 고맙구나. 앞으로 잘 지내보자." 하고 인사를 했다. 시클라멘이 나에게 기쁨을 주었듯이 나는 시클라멘에게 물을 정성스럽게 주었다. 꽃이 나에게 오면서부터 친절이 마음속에서 나왔고 이 친절은 남편과 자녀들과 우리 매장을 찾은 고객에게 돌아갈 것이다. 내 마음을 어떤 상태에 머물게 할지 스스로 선택할 수 있다는 사실은 재미있다. 오늘 하루를 기쁘게 살 것인지, 우울하고 무덤덤하게 살 것인지, 사소한 일이라도 의미를 찾고 삶을 연애하듯 살 것인지는 내 마음에 달렸다. 세상의 모든 일은 보이는 대로가 아니라 내 마음에 따라 보여지고 나타나고 변한다.

Part 4. 마음코칭, 이렇게 시작하라

왜 마음이
중요한가

보이는 몸보다 보이지 않는 마음이 더 중요한 이유는 마음이 몸을 이끌기 때문이다. 마음이 나의 말과 행동, 몸을 움직이는 열쇠이기 때문이다. 몸은 마음에서 비롯된 현상일 뿐이다. 내가 이루고자 하는 목표를 하게끔 하는 것도 마음이다. 내가 행복하기 위해 노력하는 것 또한 마음이다. 마음이 우울하면 얼굴표정도 우울하고 마음이 기쁨과 행복으로 가득 차면 표정과 말투 또한 밝고 행복하다. 마음에 어떤 의식이 있는지에 따라 성과물이 다르게 나타나기도 한다. 어떤 사람은 똑같은 일을 당하고 예전의 일을 다른 사람에게 그대로 되풀이하는가 하면 어떤 이는 똑같은 일을 당하고도 그 아픔과 경험을 선으로 베풀기도 한다. 왜 그럴까? 마음가짐의 차이다. 마음을 어떻게 먹느냐에 따라 성과물이 다르게 나타난다.

남편은 신념이 강한 사람이다. 신념은 자기를 굳게 믿는 마음이다. 상가주택 3층 건물을 매입하고 또 대출인생이 시작되었지만 충분히 헤쳐나갈 수 있다고 확신했다. 아침마다 "나는 할 수 있다." 다짐을 했다. 매일 새벽 6시면 어김없이 비질소리가 난다. 매장 계단청소를 하고 골목 앞의 쓰레기를 치우고 옆집, 앞집 골목까지 물청소를 시작으로 아침을 맞이했다. 남편은 할 수 있다는 신념에 꽉 차서 눈빛이 살아있었다. 무슨 일이 생기면 하나씩 풀어가는 문제 해결능력이 뛰어났다. 순발력도 대단했다.

남편이 처음부터 그렇게 된 건 아니다. 처음으로 사업을 시작할 때 자금이 부족해서 시아버님, 친정아버님께 돈을 빌린 데다가 두 아버님도 대출을 받아서 해주셨기에 어쨌든 성공해야만 했고 하루 빨리 빚을 갚아드리는 것이 효도라고 생각했다. 그래서 남들보다 몇 배로 더 열심히 일했다. 남편의 성실은 타의추종을 불허한다. 365일 매장 문을 한 번도 닫은 적이 없다. 그것 때문에 나랑 많이 다투지만 말이다. 남편은 업무시간을 24시간 풀가동했다. 남편이랑 나, 직원 이렇게 세 명이 배턴 터치를 하면서 근무를 했다. 업무도 분업화했다. 남편은 재고조사를 해서 주문서를 작성하고 제품이 빠진 품목은 지하 창고에서 매장으로 올려 진열을 야무지게 했다. 나의 주 업무는 거래처장부정리, 마감정리, 인터넷뱅킹, 견적서 첨부, 전자세금계산서 발행 등이었다. 업무를 분업화하여 좋은 점은 자신이 맡은 분야는 서로 터치하지 않았고 존중해 줄 수 있다는 점이다. 자연적으로 언쟁이 줄어들었다. 단점은 내가 맡은 분야 이외의 일은 서로가 잘 모른다는 것이다. 남편은 한 번도 마감을 해보지 않아서 마감을 어떻게 하는지 모른다. 매일 자정에 내가 했기 때문이다. 거래처에 월말결제도 인터넷뱅킹으로 내가 맡아서 했기 때문에 남편은 인터넷뱅킹도 할 줄 모른다. 그 대신 지하 창고에 무슨 물건이 얼마나 있는지는 놀랍게도 다 알고 있다. 그 많은 제품을 어떻게 한눈에 다 스캔을 하는지 신기할 따름이다. 나는 한 번씩 창고에 가 아무리 자세히 보아도 다음에 재고가 얼마 남았는지 기억이 나지 않았다. 지하 창고에 있는 제품이 매장에 있는 제품만큼이나 많기 때문에 도저히 재고관리는 불가능했다. 남편은 그 많은 제품의 BOX 수량과 낱개까지도 다 파악을 하고 있었다.

어떻게 그게 가능했을까? 마음으로 할 수 있다고 자신에게 주문을 걸었고 마음이 그렇게 되기 위해 몸을 이끌었기 때문이다. 그것을 보면 마음은 대단한 힘을 가지고 있음이 분명하다. 나는 내가 맡은 업무는 끝까지 해내려는 책임감이 강하다. 이 책임감도 마음에서 주문을 받아서 나온 것이다. 조금이라도 남편에게 도움을 주고 싶고 하나라도 더 거래처를 만들기 위해 노력한다. 신념은 스스로 믿는 대로 되게 했다. 자신의 존재와 능력을 믿고, 밀고 나아가는 힘이 생겼다. 남편의 신념과 나의 책임감은 모두 마음에서 나왔고 톱니바퀴처럼 굴러가는 파트너가 되도록 했다. 이렇게 서로 자기 분야의 일은 잘하게 되면서 서로 존중하게 되었다.

바로 밑의 남동생한테서 전화가 왔다. "누나야, 나 병원이다." "왜 어디 아프나?" 놀라서 물었다. 동생은 마치 남의 일이라도 되는 것처럼 말했다. "배가 아파서 왔는데 큰 병원에 가서 정밀검사를 받아보라네. 보호자도 와야 한다고 하네." 한동안 아무 말도 하지 못했다. 중병이 아닌 이상 보호자를 왜 찾겠는가. 큰 바위가 내리친 것처럼 꼼짝을 할 수가 없었다. 이게 무슨 일인가? 일단 부랴부랴 챙겨서 병원으로 갔다. 침대에 누워있는 동생은 아픈 사람으로 보이지 않았다. 누가 봐도 건강한 남자였다. 오빠는 서울에, 막내 남동생은 수원에, 언니는 하동에서 경운기 사고로 다리에 장애가 있는 아버지의 보호자 역할을 하고 있었다. 창원에 있는 내가 부산에 있는 대학병원에 제일 가까운 거리에 있었다. 그리해서 동생의 보호자가 되었다. 동생은 결혼을 하지 않았기 때문이다. 동생을 병실에 두고 의사를 만났다. 의사는 차분하게 말했다. "동생분은 지금 위암 3기를 넘은 상태입니다. 몇 번 이상증상이 있었을 텐데 왜 이제야 병원에 왔는지 모르겠습니다. 하루빨리 큰 병원에 가보셔야겠습니다."

대답을 했는지 안 했는지 기억이 없다. 무슨 정신으로 동생을 데리고 나왔는지도 모르겠다. 그저 동생한테는 내가 보호자고 안심을 시켜줘야 한다는 생각밖에 없었다. 동생은 위암이라는 사실만 알고 있었고 얼마 정도 진행이 된 줄은 알지 못했다. "석아! 요즘은 약도 좋은 게 많고 너는 아직 젊으니까 잘하면 나을 수 있을 거야. 걱정하지 마." 누나가 해줄 수 있는 말이 고작 이것밖에 생각나지 않았다.

동생도 나도 위암을 받아들일 수 없었다. 이 병원에서 오판한 것이다. 그래야만 된다고 마음속으로 몇 번이고 되새김질했다. 다른 병원에 가서 정밀검사를 해보았다. 결과는 똑같이 나왔다. 동생의 몸엔 위암이 너무 많이 진행되어 있었다. "수술을 한다 해도 마음의 준비는 해야 합니다." 의사의 말은 너무 잔인했다. 그렇다고 수술을 해보지 않고 손만 놓고 있을 수도 없는 노릇이었다. 동생은 아직 40살이었고, 젊었으므로.

언니랑 형부, 오빠, 막냇동생하고 의논을 한 결과 수술을 해서 살려보자는 쪽으로 결론이 났다. 동생은 그렇게 위암수술을 받았고 계속 방사선 치료를 받았다. 치료과정이 얼마나 힘들었으면 머리카락이 다 빠졌고 몸은 해골처럼 말라갔다. 그 좋았던 몸이 다 어디로 가버렸는지. 앙상한 뼈만 남았다. 동생은 고통을 견디고 견디다가 이렇게 말했다. 차라리 수술시키지 말지.

그 말은 동생이 너무 고통스럽다는 것이고 너무 힘들다는 것인데 아픔을 아프다고 말할 수 있는 어머니도 없었고 우리 형제들은 먹고살기에 너무 바빴다. 병원에 들러 얼굴을 보고 있으면 동생도 그 형편을 알기에 내색을 거의 하지 않고 혼자서 묵묵히 견뎌내고 있음을 알 수 있었다. 그 모습에 더 가슴이 미어졌는데 아픈 동생 앞에서 눈물을 보일 수 없어서 화장실에 가서 세수를 하는 척했다. 동생의 몸에 있는 고통은 말로서 표현할 수 없는 것이었고 오로지 동생만이 아는 고통일진대 죽어가는 동생 옆에서 나는 아무것도 해줄 수 없는 비참함에 몸서리 쳤다.

동생은 끝내 아프다는 표현을 하지 않았는지, 못 했는지 결국은 하늘나라로 갔다.

아직은 젊어서 잘하면 살 수도 있고 살려보겠다는 욕심에 수술을 시켰는데 결론은 오히려 고생만 시킨 꼴이 되어버려 더 많이 미안했다. 수술을 하지 않았다면 고통도 덜했을 터인데. 동생을 살릴 수만 있다면 그 어떤 방법도 다 할 수 있었는데. 그 어떤 방법이 왜 없단 말인가?

그렇게 아까운 동생을 데려가다니 해도 해도 너무하는 거 아닌가? 어떻게 이런 고통을 이렇게 자주 준단 말인가? 하늘을 원망했고 이 세상이 원망스러웠다.

어머니는 갑자기 마음의 준비도 없이 돌아가셨고 동생은 마음의 준비를 하는 내내 가슴이 아팠다. 준비를 했든 하지 않았든 죽음은 아무리 경험해도 도무지 받아들이기 어려운 일이었다. 꿈일 거야. 꿈이었으면. 마음으로 주문을 걸어도 보았다. 현실을 부정할수록 시간이 지나면 슬픔이 더 깊이 찾아왔다. 밥을 먹다가도 동생이 좋아하는 고기를 보면 울컥했고 일을 할 때도 동생이 문득 생각나면 울컥했다. 울음 역시 시도 때도 없이 찾아왔다. 실컷 울고 싶은데 근무시간에는 고객들이 있으니까 울 수도 없었다. 그럴 때마다 마음에게 이렇게 말했다. "슬픔아, 조금만 기다려. 나중에 일 마치고 실컷 같이 울자." 이렇게 다독이며 마음을 달랬다. 예전에 마음수련했을 때 배운 방법인데 울컥 울컥할 때마다 이 방법으로 마음코칭했다. 근무시간에는 우리 매장을 찾아준 고객에게 최대한 밝게 웃으며 서비스를 했다. 근무시간을 겨우 마치고 난 뒤 차에서 실컷 울었다. 억울한 만큼 대성통곡을 하고 울었다. 한참 울고 나서야 하늘에서 동생이 울고 있는 나를 본다는 알아차림을 했다. 동생은 누나가 밝게 웃는 모습, 행복한 모습을 더 많이 보고 싶어 할 거란 생각이 들었다. 어중간히 울면 이런 감정도 일어나지 않았을 것이다. 원 없이 실컷 울고 나니 그때서야 다른 관점에서 보는 눈이 생겼다. 슬플 때 실컷 울되 마지막엔 밝고 긍정적인 뭔가를 찾았다.

눈물을 거두고 집에 가서 청소며 빨래도 하고 저녁준비를 했다. 동생이 좋아하는 웃는 모습을 거울을 보며 연습했다. 그때서야 동생이 "누나, 그렇게 웃고 살아."라고 말을 해주는 것 같았다. 동생의 죽음은 시간이 지날수록 아깝고, 마음이 아팠다. 실컷 울고 나서야 동생이 전하는 메시지를 알 수 있었다. 동생의 메시지는 "일만 하지 말고 몸을 아끼고 보살펴라."는 말을 하고 있었다. 동생은 누구보다 건강했다. 건강해서 병원엔 거의 가는 일이 없었고 배가 아플 때는 술을 조금 과하게 마셔서 그렇나 보다 하고 그냥 지나쳤다고 한다.

동생을 보내고 건강검진을 처음으로 받았다. 자영업자는 따로 시간을 내서 건강검진을 받는 일이 마음먹은 대로 잘되지 않는다. 해야지 하다가 일 년이 지나고 해야지 하고 2년이 지나기 십상이다. 동생의 죽음으로 생활이 조금 변했다. 이제는 일 년에 한 번씩 꼬박꼬박 건강검진을 받고 일은 조금 줄였다.

관심과
사랑

결혼을 하고 창원에 살림을 차렸다. 어머니는 시간을 내서 신혼집에 오셨다. 오시자마자 시장에 같이 가자고 하셔서 따라나섰다. 배추며 무를 사고 항아리 3개를 주문하셨다. 집에 오자마자 어머니는 배추와 무를 소금에 절여 김치 담는 법을 하나하나 가르쳐주셨다. 이제는 반찬도 만들어 먹고 국도 끓여야 되는데 아무것도 할 줄 몰랐던 내가 걱정이 되셨던 모양이다. 조금 있으니 항아리 세 개가 집으로 왔다. 소, 중, 대 이렇게 크기가 다른 항아리였는데 어머니는 고향에서 가져온 메주를 항아리에 넣고 소금물에 계란을 띄워 어느 정도 소금을 타는지 알려주셨다. 그날 메모한 노트를 보면 고추장 담그는 법까지 적혀있다. 그렇게 우리 집 항아리에 담긴 간장, 된장, 고추장이 베란다에 자리를 잡게 되었다. 어머니는 요리의 제일 기본은 간장 된장 고추장이라고 이것이 맛있어야 모든 음식이 맛있다고 강조를 하셨다. 어머니 덕분에 10년 동안 전업주부였을 때 간장 된장 고추장을 잘 만들어 먹었다. 나는 항아리 속에 뭐가 들어있는 것보다 항아리 자체가 좋아서 매일 반짝 반짝 닦곤 했다.

1년 동안 임신이 되지 않아 어머니는 임신이 잘되는 한약을 지어서 오셨다. 그렇게 어머니의 정성으로 결혼하고 1년 뒤에 첫 아이를 임신했다. 어머니는 딸의 임신소식에 함박웃음을 지으셨다. 1년 동안 임신이 잘되는 한약을 지어주시고 얼마나 마음속으로 기도를 하셨을지 보지 않아도 훤하다.

한동안 입덧이 심해서 차를 못 타니까 친정에 자주 갈 수가 없었다. 어머니도 농사일이 바빠서 거의 우리 집에 오시지를 못했다. 입덧이 가라앉으려 할 즈음엔 만삭이 되어버렸다. 아이를 임신하고부터는 이래서 못 가고 저래서 못 가는 경우가 많았다. 그렇게 부른 배가 댕기고 허리가 아파서 소파에 기대어있는데 전화가 왔다.

하동에 있는 고향친구가 잘 있냐고 안부 인사만 하고 곧바로 본론으로 들어갔다. "영임아, 너 엄마 교통사고로 많이 다쳤다. 빨리 와봐라." 평소에 전화통화를 자주 하는 친구는 아닌데 고향에 살고 있어 고향소식을 제일 먼저 알고 있었다. 전화해 준 친구가 고마웠다. 전화를 끊고 바로 버스터미널에 가서 진주로, 진주에서 하동으로 갔다. 창원에서 하동까지 직통으로 가는 버스가 없다 보니 한참 시간이 걸렸다. 그 당시엔 자동차도 없었고 부른 배를 안고 한 시간이라도 빨리 갔으면 하는 마음뿐이었다. 버스가 어찌나 더디게 가는지 기사아저씨한테 화를 내고 싶었지만 그러질 못했다.

하동병원에 도착하니 어머니는 계시지 않았다. 응급실에 물어보니 출혈이 심해서 진주에 있는 대학병원으로 가셨다고 했다. 다시 진주에 있는 대학병원으로 가니 어머니는 응급실에 계셔서 면회가 되지 않았다. 거기다 아버지도 얼굴, 팔, 다리에 찰과상을 입고 같은 병원에 입원해 계셨다. 아버지는 "나는 괜찮다. 너그 엄마는 어떻노?" 자꾸 물어보셨다.

응급실에 계신다고 말씀드리고 앉지도 서있지도 못하고 계속 왔다 갔다 했다. 병원으로 오는 내내 다리에 깁스 정도만 하고 계시겠지 하는 바람으로 왔는데 와서 보니 상황이 심각했다. 어머니는 장 파열로 출혈이 너무 심했고 다리도 고관절이 부러져 수술이 어찌될지 모른다고 의사가 말했다. 나는 "제발 살려만 주십시오. 부탁드립니다." 이 말밖에 나오지 않았다. 의사는 최선을 다해서 먼저 다리수술을 시작해 보겠다고 했다. 그러려면 보호자의 서명이 필요했는데 다섯 형제 중에 제일 먼저 도착했다는 이유만으로 내가 서명을 했다. 대기실에서 초초한 마음으로 서있는데 어머니를 실은 침대가 수술실로 미끄러져 갔다. 3초였나, 4초였나. 그 찰나를 나는 영원히 잊지 못한다.

잠시 엄마랑 눈이 마주쳤는데 엄마의 눈이 "영임아, 잘 살아라." 이렇게 말씀하시는 것 같았다.

그게 엄마랑 마지막 인사가 되었다. 어머니는 수술실에 들어가시자 의식을 잃고 돌아가셨다.

잘 키워줘서 고맙다는 말도 못 드렸는데. 수술실에 들어가기 전

손이라도 잡아볼걸. 엄마라고 불러나 볼걸.

왜 나는 아무 말도 못 하고 멍청하게 서있기만 했을까. 왜 엄마는 나를 보고 아무 말도 하지 않고 눈으로 말했을까. 고통으로 목소리가 안 나왔을까. 우리 5형제는 하루아침에 어머니를 잃은 슬픔에 괴성을 지르며 울었다. 아버지를 비롯한 우리 가족 그 누구도 엄마와 마지막 인사를 하지 못했다. 단 한마디도.

아버지는 죄책감에 매일 술을 드셔야만 잠을 잘 수 있었다. 그날이 마침 하동 장날이라 두 분이 나란히 경운기를 타고 읍내로 가는 길이었다. 우리 동네에서 하동 읍내로 가는 교통수단은 거의 대부분 경운기였다. 엄마는 아버지 옆에 앉아계셨다. 비포장도로라 경운기의 속도는 느릴 수밖에 없었다. 그러다 관광버스기사가 졸음운전으로 경운기를 보지 못하고 전속력으로 달리다가 그만 사고가 났다. 아버지는 경운기 핸들을 잡고 계셔서 다행히 떨어지지 않았지만 옆에 계셨던 어머니는 두 손을 무릎에 올려놓고 벚꽃이 신작로에 피어있는 풍경을 보고 계셨단다. 버스가 덮칠 줄은 생각도 하지 못한 채 꽃을 좋아하는 어머니는 벚꽃만 보고 계셨던 것이다. 무방비 상태로 몸이 튕겨서 자갈밭에 떨어졌으니 그 작은 몸이 성할 리가 있었겠는가.

어머니의 상여가 마을을 한 바퀴 돌아 공동묘지로 향했다. 언니는 어린 아이 둘을 데리고 목이 터져라 울었고 오빠는 서울에서 직장을 다니느라 어머니께 자주 얼굴을 보여주지 못한 미안함에 울었고, 나는 만삭인 배를 잡고 목이 쉬어서 목소리가 나오지 않았다. 나보다 나이가 어린 남동생 둘은 마음이 오죽했을까. 길 양쪽으로 어머니가 좋아하는 벚꽃이 마치 상여에 붙어있는 꽃으로 보였다. 그 많은 꽃들이 커다란 상여가 되어 왕방울만 한 눈물을 뚝뚝 흘리고 있었다.

그러고 한 달 후에 첫아이를 낳았다. 아이를 낳아보니 어머니도 이렇게 나를 아프게, 힘들게 낳으셨구나. 하고 이제야 어머니가 된다는 것을 조금 알 것 같은데 어머니는 옆에 없다. 어머니가 된 나는 어머니가 되기 전보다 더 많은 눈물이 났다. 하루도 쉬지 않고 눈물이 흘렀다. 어머니의 손길이 묻은 장독항아리만 보아도 눈물이 났고, 술 없이는 하루도 잠 못 이루시는 아버지가 가여워서 울었고, 어머니가 미리 사준 배냇저고리만 봐도 눈물이 났다. 어머니는 김치를 담아서 주지 않았다. 간장, 된장, 고추장을 담아서 주지 않았다. 재료들을 일일이 사 와서 담는 방법을 가르쳐주셨다. 이렇게 빨리 하늘나라로 가실 줄 알고 계셨을까? 장독항아리를 볼 때마다 한겨울에 김치를 함께 버무리던 일, 메주를 띄워 간장을 담그던 일, 고추장을 만들어 작은 항아리에 담아서 면 보자기를 입구에 덮고 고무줄을 감았던 그날이 떠오른다. 그런 엄마에게 고맙다고 마지막 인사도 하지 못한 못난 딸이었고 딸아이의 목이 쉬도록 만든 못난 엄마가 되었다. 딸아이는 태어나서 목이 쉰 채로 첫 울음을 뱉었다.

준비 없는 이별의 고통은 시간이 갈수록 더 깊어졌다. 그동안 잘해드리지 못한 죄스런 마음이 오래도록 내 마음을 지배했다.

어머니의 빈자리는 고향에 가면 여실히 나타났다. 아버지는 밥은 드시지 않고 괴로움에 술만 드시며 당신을 괴롭혔다. 똑같이 경운기를 타고 가다가 당신은 살아계신데 어머니만 돌아가셨으니 아버지의 상실감은 이루 말로 다 표현할 수 없었을 것이다.

막냇동생은 고등학교 3학년을 마치고 바로 해병대 군 입대를 했고 오빠는 다시 서울로 가 직장생활을 했다. 아버지를 저렇게 혼자 두면 아버지마저 잃게 될까 봐 언니와 형부가 어머니의 빈자리를 대신했다.

어머니의 빈자리는 너무나 큰 것이라서 언니 형부는 하동에 들어가서 온갖 고생을 다 했다. 아버지가 읍내에 술에 취해 도로에 쓰러져 있으면 형부가 모셔 와야 했고 배 농사며 논농사도 모두 언니 형부의 손에 달려있었다. 시간이 지나면 아픔도 무뎌지는지 아버지는 방황을 끝내고 술을 조금 줄이셨다.

어머니의 죽음을 통해 아버지에게 "보고 싶다."는 둥 "감사합니다."라는 둥 용기 내어 표현을 하게 되었다. 두 번 다시 고마움을 표현도 못 하고 보내드리는 경험을 할 수는 없었기 때문이다. 남편과 아이들에게도 "기특하고 고맙고 사랑한다."는 말을 매일 하게 되었다. 이런 표현들이 닭살 돋고 손발이 오그라드는 말이라도 사랑하는 사람한테는 늘 해줘야 나중에 후회를 하지 않는다는 걸 너무 일찍 알아버린 탓이다.

또한 무엇이 중요한지, 앞으로 어떻게 살아야 하는지 알게 되었다. 가장 중요한 것은 일도 아니고 돈도 아니고 가족이라는 것을, 어머니한테 받은 사랑을 그대로 자녀들에게 베풀어야 한다는 것을 알았다. 함께하는 시간만큼은 많이 웃고 상처 주는 말보다는 격려하고 칭찬하는 말을 많이 해야 한다는 것을 깨닫고 조금씩 실천하고 있다.

어머니를 잃은 아픔이 나처럼 어머니가 없는 사람을 눈에 들어오게 했다. 지금 박스할머니 외손녀에게 매달 금일봉을 줄 수 있는 용기를 내게 했다. 어머니의 죽음은 상처받은 사람을 보듬어주라는 교훈을 주었다. 작은 것부터, 가까운 곳에서부터 보살핌이 필요한 곳을 살피는 눈을 주었다. 축하할 일이 있으면 바로바로 축하해 준다. 다음은 없다. 나중에 더 잘해줄게는 없다. 지금 오늘을 즐겁게 행복하게 살아간다.

딸은 창원대학교를 졸업하고 양산시 공무원으로 일하고 있다. 양산에 있는 원룸에서 자취를 한 지 벌써 1년 6개월째로 독립생활을 하고 있다. 딸은 금요일 근무를 마치고 저녁에 집으로 온다. 딸이 좋아하는 소고기 미역국을 끓이고 얼싸안고 볼을 비빈다. 딸이 오면 집 안 냄새도 확 다르고 분위기도 요란하다. 아이들이 다 외지로 나가서 생활을 하면서 평소에 남편과 둘이서는 절간처럼 집이 조용했다. 나도 직장생활을 해봐서 알지만 업무, 인간관계, 민원 등등이 쉽진 않을 텐데 그래도 잘하고 있는 걸 보면 대견하고 기특하다. 외식을 할까 하다가 평소에 직장 생활하면서 점심은 밖에서 매일 먹을 테고 저녁에는 귀찮아서 배달음식을 시켜먹는 게 빤하니 조금 손이 많이 가도 집밥으로 준비를 했다. 고기를 굽는 사이 딸은 "와 밥 냄새다." 하며 좋아했다. 밥을 밥공기에 담는 딸의 모습은 웃음이 활짝이다. 딸은 아기 때부터 압력솥에 밥이 되면 밥 냄새만 맡아도 밥 달라고 했다. 커서도 여전히 밥 냄새를 좋아한다. 일주일에 밥을 같이 먹는 지금이 제일 기쁘고 감사하다. 일요일은 둘이서 쇼핑을 하기도 하고 매번 양산까지 데려다준다. 딸의 원룸에 가는 동안 차 안에서 이런 저런 얘기를 많이 한다. 반찬통에 김치, 김, 깻잎, 낙지젓갈을 담아서 딸의 냉장고에 채워둔다. 일주일마다 원룸 대청소를 한다. 화장실 청소를 하는 사이 딸은 방청소며 빨래를 한다. 어느 순간부터인지 모르겠지만 그렇게 청소를 담당해서 하고 있었다. 청소가 끝나면 둘이서 한 이불을 덮고 직장생활 얘기며 남자친구 얘기를 조잘댄다. 그런 딸이 예뻐서 입가에 미소를 머금고 계속 쳐다본다. 이번 설 명절에도 용돈을 챙겨주는 딸이 대견스러웠다. 예쁘게 건강하게 잘 커준 딸이 고맙기만 하다. 수민아 오늘도 수고 많았어. 기특하고 고맙고 사랑해. 토닥토닥.

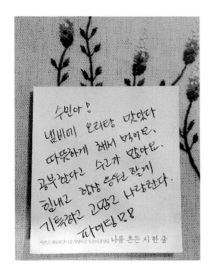

〈딸 수민이한테 남긴 메모〉

마음의
힘

어머니가 돌아가시고 10년 만에 아버지는 다리로 걸을 수 없게 되셨다. 산에서 거름을 주고 경운기로 내려오시다가 울퉁불퉁한 비탈길에 떨어져 한참을 굴렀다고 한다.

아버지는 그 이후로 방 안에만 계셨고 TV시청이 오로지 세상구경이었다. 어쩌다 주말에 찾아뵙고 휠체어에 앉혀 바깥나들이를 하는 게 고작이었다. 아버지는 아무것도 하시지 않으려고 했고 꼼짝을 하지 않으셨다. 현실을 받아들이지 못하셨다.

언니는 고향에서 식당을 운영하면서 아버지를 보살펴 드렸다. 말이 쉽지 두 가지 일이 얼마나 힘들고 버거웠을까? 주말에 고향에 가면 아버지는 소변 통에 소변을 해결하셨고 대변은 기저귀로 받아냈다. 언니는 식당 하랴 아버지 기저귀 받아내랴 허리 펼 시간도 없이 일을 했다. 바쁜 언니를 위해 내가 할 수 있는 일은 주말에 고향에 들러 아버지 수발을 드는 일이었다. 똥 기저귀를 받아내고 아래를 씻겨드리면 아버지는 자식에게 짐이 될까 봐 미안해하셨고 나는 그런 아버지가 가여워서 마음이 아팠다.

아버지는 갈수록 말씀이 없어졌고 이미 자식에게 짐이 되어버린 자신을 원망하며 더 많이 미안해하셨다. 6개월의 방황을 끝내고 자식에게 짐이 되면 안 된다고 조금씩 움직이셨다. 언니는 식당을 한다고, 나는 슈퍼마켓을 한다고 바쁜 걸 뻔히 아시는데 더 이상 짐이 되지 않기 위해 노력하셨던 것이다. 대변을 보실 땐 팔로 힘을 주어 몸을 이끌고 화장실로 가서 볼일을 보셨다. 장애진단을 받은 뒤 목욕봉사자가 1주일에 한 번 방문해서 도움을 주었고, 요양보호사도 매일 방문해서 말동무가 되어주었다. 점차 아버지의 얼굴에 생기가 돌아왔고 마침내 아버지는 목발을 짚고 세상으로 나오기 시작하셨다. 현실을 받아들이지 않았을 땐 몸을 꼼짝도 하지 않으셨는데 이제는 화장실에서 볼일만 봐도 많은 수고로움이 줄어들었다. 그동안 언니랑 나도 힘들었지만 가장 힘든 사람은 아버지였을 것이다. 멀쩡하던 몸이 갑자기 걷지 못하는 현실을 누가 처음부터 순순히 받아들일 수 있겠는가.

주말이면 아이들은 마트에서 놀게 하고 나 혼자 고향으로 가거나 둘 다 데리고 가기도 했다. 나보다 언니가 훨씬 힘들었는데 조금이라도 옆에서 도와주면 언니가 숨통이 트일 것 같았기 때문이다. 어머니의 빈자리에 들어와서 고생만 하는 언니가 가여웠다. 고향에 들어와 처음으로 식당도 하면서 아버지도 간호해야 했다. 그렇다고 누구에게 하소연도 못 하고 속으로만 울음을 삼켰을 언니다. 남몰래 눈물을 훔치는 일은 나보다 언니가 몇 배는 더 많았을 것이다.

벚꽃이 만개한 토요일이었다. "아부지, 벚꽃 구경 가입시더." 아버지께 바람을 쐬어드릴 참이었다. 아버지는 기다렸다는 듯이 목발을 짚고 휠체어에 앉으셨다. 도움을 주려고 팔을 잡으면 한사코 거절을 하셨다. 당신 스스로 할 수 있다고 큰소리로 말씀하셨다. 이런 모습으로 다시 돌아와서 감사했다. 이렇게 고함을 쳐야 아버지였다. 6개월을 기가 죽어서 말씀도 하시지 않고 한숨만 쉬셨는데 이렇게 조금씩 나아지는 모습을 보니 그제서야 안도의 한숨이 나왔다. 하얀 벚꽃이 신작로 양쪽으로 쫙 피어있었다. 아버지는 벚꽃을 보고 무슨 생각을 하셨을까? 어머니가 돌아가신 그날을 생각하셨을까. 나처럼.

아버지의 눈에도 내 눈에도 소리 없이 눈물만 흘러내렸다. 한동안 말이 없다가 아버지는 "좀 있으면 배꽃도 피겠다." 하셨다. 그러고 보니 봉우리가 뭉퉁한 것이 꽃이 피려고 하는 중이었다. 고향의 풍경은 이토록 아름다운데 가슴은 먹먹하기만 했다. 고향의 풍경이 아름다울수록 어머니의 빈자리는 더욱더 각인되었다. 벚꽃이 만발하면 어머니 생각이 자동으로 나고 그날 상여가 지나간 길을 아버지는 휠체어에 앉아서 나는 휠체어를 밀면서 한 몸이 되어 앞으로 나갔다. 우리 동네 길을 돌아 할아버지 동네 길로 들어서서 엄마가 계시는 공동묘지로 향했다.

우리 동네 신작로 길에 비해 공동묘지 길은 비포장도로라 휠체어 운전이 힘들었다. 울퉁불퉁한 데다 자갈이 많아서 내가 가고자 하는 방향으로 가지 않기도 했다. 게다가 아버지는 키가 크셨고 몸무게도 80kg에 가까웠다. 엄마를 보러 간다는 기쁨에 힘든 줄 모르고 갔는데 땀이 맺혔다.

공동묘지가 저 멀리 보일 때쯤 휠체어가 큰 돌에 걸려서 앞으로 쏠렸다. 눈 깜짝할 사이에 아버지가 땅바닥에 고꾸라져 있었다. 미안하고 죄송스런 마음에 얼른 아버지께 달려갔다. "아부지, 괜찮아요?" "나는 괜찮다. 니가 고생이제." 하셨다. 내가 잘했더라면 이런 일도 일어나지 않았을 텐데 내가 더 미안한 일을 아버지가 더 많이 미안해하셨다.

지금 여기서 당장 중요한 일은 아버지를 휠체어에 앉히는 일이었다. 주위를 둘러보니 사람이라고는 보이지 않았다. 이 일을 어쩌면 좋을까? 목발은 집에 두고 왔고 누군가 한 사람만 도와준다면 될 것 같은데 아무도 없었다. 10분 동안 나도 같이 아버지랑 땅바닥에 앉아서 쉬었다. 핸드폰이 있는 시절도 아니었고 난감했다. 땀이 어느 정도 식었을 때 일어났다.

"아부지, 제가 하나 둘 셋 할 때 휠체어에 앉힐게요. 아부지도 힘을 좀 써주세요." 부탁을 드렸다. 휠체어 바퀴를 고정시켜 놓고 하나 둘 셋과 동시에 아버지를 번쩍 들어올렸다. 도저히 믿기 어려운 기적이 일어났다. 거구인 아버지가 휠체어에 앉아계셨다. 이건 도무지 말이 되지 않는 일이었다. 도대체 설명이 어렵다. 하나 둘 셋 하는 순간 아버지는 당신의 몸이 깃털처럼 가벼워졌으면 좋겠다고 간절히 빌었고, 나는 어쨌든 아버지를 휠체어에 앉혀야만 했다. 두 사람의 마음이 간절했고 그 마음이 우주에 닿아 누군가 잠깐 동안 도와줬을 것이라고 지금도 그렇게 믿고 있다. 그렇지 않고는 그렇게 될 수 없는 일이기 때문이다. 아버지도 간절했고 나도 간절했기에 기적이 일어났다고밖에 달리 설명할 도리가 없다.

"아부지, 우리가 뭔 일을 한 거래요." 하니까 "나도 안 될 줄 알았더만 되네." 하시며 웃으셨다. 간절함은 우주를 끌어당기는 힘이 있다는 위대한 발견을 한 날이었다. 다시 휠체어를 밀고 드디어 어머니 산소에 도착했다. 땀인지 눈물인지 모를 액체가 뚝뚝 떨어졌다.

아버지의 노력은 놀라웠다. 할 수 있다는 자신감으로 차 예전의 무기력한 모습은 찾아볼 수 없었다. 오전에 40분, 오후에 40분씩 목발을 짚고 운동을 하셨고 예전보다 훨씬 걸음걸이가 빨라지고 자연스러워지셨다. 표정도 생기를 찾기 시작하셨고 자식들에게 더이상은 짐이 되지 않기 위해 한사코 당신만의 방법으로 몸을 이끌고 계셨다. 마을 노인정에도 가시고 과수원에 배나무 전지하는 동네 사람이 있으면 옆에서 구경을 하는 여유도 생겼다.

아버지는 자식들에게 짐이 되는 걸 원치 않으셨고 매일 운동으로 몸과 마음을 단련하셨다. 마음의 힘이 얼마나 대단한지, 지금은 예전보다 다리에 감각이 많이 돌아오셨다. 점점 본래의 아버지 모습을 되찾고 계시고 지금은 요양시설에서 주간보호를 받고 계신다. 아침 일찍 시설에 가셔서 저녁식사까지 하시고 집으로 오신다. 어린애들이 어린이집에 가듯이 아버지는 요양시설에 가시는 셈이다. 시설에 다니신 후로는 예전보다 자주 찾아뵙지 못했다. 매달 용돈을 드리는 것으로 마음의 짐을 내려놓으려는 못난 딸이다. 바쁘다는 핑계로 자주 찾아뵙지 못하는 죄송스런 마음에 우리 동네 요양시설 어르신들과 함께하면서 죄의식을 줄여볼까 하는 이기적인 딸이다. 부디 용서하시라.

초등학교 4학년 때 일이다. 학교를 마치고 집으로 오는 길에 보니 큰집 논에서 모내기를 하고 있었다. 큰집 논에는 큰어머니, 아버지, 어머니, 삼촌, 숙모와 동네사람들이 모여 어린모를 심고 있었다. 동네사람들끼리 돌아가면서 서로의 모를 심어주는 품앗이 중이었다. "학교 다녀왔습니다." 인사를 하자 아버지는 못줄을 잡아주라고 했다. 일손이 바쁠 땐 손 하나라도 큰 힘이 된다. 마루에 책가방만 던져놓고 논으로 갔다. 논은 아버지가 경운기로 로타리를 쳐서 평평하게 정리되어 있었고 흙 속으로 푹 푹 빠지는 다리의 감촉도 나쁘지 않았다. 동네 어른들은 왼손에 모를 많이 쥐고 오른손으로 4포기씩 모를 떼어서 논에 심었다. 양쪽에서 못줄을 잡고 한 칸씩 넘어가는데 처음에는 재미있었다. 못줄을 잡고 넘기면 10명의 사람들이 일제히 허리를 숙이고 논에 모를 꽂았다. 못줄을 넘기는 사이에 어른들은 잠시 허리를 폈다. 반대편의 못줄은 아버지가 잡고 나는 아버지의 간격에 맞춰서 못줄을 옮겨 꽂았다. 한꺼번에 많은 사람들이 모를 꽂았기 때문에 못줄 넘어가는 속도가 붙었고 힘들었다. 모를 심는 사람들은 못줄 잡는 게 무슨 일이냐고 일

축에도 들어가지 않는다고 말했다. 그만큼 농번기는 어른들에게도 힘이 들고 허리를 제대로 펴지 못하는 생활의 연속이었다. 땡볕에 모자도 없이 내리쬐는 햇볕을 그대로 흡수했다.

논의 절반 정도 모가 심어졌을 때 눈을 의심했다. 놀란 가슴은 진정이 되지 않았다. "악~ 뱀이다!" 고함을 질렀다. 갈색의 뱀이 머리를 들고 스르륵 달려오는 것이 아닌가! 아버지는 딸을 진정시키기 위해 논에 있는 흙을 한 줌 파서 뱀에게로 던졌다. 눈 깜짝할 사이에 뱀은 어디론가 사라지긴 했지만 논에 함께 있다는 것이 찜찜했다. 언제 어디서 나타날지 몰랐다. 뱀보다 작은 지렁이가 비오는 날 길에 누워있어도 기겁을 하고 그 길을 가지 못하고 다른 길로 빙 돌아서 갔는데 지렁이보다 몇 배로 큰 뱀이 혀를 날름거리면서 오는 모습은 등에 식은땀이 줄줄 흐르는 일이었다. 무서워서 못줄을 잡지 못하고 엉엉 울었다. 아버지는 옆에서 "뱀이 또 나타나면 잡는다. 걱정하지 마라."고 하셨다. 그 말이 떨어지기가 무섭게 뱀이 다시 나타났고 아버지는 막대기로 뱀의 머리를 눌러 꼼짝 못하게 기절을 시켰다. 무서운 뱀을 아버지는 막대기 하나로 제압했다. 무서움에 떨고 있는 딸에게 아버지는 너무나 용감했다.

뱀이 사라진 뒤 또 다른 벌레가 나타나 기절초풍을 했다.

거머리가 다리에 붙어서 떨어지지도 않았다. 손으로 떨어낼 수도 없고 무서워서 만질 수도 없어 얼음이 된 채 울었다. 아버지는 아무것도 아니라는 듯 큰 손으로 거머리를 떼어내서 저 멀리 던졌다. 모내기는 힘들고 무서운 일이었다. 아버지 어머니는 그 무서움을 감안하고 일을 하고 계셨다. 세상살이에 비하면 그것은 무서운 축에도 들지 않았는지 모르겠다. 논에는 달팽이, 고동, 참게, 물방개, 개구리, 메뚜기 등 많은 생물들이 먹이사슬에 의해 살고 있었고 나는 그것들을 논 밖에서 구경하는 것은 좋아했다.

모내기 하는 날 아버지는 보호자 역할을 다 해주셨고 뱀을 잡는 용감한 모습은 아직도 생생하게 기억에 남아있다. 아버지는 자신만의 방식으로 그저 묵묵히 몸으로 사랑을 보여주셨다. 아버지가 건강하셨을 때의 그 모습은 힘들 때 한 번씩 꺼내보는 마음속 깊은 에너지원으로 저장되어 있다.

마음을 잘 쓰면
복이 들어온다

우리 부부가 사업을 시작할 때 당신이 사시는 아파트를 담보로 대출을 해주신 시아버님의 기억이 점점 없어지고 있었다.

하루는 파출소에서 전화가 왔다. 아버님이 3층집에 올라가서 당신 집이라고 문을 두들기고 소란을 피운 모양이다. 겉으로 보기엔 멀쩡한데 이상한 증상이 나오기도 하고 정상적으로 돌아오기도 했다. 병원에 모시고 검사를 받아보니 전두엽손상으로 인해 치매증상을 보인다고 했다. 그날부터 병원에 들어가셨고 점점 악화되어 요양시설에 모셨다.

슬하에 아들 둘 딸 셋을 두었으나 큰아들은 서울에 있고 우리는 마트를 한다고 바빴고 딸 셋은 다 직장을 다니고 있어서 아버님을 24시간 보살피는 일은 어려웠다. 형제들과 의논 끝에 창원에 있는 요양시설에 모시게 되었다.

매일 아버님을 뵈러 갔다. 잠시 손을 마사지 해드리고 휠체어에 앉혀서 햇볕을 쏘여드리는 것이 전부였지만 그렇게라도 해야 마음이 편했다. 매일 찾아가는 며느리보다 일주일에 한 번 찾는 아들이 더 반갑고 좋은 모양이다. 눈빛이 다르고 표정이 달라졌다. 많은 말은 하지 않아도 아버지와 아들에겐 두 사람만이 통하는 마음이 있었다. 서로를 걱정하고 서로를 챙기는 마음이 말하지 않아도 전해졌다.

"밥은 묵었나." 아버님이 물으시면 남편은 밥을 먹지 않아도 "예 먹고 왔습니다." 이렇게 대답을 했다. 주말이면 아버님을 모시고 평소에 좋아하시던 백숙, 장어구이, 오리 고기를 하는 식당에 주로 갔다. 1주일에 한 번 남편이 오는 날 외식을 할 때 아버님은 가장 행복한 얼굴을 보이셨다. 아버님은 시설에 계시면서 우리가 아이들을 데리고 찾아가면 좋아하시면서도 "밥은 묵었나."로 모든 표현을 갈음하셨다. 그 말씀 속엔 사랑한다, 미안하다, 고맙다는 뜻도 모두 포함이 되어있었다. 그렇게 1년을 요양시설에서 보내시다가 돌아가셨다.

아버님이 돌아가시자 재산분배가 이루어졌다. 우리가 상상했던 것보다 너무 많은 돈이 있어서 놀라지 않을 수 없었다.

아버님은 6.25도 겪으셨고 월남전에 참전했다가 겨우 목숨을 부지하고 돌아오셔서 결혼을 하여 아들 넷 딸 셋을 슬하에 두셨다. 아들 두 분은 남편이 결혼을 하기 전에 돌아가셨다고 한다. 남편은 돌아가신 형님부부와 동생을 우리가 모셨으면 좋겠다고 했고 그렇게 해서 남편고향에 있는 절에 모셔서 1년에 네 번 절을 찾고 있다. 아버님은 그것조차 우리부부에게 부담된다고 극구 반대를 하셨지만 살아계실 때 함께 절에 모시고 가면 그렇게 좋아하셨다.

아버님은 고향에 가시는 걸 좋아하셨는데 지금 생각해 보면 장남의 책임감 때문이지 않았나 싶다. 요양시설에 가시기 전까지 당신 혼자서 산소관리를 다 하셨고 시간만 나면 고향에 다녀오셨기 때문이다. 항상 검소함이 몸에 배이신 분이라 버스 세 정거장은 걸어 다니셨고 시장에서 장을 볼 때도 메모를 꼼꼼히 해서 가계부를 적으셨다. 그렇게 근검절약해서 너무 많은 돈을 남기고 저세상으로 가셨다.

다섯 형제에게 각각 1,800만 원이란 거금이 주어졌다. 그 돈을 받았을 때 아버님이 사셨던 세월이 주마등처럼 지나갔고 눈물이 멈추질 않았다. 큰아들은 제사 모시는 수고의 대가로 두 몫을 챙겼고 나머지 4형제는 똑같이 1,800만 원을 손에 넣었다. 그리하고도 몇백만 원이 남아서 가족회비로 처리를 했다.

그때 둘째 시누이가 눈물을 뚝뚝 흘리면서 말했다. "오빠들 조금만 도와주세요." 둘째 시누이는 공인중개사시험에 합격을 했으나 사무실 얻을 형편이 되지 않아서 알고 지내는 지인의 부동산 사무실에서 출근을 하고 있었다. 월급제도 아니었고 쥐꼬리만 한 수입으로 일을 하고 있었다. 누군가 조금만 도와주면 사무실을 얻고 집기를 마련해서 사업을 해보겠노라고 했다. 아무도 말을 하지 않았고 침묵이 흐르는 찰나 남편이 대뜸 말했다. 900만 원은 첫째 시누이, 900만 원은 둘째 시누이한테 주겠다고. 남편의 말에 동의했다. 왜냐하면 큰시누이도 사는 게 힘들었기 때문이다. 그렇게 해서 우리 몫의 유산은 큰시누이, 작은 시누이한테 보태졌다. 우리도 사업을 시작할 때 지푸라기라도 잡는 심정으로 도움을 청해 시아버님, 친정아버님이 도와주셨고 그 고마움은 말도 못 했다. 누군가 도움이 필요할 때 나도 꼭 도와줘야지 하고 있었는데 나는 그 마음을 잊고 살았고 남편은 그 마음을 잊지 않고 몸으로 보여줬다.

그렇게 해서 재산분배는 조용히 끝이 났고 집으로 왔다. 잠을 자려고 누웠는데 천장에서 1,800만 원이 왔다 갔다 어른거리기 시작했다. 저 돈으로 아이들 어학연수도 보내고 싶고, 10년 넘게 탄 똥차도 새 차로 바꾸고 싶고 해외여행도 가고 싶고 할 게 너무 많은데 왜 주었던고 후회가 밀려왔다.

돈을 싫어하는 사람은 한 사람도 없다. 돈이 필요 없는 사람은 한 사람도 없다. 돈을 시누이한테 준 것이 아까워서 잠이 오지 않았다. 밤새 뜬눈으로 보내고 다음날 일을 하는데 피로가 몰려왔다. 일을 할 때는 일에 몰두한다고 돈 생각이 전혀 나지 않는데 밤에 자려고 누우면 천장에서 돈다발이 또 왔다 갔다 했다. 그렇게 3일을 뜬눈으로 보내고 거울을 보니 거의 폐인처럼 되어있었다.

없던 돈이 생겨서 이렇게 괴롭다니 내가 왜 이러는 걸까?

모두 욕심 때문이었다. 주고 나서 그 돈에 욕심이 생겼기 때문이다. 처음부터 그 돈은 아버님 돈이었고 내 돈이 아닌데 마음을 비우자고 마음먹었다. 애초부터 그 돈은 없었던 거야. 이렇게 마음에 주문을 걸었다. 매일 밤마다 지옥 같은 밤을 보내는 걸 그만하고 싶었기 때문이다. 또 시누이들이 그렇게라도 해서 잘살면 그것

으로 충분하다고 생각했다. 그렇게 마음을 고쳐먹었더니 신기하게
도 그날부터 단잠을 잘 수 있었다. 시누이들한테 조금이라도 도움
을 준 내가 기특하기도 했다. 마음먹기에 따라 지옥을 맛보았고 천
국을 맛보았다. 마음을 비우니 이렇게 편한데 괜히 욕심을 부려 삼
일 동안 잠들지 못하고 지옥 같은 시간을 보냈다는 사실에 어리석
은 모습을 알아차림 했다. 내 마음에 따라 돈다발이 나타났다가 사
라지기도 하는 것이다. 욕심을 버리자 마음이 다시 평화로워졌고
밝은 에너지로 채워졌다. 잠도 잘 잤고 폐인 같은 얼굴은 다시 생
기를 되찾기 시작했다.

  신기한 일은 그날 저녁에 일어났다. 마감을 하는데 평소보다
100만 원이 더 찍혀있었다. 처음엔 내 눈을 의심했다. 숫자를 잘
못 보았나 싶어 남편에게 보여주기도 했다. 다음 날도 그 다음 날
도 한 달 내내 매일을 100만 원이 더 찍혀있었다. 매출이 그만큼
늘었다는 사실에 우리는 기뻐하면서도 도대체 어떻게 이런 일이
일어났는지는 의아해했다.
  매장을 확장한 것도 아니었고 할인행사를 한 것도 아니었다. 그
럼에도 관공서에서 주문전화가 계속 늘었고 남편은 우리가 돈 욕
심을 내지 않고 우리의 몫을 여동생들한테 줬기 때문에 돌아가신
아버님이 매출을 늘려주신 거라고 말했다. 그 말에 나는 고개를 끄
덕이면서 이렇게 말했다. "우주의 법칙이라고 하는 인과의 법칙일
거야. 우리가 준 만큼 다시 돌아온 거야."
  모든 결과에는 원인이 있기 마련인데 우리는 베푼 것보다 훨씬

많이 들어왔다. 상황에 따라 달리 해석할 수 있으니 남편은 남편의 해석대로 생각했고 나는 나대로 해석을 하며 이 모든 것에 감사를 표했다.

이 일을 통해 모든 것이 내 마음에 따라 나타나고 변한다는 사실을 깨달았다. 누군가를 위해서 선을 베풀고자 할 때 위대한 뭔가를 할 필요는 없다. 가까운 곳에서부터 내가 할 수 있는 것을 찾아보고 실천하는 것이 중요하다. 모든 일이 그렇지만 몰라서가 아니라 실천의 부재가 문제다. 할까 말까 망설일 때 남편은 하는 쪽을 선택했고, 시작했으면 최선을 다해서 노력을 했다. 여동생들을 가엽게 여기는 선한 마음을 마음에서 멈추지 않고 몸소 실천했다. 그런 면에서 남편을 존경하지 않을 수 없다. 마음공부를 백날 하면 뭐하나. 실천하지 않는다면. 삼 일을 꼬박 지옥 같은 밤을 보낸 나는 남편을 다시 쳐다보게 되었다. 딸이 양산에 원룸을 얻을 때, 아들이 서울에서 자취방을 구할 때 그 돈이 있었다면 하는 생각이 문득 문득 들기도 했다. 왜냐하면 자녀들이 커갈수록 푼돈이 필요한 게 아니라 목돈이 필요해졌기 때문이다. 남편은 마음을 다 비웠는데 나는 아직은 멀었나 보다.

아버님의 유산을 통해 아버님의 자식사랑이 지극하셨음을 알았고 행복도 불행도 내 마음에서 나온다는 걸 깨달았다. 세상에 공짜는 없다. 베풀면 베푼 만큼 들어오고 나누면 나눈 만큼 들어온다는 우주의 법칙을 몸소 배웠다. 선을 베풀어도 1년 내내 전화 한 통오지 않을 수도 있다. 그래도 선을 베풀어야 한다. 왜냐하면 다른 통로를 통해서 들어오기 때문이다. 다시 정리를 하자면 행복은 남을 위하는 마음에서 오고 불행은 이기심, 욕심에서 온다.

　아들이 군복무를 마치고 집으로 왔다.

　건강하게 무탈하게 돌아와서 감사하고 고마웠다. 아들은 제대 후 복학하기 전까지 한 달 보름 정도의 휴식시간이 있었다. 월요일부터 목요일까지 우리 매장에서 가게 일을 도왔고 주말에는 친구들과 그동안 못다 한 시간들을 보냈다.

　아들 덕분에 편해진 사람은 남편이었다. 모처럼 고향친구들과 모임에 가서도 편하게 술을 마셨다. 늦게 출근하면 아들이 대신 근무를 했다. 남편은 아들이 온 것만으로도 든든해했고 아들은 기대를 저버리지 않고 일을 야무지게 잘했다.

　아들이 무사히 제대를 했으니 시누이들이 밥을 먹자고 전화가 왔다. 모두 다 모일 수 있게 일요일 점심을 먹기로 했다. 시누이 가족, 우리 가족, 숙부님 가족 모두 모이니 18명의 꽤 많은 인원이 되었다. 모두 식사를 하면서 아들의 군 제대를 축하해 주었다. 오리백숙으로 밥과 술을 나누고 이제 우리들 앞에서 술잔을 받는 사람이 한 명 더 추가되었음을 축하했다. 그렇게 아들을 보고 있자니 벌써 저렇게 컸구나 싶었다.

　식사를 마치기 전에 계산을 하기 위해 카운트로 갔다. 이미 계산이 끝났다고 오리집 사장님이 말했다. 알고 보니 시누이가 계산을 이미 한 상태였다. 시누이 세 명이 경비를 모아서 대식구들의 밥을 산 것이었다. 완전 감동의 밥상이다. 시누이들이 아들을 챙겨주는 모습을 하늘에서 아버님이 보고 계신다면 흐뭇하게 웃고 계실 것이다. 감동한 나는 시누이들이 밥을 샀다고 큰 박수를 유도했다. 숙부님은 우리들의 모습을 보시고는 눈시울이 붉어졌다. 잘 지내는 모습에 당신의 형님인 아버님을 회상하셨고 끝내는 눈물을 보이셨다.

형님과 누이도 다 돌아가시고 혼자 남은 숙부님은 형제들을 그리워하고 계셨다. 시누이들은 이복동생이었는데 남편은 시누이들을 아버지와 같은 마음으로 걱정해 주고 도움을 주고 챙겼다. 그런 시누이들이 아들의 군 제대 파티를 해주는 모습을 보고 숙부님은 감동의 눈물을 보이신 것이다. 남편은 시누이들을 챙겼고 시누이들은 조카인 아들을 챙겨주는 모습은 내가 봐도 아름다운 풍경이다. 시누이들의 고운 마음과 그날의 감동은 오래도록 가슴에 남아 있다.

Part 4. 마음코칭, 이렇게 시작하라

보석을
찾아라

시를 좋아하다 보니 시집을 끼고 다녔다. 늘 가방에 넣고 다니면서 짬짬이 시간이 날 때마다 펼쳐본다.

약속장소에 가서 시간이 남으면 꺼내서 읽고, 엘리베이터 안에서도 읽는다. 누가 보면 유별나다 하겠지만 내가 좋아하는 걸 한다는데 다른 사람의 눈을 굳이 의식할 필요가 있을까 싶어 그냥 내 식대로 하고 산다. 교보문고에 가면 시집에 유독 눈길이 갔다. 시집만 5권을 골라서 1권은 그 자리에서 다 읽고 3~4권은 사서 오는 날은 복권에 당첨된 것처럼 내내 콧노래가 저절로 나온다.

하루는 모임에 참석했다가 회장님이 시낭송을 하셨다. "어머니는 그래도 되는 줄 알았습니다."라는 시를 중저음의 목소리로 낭송하시는 걸 보고 매력적이라 생각했다. 평소에 좋아하는 시를 저렇게 낭송할 수도 있구나. 새로운 도전감이 생겼다. 그래서 회장님께 시낭송을 배우고 싶다고 했더니 명함을 주셨다. 당장 전화를 드리고 배우고 싶다고 했더니 흔쾌히 승낙을 하셨다. 기쁜 마음에 그때부터 콩닥콩닥 가슴에서 방망이질이 시작되었다. 몇 년 만에 느끼는 설렘인지 모른다. 그동안 아이들 키우고 슈퍼마켓 일을 하느라 업무에 필요한 것만 배웠지 내가 좋아하는 걸 해본 적이 있었던가. 이젠 내가 좋아하는 걸 해봐야겠다고 생각했다. 왜냐하면 열심히 일한 대가는 혹독했기 때문이다. 무릎연골이 다 찢어지고 나서야 얼마나 바보스럽게 살았는지 깨달았다. 왜 혹독한 상처와 아픔을 겪고 나서야 뒤늦게 깨달음이 오는지 모르겠지만 이제라도 알았으니 일을 조금 줄이고 내 마음의 말에 귀를 기울이기로 작정했다.

일주일에 두 번을 시낭송 수업에 갔다. 무릎내시경시술을 한 지한 달이 지난 터라 발을 디딜 수가 없었다. 그래서 목발을 짚고 계단을 오르내리며 다녔다. 목발을 짚고 다니면, 팔보다는 겨드랑이 고통이 더 심하지만 시를 낭송한다는 이유 하나만으로 모든 수고로움이 감수되었고 오히려 신바람이 나서 달려가곤 했다.

시낭송은 내가 시인의 입장에서 그 시의 주인공이 되어 한 줄 한줄에 생명력을 불어넣는 작업이다. 시를 목소리에 담아 감정이입과 성량의 조절로 시각이 아닌 청각으로 메시지를 전달하는 언어예술의 창작이다. 시낭송을 통해 환희와 기쁨으로 가슴이 벅차오르는 감동을 느낄 수도 있고 그리움과 안타까움에 가슴 저리는 아픔을 느낄 수도 있다. 그래서 시낭송을 어떤 이는 소리예술이라고도 표현한다. 첫날은 시낭송에 관한 이론공부를 시작했다. 스승님의 시낭송을 청해 듣고 시와 한 몸이 되어 낭송하시는 모습이 천사처럼 아름다웠다.

드디어 본격적으로 시낭송에 들어갔다.

처음으로 맞이한 시는 유치환의 "행복"이라는 시였다. 천천히 감정이입을 해야 하는데 자꾸 빠른 속도로 읽어졌다. 스승님은 내가 할 때마다 배를 잡고 웃으셨다. 나는 그 이유를 몰랐는데 한 사람씩 돌아가면서 각자 낭송을 할 때 알았다. 내가 얼마나 딱딱하게 감정 없이 하는지를. 나름 감정을 넣어서 한다고 하는데 듣는 이에겐 전혀 그렇게 느껴지지 않을 것 같았다. 뭐든 노력과 시간과 열정을 쏟아부어야만 그만큼의 결과가 얻어지는데 나는 첫날부터 대단한 시낭송가가 되는 줄 착각했던 것이다. 모든 것이 쉬운 게 없구나. 그저 되는 것은 없구나 깨닫는 시간이 되었다.

둘째 날은 내가 낭송한 시를 핸드폰으로 스승님이 녹음을 해서 들려주었다. '내가 저렇게 했단 말인가.' 나는 부인하고 싶었지만 분명 내 목소리였다. 부끄러워서 쥐구멍이라도 찾고 싶었다. 그렇게 몇 번이나 쪽팔리고 나니 나의 수준을 알게 되었고 알고 나니 방법이 나왔다. 방법은 딱히 없었다. 열심히 연습, 또 연습밖에는.

스승님이 시범을 보일 때 얼른 녹음을 해서 집으로 돌아와서 계속 똑같이 따라했다. 빨래를 할 때도, 청소를 할 때도, 반찬을 만들 때도, 화장실에서도, 산책 갈 때도, 설거지를 할 때도 틈만 나면 핸드폰에 녹음한 걸 따라 했다. 수영도 호흡이 중요하고 요가를 할 때도 호흡이 중요한데 시낭송할 때도 호흡이 중요한 부분을 차지한다는 걸 한참 후에 알았다.

스승님은 호흡을 단전까지 들여보내고 천천히 호흡을 내어 쉬면서 낭송을 하셨다. 스승님을 따라 하다 보니 자연스럽게 호흡법이 되었다. 시낭송을 스승님처럼 잘하고 싶었고 능숙하게 시와 한 몸이 되고 싶었다. 스승님처럼 되기 위해서는 스승님이 하는 대로 모방하는 방법밖에 없었는데 그렇게 하다 보니 두 가지를 깨닫게 되었다.

모방하는 과정에서 새로운 면을 발견하고 내 것으로 만들 수 있었고, 타고난 재능보다 꾸준한 연습과 노력으로 스승님의 경지에 이르러야 한다는 것이었다. 그렇게 3개월 코스를 마치는 날 스승님은 좋아하는 시를 10편 정도는 외우고 있어야 시낭송가라고 말할 수 있다며 반드시 외울 것을 당부하시고 수료증을 주셨다.

1주일에 한 편의 시를 외우는 걸 목표로 정해서 5주 만에 다섯 편의 시를 외웠다. 또 5주 만에 다섯 편의 시를 외웠다. 시낭송을 하면 마음이 저절로 정화되었기에 계속 손에서 놓지 않고 연습을 했다. 그렇게 하여 나중엔 15편의 시를 외우게 되었다.

어느 날 스승님에게서 전화가 왔다. 시 낭송가들이 모여서 1년에 한 번 "시낭송 열린 음악회"라는 행사를 한다는 것이었다. 성산 아트홀 대강당에서 300명의 청중들 앞에서 하니까 준비를 하라고 하셨다. "오~이런 기쁜 일이 일어나다니요. 감사합니다!" 크게 인사를 했다.

시를 다 외우는 건 기본이요 시 속에 완전 몰입해서 자연스럽게 감정을 전달해야 한다. 목에 힘을 빼야 자연스럽게 시를 전달할 수 있는데 목의 힘이 하루아침에 빠지는 건 아니었다. 하루하루 매일 수십 번을 연습하고 또 연습을 했다. 화장실에서도 산책을 가서도 틈만 나면 연습을 했다. 시간과 땀과 연습량이 많아야만 힘 빼기가 된다는 것을 골프를 배우면서 알았기 때문이다. 시낭송도 매한가지였다.

낭송한 시를 녹음해서 체크하는 게 큰 도움이 되었다. 이 방법의 좋은 점은 내가 제대로 하고 있는지, 잘못하고 있는지 바로 알아차림 할 수 있다는 것이다. 어디가 부족한지 알게 되고 부족한 부분은 바로 수정도 가능하다. 휴대폰으로 녹음기능을 이용하면 편리하기도 하고 바로바로 피드백이 되었다.

드디어 "시낭송 열림 음악회"를 하는 날이 되었다. 3시간 전에 성산아트홀에서 15명의 출연진이 모여서 실전처럼 리허설을 했다. 관중이 아직 오지 않았는데도 가슴은 콩닥거리고 얼굴이 빨개졌다. 우황청심환을 먹고 따뜻한 차를 마시고 마음을 가라앉혔다. "이렇게 좋은 기회를 즐기면서 해보자." 스스로에게 주문을 걸었다.

무대에 선다는 설렘은 기분 좋은 에너지로 내 몸을 채웠다. 난생처음으로 "드레스"를 입었다. 가정주부가 언제 이런 드레스를 입어보겠는가? 마트 일을 하면서 드레스를 구경이나 했겠는가? 거울에 비친 모습이 마치 연예인이 된 것 같았다. 옷이 날개라는 말이 맞았다. 이렇게 갖춰 입으니 숨 쉬는 것, 의자에 앉는 것도 조심스럽고 우아하게 의상에 맞는 행동이 나왔다.

의상을 갖춰 입고 리허설을 하는데 내 안의 어린아이가 활짝 웃고 있었다. 그동안 무심히 내버려 두었던 아이를 이제야 찾았고 토닥토닥 위로를 해주었다.

청중들이 하나둘 모여들기 시작했고 좌석이 어느 정도 꽉 찼다. 드디어 공연이 시작되었다. 나는 세 번째 순서였는데 두 번째 낭송가가 시를 낭송할 때에는 심장소리가 고동쳤다. 목소리를 곱게 내기 위해 대기실에서 복식호흡을 계속했다. 복식호흡은 나를 대범하게 만들었다. 용기와 자신감을 심어줬고 얼굴엔 자연스럽게 미소를 짓게 했다. 이 떨림을 그대로 받아들이고 "떨림아, 안녕 우리 같이 즐겨볼까." 알아차림하고 이 순간을 즐겼다.

드디어 내 차례가 되었다. 인사를 하고 시낭송에 들어갔다. 1연을 할 때는 몰랐는데 2연을 낭송할 때부터 내가 초대한 귀한 분들이 한 사람씩 보이기 시작했다. 그분들에게 미소를 짓고 눈 맞춤을 하고 즐기면서 시낭송을 끝마쳤다. 시를 달달 외워도 한 번씩 잊어버릴 수 있는데 잊어 먹지 않고 무사히 마무리했다. 많은 사람들의 환호와 박수로 시낭송은 끝이 났다.

시의 한 구절이 단 한 사람에게라도 감동을 주고 위로가 되었다면 시낭송은 그것으로 충분하다. 시낭송을 통해 나는 소녀가 되었고 치유를 받았고 정서적으로 안정감을 찾았다. 내 안의 밝은 아이를 발견하고 보석을 찾는 소중한 시간이 되었다.

시낭송은 발음은 정확하게 하고 목소리는 맨 뒤의 청중들이 들을 수 있을 정도로 크게 해야 한다. 표정은 미소를 가득 머금고 제스처는 시 내용에 맞게 과하지도, 모자라지도 않게 해야 한다. 감정표현, 자신감, 용기 등 모든 면을 다 갖춰야 했다. 그럼에도 불

구하고 즐기면서 할 수 있었던 것은 그동안 슈퍼마켓에서 많은 고객들을 만나고 일을 통해 배웠던 것들이 다 밑거름이 되어주었기 때문이다. 일을 많이 한다고 투정을 부렸는데 그런 시간들이 다 소중하고 고맙게 다가왔다. 지금의 내 모습은 그저 된 것이 아니었다. 슈퍼마켓을 한 만큼의 세월과 인내와 고난을 극복한 대가, 그 모든 경험들이 총체적으로 모여서 나를 만든 것이다. 그러고 보면 이 세상에 소중하지 않은 것은 없다. 삶이 순조로울 땐 누구나 지혜롭고 용기가 있는 것처럼 보이지만, 지혜는 역경 속에서 만들어진다. 어렵고 힘들수록 지혜롭게 선택하고 실행하는 과정 속에 성숙이 일어나고 용기가 발휘된다. 세상에 공짜는 없다. 내가 노력하고 투자한 시간만큼, 정성을 들인 만큼 결과는 나온다. 내가 좋아하는 것을 찾아 노력하고 연습하는 일상을 만들면 상상도 못했던 보석들이 만들어질 것이다. 지금은 시낭송을 주변사람들에게 해줄 수 있는 기쁨으로 매일이 행복하다. 리더스모임 운동회에서 시낭송을 했고, 고향친구가 회사를 확장 이전했을 때 무궁한 발전을 기원하는 마음을 담아 축시낭송을 해주었다. 지인의 ○○라이온스 회장 이·취임식 때도 축시낭송을 했고, 공직생활을 마무리하는 ○○사무관 퇴임송별식에도 아름다운 시를 낭송했다.

우리는 모두 나만의 고유한 색깔의 보석이 있다. 잠들어 있는 보석을 깨우고 아름다운 당신만의 색깔인 보석을 찾아보자. 그리고 그 환한 빛으로 세상을 밝혀보자. 그런 과정에서 함께한 동료들과 나를 도와주는 사람들과의 만남으로 한 단계 업그레이드된 인간관계는 덤이다.

〈고향친구 회사 확장 이전 행사에서〉

〈시낭송 열린 음악회〉

나를
품어주었다

잘 지내다가도 문득 어머니가 그리워지는 날이 있다. 베란다 청소를 하다가 어머니가 사주신 장독항아리에 한참 눈이 머무는 날은 더욱더 그렇다. 어머니가 계셨을 때는 꽉 찼던 항아리는 어머니가 돌아가시자 텅 빈 항아리가 되었다. 마트를 하면서부터 된장, 간장, 고추장을 사 먹었기 때문이다. 어머니의 부재는 항아리도 나도 텅 비게 했다. 항아리를 닦으면서 어머니가 마지막으로 남겨주신 항아리를 부여잡고 꺼이꺼이 울었다. 이런 날은 그 어떤 것으로도 헛헛함이 채워지지 않았다. 어머니를 대신해 줄 수 있는 것은 이 세상에 없었다. 간절히 엄마라고 한 번만이라도 불러봤으면 좋겠는데.

이런 날은 교보문고를 간다. 물론 책을 사기 위해서지만 엄마가 보고 싶은 날은 나를 토닥여 주기 위해 어김없이 간다. 일 년 치의 서러움이 한꺼번에 올라올 때, 엄마의 빈자리가 크게 느껴질 때는 교보문고에 가는 것이 최고다. 메모해 두었던 책들을 고르고, 좋아하는 시집을 한쪽에 앉아서 읽다 보면 어느새 헛헛한 감정들이 사르르 녹았다. 그 어떤 것으로도 채워지지 않는 허전함이 책을 읽으면 희한하게 안정을 찾았다. 책을 읽기 시작하면서 마음속 응어리가 다 풀리는 신기한 경험을 하고부터는 엄마를 만나기 위해 교보문고를 가는 것처럼 느껴지기도 했다. 책 속의 고요한 글들이 나를 치유해 주고 안아주고 품어주었다. 한번은 남편한테 "교보문고 다녀올게요." 했더니 "장모님이 보고 싶나 얼른 댕기온나."라고 이해를 해주었다. 남편은 나보다 훨씬 일찍 어머님을 잃었기 때문에 나를 이해하고 토닥여 주었다.

남편은 초등학교 2학년 때 어머님이 돌아가셨다. 어머니가 없는 그 세월을 어떻게 다 표현을 할 수가 있겠는가? 남편은 TV에서 어머니에 관한 프로그램이 나오면 어김없이 눈물을 닦곤 했다. 그만큼 서러움이 많았을 것이다. 측은한 마음이 비로소 생겼다. 어머님처럼 하지는 못하겠지만 내가 남편의 어머니가 되어줘야겠다고 생각했다. 그러고부터 남편이 술을 마셔도 어머니처럼 걱정이 되었고 한 끼를 거르면 마음이 편하지 않아 피곤하고 힘들어도 꼬박꼬박 챙겨주게 되었다. 부부로만 생각했을 때와 어머니가 되어줘야지 마음먹고 난 뒤는 완전 다른 그림이 펼쳐졌다. 언성을 높이거나 부딪치는 일이 없어졌다. 그만큼 어머니가 된다는 것은 사랑이 가득하게 되는 것이었고, 특히나 아이들의 어머니가 아닌 남편의 어머니가 된다는 것은 훨씬 인내가 필요한 일이었다. 그래도 그 마음이 생긴 뒤로는 남편이 측은하기만 한, 보살펴 주어야만 하는 존재가 되었다. 그나마 나는 결혼하고 2년 후쯤에 어머니가 돌아가셨으니 남편에 비하면 훨씬 행복한 사람이었다. 사랑을 더 많이 받은 내가 남편한테 주어야지 생각했는지도 모른다.

어떤 이는 초등학교 1학년 때 어머니가 돌아가셨는데 철도 없이 상여의 깃발을 들고 다녔다고 하고, 어떤 친구는 엄마가 돌아가신 지 1년이 되었는데 "엄" 소리만 들어도 눈물이 쏟아진다고도 했다. 말로 다 표현할 수 없는 엄마의 빈자리는 누구도 대신해 줄 수 없고 그 어떤 것으로도 보상이 되지 않는 걸 알기에 동질감을 느꼈다. 서로가 가여움에 토닥여 주고 챙겨주고 함께 울어준 시간들 속에서 조금씩 슬픔이 옅어질 뿐 어머니가 계시지 않는다는 본질은 그대로인지라 항상 허전하고 배고픔을 느낀다. 그럴 땐 책을 읽으며 헛헛함을 채웠다.

12월은 고향친구 중에 생일인 친구가 두 명 있는 달이다. 무엇을 선물할까 고민하다가 책이 제일 좋은 선물이 될 것 같아서 교보문고에 갔다. 이번엔 나를 위한 교보문고행이 아니다. 어머니가 보고 싶어서 가는 것도 아니었다.

어떤 책을 고를까? 고민하면서 책을 이리저리 살폈다. 내용을 파악해서 생일인 친구에게 맞는 책을 선물해 주고 싶었기 때문이다. 여자 친구는 마산창원 모임에 총무로서 수고가 많았고, 몇 달 전에 남동생을 하늘나라로 보내고 누구보다 힘든 시간을 보내며 견뎌내는 중이라 마음에 위안이 되는 책을 두 권 골랐다. 남동생의 죽음을 내가 먼저 겪어보았기에, 시간이 지나야만 해결이 되는 울음이고, 슬픔의 시간을 몇 번이나 울먹여야만 그치게 되는 울음인 것을 안다. 차 안에서 혼자 울 수 있는 공간이 생길 때마다 길가에 몇 번이나 차를 세우고 울어야만 그쳐질 울음인 것을 안다. 친구가 잘 견뎌내다가 마지막엔 활짝 웃게 되기를 마음으로 빌었다.

이 친구는 고향친구 중에 남다른 친구이기도 하다. 중학교 시절 섬진강둑을 자전거를 타고 통학을 같이했다. 봄엔 벚꽃 길을 같이 달렸고, 찌는 여름 더위에 지치면 이 친구는 아이스크림을 사주면서 힘을 내자고 했다. 가을엔 코스모스나 강둑에 핀 달맞이꽃을 좋아하던 꽃순이기도 했다. 이 친구는 내가 말을 하든, 하지 않든 그냥 묵묵히 옆에 있어주었다. 그 당시 나는 아버지의 교통사고로 거의 말을 하지 않았고 웃음을 잃어버린 아이였는데, 그 모든 걸 다 받아준 친구이기도 하다. 그렇게 고마운 친구가 가까이 살고 있고, 두 달에 한 번씩 모임을 통해서 만난다는 게 얼마나 감사한 일인지 모른다. 고향친구는 아무 이유 없이 그냥 좋다.

〈고향친구가 한 땀 한 땀 만든 파우치 선물〉

또 다른 친구는 마산창원 모임 회장이기도 하고 우리 동기모임 회장으로서의 책무도 열심히 하는 모습에 고마움을 표시하고 싶어서 사업이 더욱더 성장하라고 그 친구에게 맞는 책을 두 권 골랐다. 사실 나는 이 친구한테 많이 배운다. 너그러움과 우정에 대해서 누구보다 솔선수범하고 경조사는 한 번도 빠짐없이 참석해서 친구들을 위로해 주는 친구이기 때문이다. 남동생을 하늘나라로 보내고 힘들어할 때 진심으로 함께 울어주고 힘을 주었던 멋진 친구이기도 하다.

교보문고에 오면 왜 이리 행복할까? 책을 고르는 재미, 읽는 재미, 선물하는 재미 등등 교보문고에 오면 자동으로 마음코칭이 된다.

무릎내시경시술을 하고 병원에 있을 때 가까이 사는 친구들이 함께 모여서 찾아왔다. 그때 우리끼리 모임을 갖자는 의견이 나왔고 두 달에 한 번은 얼굴을 보는 날로 정했다. 모임 이름은 "신작로"라고 명했다. 신작로는 비포장도로를 넓게 확장해서 아스팔트로 만들어진 길인데 우리 동네에 유독 교통사고로 많은 인명사고가 난 원인이 여기에 있었다. 우리 동네의 산을 헐고 도로가 넓고 평평해지자 차들이 속력을 내고 달리는 바람에 고스란히 그 피해는 우리 동네 사람들에게 돌아왔고 아버지와 어머니도 희생양이 되었다. 우리 동네와 이웃동네 사람들은 속수무책으로 목숨을 잃기도 하고 장애자로 살아가기도 했다. 몇 사람이 죽어 나가고 나서야 뒤늦게 방지 턱을 만들고 CCTV를 설치했다. 달리는 차들의 속도는 조금 줄었고 다행히 사고도 줄었다.

그런 사정을 다 알고 있는 고향친구는 편해서 좋다. 어떤 말이 필요 없다. 고향친구들은 어릴 적 순수했던 동심으로 돌아가게 하는 마술 같은 존재다. 아무 말도 아닌데 깔깔대고 웃는다. 다른 모임보다 편하고 너무 많이 웃어 행복지수가 올라간다. 형제들의 나이 터울도 거의 비슷했다. 내 동생은 친구의 동생과도 동창이었고 오빠는 또 다른 친구의 형님과 동창이었다. 개구쟁이 어린 시절을 회상하며 그 시절로 돌아가 마냥 즐겁고 행복하다. 동생이 죽어가는 모습을 옆에서 지켜보면서 누나로서 아무것도 해줄 수 없을 때, 한 친구는 옆에서 그저 나를 토닥여 주었다. 아무 말을 하지 않아도 눈물을 보이면, 말없이 닦아주는 친구가 옆에 있어서 그나마 힘을 내고 위로가 되었다. 또 한 친구는 초등시절 우리 집에 놀러 오곤 해서 어머니의 모습을 곱게 기억하곤 했는데, 하동에서 밤이나 감이 올라오면 이 친구에게 챙겨준다. 왜냐하면 이 친구는 아버지가 일찍 돌아가시고 고향에 연고가 없기 때문에 고향이 많이 그리운 친구이기 때문이다. 또 다른 친구는 내 생일날 맛난 술을 사주기도 했다.

친구들의 고마움은 큰일을 당했을 때 더욱더 빛났다. 많은 말이 오가는 것도 아닌데 "밥 먹었나, 힘내라, 네가 건강해야지 다른 걱정은 하지 마라, 바람 쏘여줄게." 등의 말은 커다란 위로가 되었다. 친구들은 그냥 무조건 나를 보듬어주었다. 내가 뭘 하든 무슨 말을 하든 전혀 상관하지 않고 무조건 믿고 받아주었다. 이 세상에 이런 친구만큼 좋은 친구가 또 있을까? 그동안 친구들에게 받은 관심과 사랑을 이제는 조금씩 나누고 싶다. 전화 한 통 해서 밥을 같이 먹자 하고 커피 한잔하면서 깔깔대고프다. 마음이 아픈 친구에겐 옆에 있어주고 싶고, 친구가 그랬던 것처럼 나도 아무 이유 없이 보듬어주고 싶다.

축하할 일이 있을 때도 교보문고를 찾았고 어머니가 그리울 때도 교보문고를 찾았다. 신기하게도 서점에 가서 그냥 책을 고르는 사람만 쳐다봐도 행복했다. 책 한 권을 사는 일이 화려하거나 특별한 일은 아니다. 선물을 받는 사람도 역시 화려하거나 특별한 선물이 아니라고 생각할 수 있다. 그러나 그 문제는 그 사람의 문제이고 어디까지나 나는 나만의 방식으로 고마움을 표시한다. 교보문고 가는 일이 나에게는 작지만 소중한 일이고 얼마나 감사한 일인지 알기에 매번 들어갈 때도, 나올 때도 "감사합니다."를 외친다.

보통 책을 6권 고르면 10만 원이 넘는다. 책값이 비싸다 싶다가도 내가 배우고 깨우치고 위로받고 얻어가는 것에 비하면 결코 비싼 것이 아니다. 책 속에서 즐거움을 찾고 위로받고 기쁨과 행복을 느낀다면 그 어떤 것보다도 가성비 갑이다. 기뻐도 슬퍼도 외로워도 나는 교보문고에 가서 마음코칭을 했다. 호흡이나 명상으로 하는 마음코칭도 좋지만 가까운 교보문고에 가서 책 속에 당신을 적셔보라. 분명 위로를 받으며 자동으로 마음코칭이 될 것이다.

Part. 5

마음코칭
심화

가슴 뛰는
삶을 위하여

시낭송 멘토님이 가끔 서울에 다녀오신 이야기보따리를 풀어놓으시면 신기한 보물이라도 있는 것처럼 눈을 반짝이고 귀를 쫑긋해서 듣곤 했다. 서울에서 좋은 강의가 있으면 추천도 해주셨는데 매번 참석하지 못했다. 멘토님도 가끔씩 성공스토리에 대한 강의를 하고 계셨다. 하루는 창원교도소에 강의가 있는데 3시간을 혼자 하기는 부담된다고 같이 가자고 제의가 들어왔다. 평소에 강의자료는 준비가 되어있었지만 바로 예스라고 대답을 하지 못했다. 교도소라는 장소가 왠지 무섭다는 생각이 먼저 들었기 때문이다. 강의 날짜는 당장 다음 주로 다가왔고 멘토님은 이것도 좋은 경험이 될 거라고 자꾸 부추겼다. 결국 부탁을 거절할 수가 없어서 같이 간다고 말했다.

세상에 내가 교도소에 가다니! 상상도 하지 못했고 계획에도 없던 일이 일어났다. 멘토님은 1시간 강의를, 나는 2시간을 하기로 했고, 일이 진행되었다. 가기 전에 기존 강의 자료를 일부 수정했다. 이곳에 있는 사람들에겐 더 많은 위로와 마음치유가 필요할 것 같아서 그동안 중기청이나 서부청사, 기업체를 대상으로 했던 "마음코칭" 내용을 다시 만들었다. 그렇게 해서 교도소 강의용 PPT가 새로 만들어졌고 거울을 보면서 자연스럽게 강의하려고 연습을 했다. 더하지도 말고 덜하지도 말고 선입견 없이 그냥 평소처럼 똑같이 강의할 수 있게 마음속으로 주문을 걸었다.

출발할 때부터 마음에 일어나는 감정은 무서움과 두려움이 가장 많았다. 교도소는 출입문에서부터 철저하게 신분을 확인했다. 인성교육 강사라고 이름을 말했더니 전화통화로 확인한 후 통과시켜 주었다.

안으로 들어갈수록 바깥의 우리가 사는 풍경이랑 다를 바 없었다. 단지 담장이 높고 그 안에서만 생활한다는 것 외에는 똑같았다. 운동장에서 운동하는 사람, 나무를 전지하는 사람, 식당에서 음식을 준비하는 사람이 눈에 들어온 순간 마음이 놓이기 시작했고, 겁을 먹었던 나는 그제서야 안도의 한숨을 쉬었다.

30분 일찍 도착해서 담당 교도관을 만났다. 인성교육담당 교도관은 나이가 지긋한 분이셨는데 따뜻한 차를 한 잔 건네고 이곳에서 생활하는 사람들의 이야기를 해주었다. 거의 대부분 경제적인 어려움 때문에 생계형 범죄가 많고, 선거법을 위배해서 온 사람들도 있으며 기타 여러 종류의 범죄에 대해 설명을 해주었다. 주로 경미한 죄를 지은 사람은 이곳 교도소에 있고 이보다 더한 중죄를 지은 사람들은 청송교도소로 이송된다는 말도 해주셨다. "말 그대로 우리 이웃이다."라는 말에 저분은 훌륭한 교도관이구나 싶었다. 어찌어찌해서 여기에 오게 된 사람들에게 조금이라도 도움이 되어주고자 손길을 건네는 이들은 거의 성당이나 교회 쪽 사람들이었다고 한다. 그러다가 교육을 통해서 사람들을 변화시켜 보자는 의견이 나왔고, 주로 인성교육 위주로 강의를 하는 데 초점을 맞춰 전문 강사들을 초빙하기에 이르렀다고 한다. 교도관의 친절한 설명으로 이곳 담장 안에 있는 사람들에 대해서 조금 더 알게 되었다.

티타임이 끝나고 드디어 강의실에 들어섰다. 32명의 남자들이 자리에 앉아있었다. 멘토님이 먼저 1시간을 강의하셨다. 담당교도관과 나는 맨 뒤 좌석에 앉아서 강의를 들었다. 멘토님은 회사부도로 자살을 시도했으나 어머니의 사랑으로 다시 일어서서 단칸방에서 오토바이 배달부터 시작해 오늘날 성공하기까지의 스토리를 감동 있게 강의하셨다. 아무리 힘들어도 노력하면 나도 할 수 있다는 희망을 주는 내용이었다.

그다음은 내 차례였다. 두근거리는 마음을 감추고 미소를 머금고 인사를 했다. 고개를 드는 순간 큰 박수소리에 "보는 눈이 높으시군요."라고 분위기를 편하게 하고 시작을 했다. 옆 사람과 악수하고 인사를 하는 것을 시작으로 돌아가면서 한 사람씩 앉아있는 상태에서 웃는 연습과 존중감을 높이는 연습을 했다. 발표가 끝날 때마다 박수를 유도했다. 발표를 하면 많은 사람들이 힘껏 박수를 쳐주었기 때문에 한 사람도 빠짐없이 발표를 했다. 그중에 두 사람은 자기의 장점이 하나도 없다고 말했다. 연령대가 낮은 사람과 연세가 좀 있는 사람이었다. 그래서 바로 그 자리에서 장점을 말해주었다. "선생님은 피부가 꿀 떨어지는 피부입니다. 부럽습니다." 또한 분에게는 "선생님은 머리숱이 어쩜 그렇게 많으시냐고 저 뒤에 교도관이 얼마나 부러워하는지 아십니까?"라고 말해주었다. 강의실은 모두 웃음바다가 되었다.

나는 강의할 때 강의를 듣는 사람들이 공무원이든 회사원이든 나보다 나이가 어리든 모두 호칭을 선생님이라고 한다. 모든 사람에게는 배울 점이 하나라도 있고 나에게 배움을 주는 사람은 선생님이 맞다고 생각하기 때문이다. 자기는 장점이 없다고 생각하는 두 사람은 죄를 짓고 이곳에 갇혀있다 보니 자기존중감이 없어졌고, 자기는 몹쓸 인간이라고 여기고 있었다.

누구든지 죄를 짓지 않은 사람은 없다. 나도 무수한 죄를 지었고 지금도 마음속으로 많은 죄를 짓고 있다. 예를 들자면 음주운전을 하고도 적발이 된 것과 되지 않고의 차이지 우리는 모두 같은 죄인이라고 생각한다. 크든 작든 우리는 모두 죄인이라는 사실을 알고 나면 그저 겸손해질 뿐이다. 착한 사람도 나쁜 점이 있고, 악한 사람도 좋은 점이 있기 때문에 우리는 함부로 한 면만을 보고 단정 짓는 일은 하지 말아야 한다.

두렵고 무서워했던 선입견은 이제 집어넣기로 한다. 똑같은 옷을 입고 가슴에 번호만 달려있기 때문에 누가 누군지 분간이 되지 않았다. 단지 젊은 남자와 나이든 남자로만 구별을 할 뿐이다. 강의실엔 20대부터 70대까지 다양한 연령대가 있었고 대부분 40대, 50대가 가장 많았다. 아들 또래도 있었는데 감옥에 보낸 엄마의 마음이 어떨지 짧은 순간 생각이 들었다. 어디선가 본 듯한 얼굴도 있었고 말 그대로 우리 동네에서 볼 수 있는 흔한 얼굴들이었다. 평소처럼 스스럼없이 강의를 할 수 있었던 건 그분들의 눈빛과 메모하는 모습에 50분이 어떻게 지나갔는지 몰랐기 때문이다.

1부 강의를 끝내고 물을 컵에 따라 마시는데 한 분이 나에게 와서 인사를 꾸벅 하였다. 그러고 보니 어디선가 본 듯한 그 사람은 ○○농협의 조합장이었다. 남편은 농협의 조합원으로 매번 조합장 선거에 관심이 많았다. 조합장 선거도 국회의원 선거만큼이나 경쟁이 치열했고 여러 가지 편법을 동원하기도 했다. 어찌어찌해서 조합장은 이곳에 오게 되었노라고 말했다. 평소에 조합장의 인품은 익히 알고 있었던 터라 허물없이 악수를 하고 인사를 나눴다.

짧은 휴식시간 5분이 지나고 2부 강의가 시작되었다. 1부 강의를 하면서 서로 어떤 마음을 가지고 있는지 무엇을 하고 싶은지 공유했으니 이렇게 조금 더 알고 난 상태에서의 2부 강의는 훨씬 편하다. 강의를 하는 사람도 듣는 사람도 마찬가지다.

이곳에 있는 사람들은 누군가의 아들이자 아버지이기도 했다. 잠깐 부모님과 가족을 생각하는 시간을 가짐으로 힘을 내고 이곳 생활을 멋지게 극복해서 나가는 날까지 응원한다고 마무리 지었다. 청강자들은 마음코칭 하는 방법을 하나씩 하면서 많이 위로받았다고 강의 피드백을 해주셨다. 그렇게 교도소와 처음으로 인연을 맺게 되었다.

강의를 마치고 집으로 오는 내내 그곳 사람들의 눈빛이 계속 떠올랐다. 모든 걸 포기한 것처럼 의욕이 없는 한 사람을 제외하고는 눈빛이 그 누구보다 빛났다. 담장 안의 사람들은 하루빨리 가족을 만나고 싶은 간절함이 가장 많았고 그 마음을 읽고 나니 내내 먹먹한 뭔가가 가슴에 남았다. 그리해서 매달 강의를 가게 되었다. 처음 교도소를 방문할 때 가졌던 선입견은 지금 찾아볼 수 없다. 솔직히 고백하건대 처음 방문할 땐 겁도 나고 두려움이 많았다. 지금은 기업체나 공무원 대상으로 강연하는 것처럼 똑같이 한다. 2년 동안은 무료봉사를 했고 이제는 감사의 뜻으로 교통비는 받으라고 해서 감사히 받고 있다. 강의 내용 중 한 줄이라도 마음에 위로가 되고 치유가 되었다면 그것으로 충분하다. 그것으로 나의 소명은 역할을 다했다고 생각한다.

하루는 마트에서 근무를 하는데 전화가 왔다. 모르는 번호라서 한참 벨이 울리고 나서 받았다. 교도소에서 만났던 참가자 중 한 사람이었다. 1년 전에 강의를 듣고 매일 교도소에서 마음코칭 연습을 했단다. 그렇게 하다 보니 자신감이 생겼고 조금씩 노력하며 시간관리가 잘 되었노라고 했다. 지금은 출소를 해서 가족들과 같이 밥도 먹고 조그만 식당을 운영하고 있다고 말했다. 한번 오시면 맛있는 밥을 대접하고 싶다고 했다.

그 말을 듣는 순간 그동안 얼마나 노력을 하셨을까? 그 마음이 전해져 왔고 왈칵 눈물이 쏟아졌다. 진심으로 축하한다고 사업이 대박나길 응원하겠노라고 전화를 끊었다. 이런 게 보람이구나. 크고 거창하진 않지만 한 사람이라도 변화가 되어 보다 나은 선택을 했다는 게 얼마나 다행스런 일인가! 뿌듯함이 올라왔다.

하루는 출소한 조합장이 이번에도 선거에 나온다며 한 표 부탁한다고 매장에 오셨다. 당연하죠 하고 따뜻한 차를 대접했다. 조합장은 그곳에 갇혀있으면서 인생 공부를 많이 했노라고 하시면서 모든 일이 자기를 성장하게 하려고 고통을 준 것 같다면서 담장 안의 시절을 회상하셨다. 나름 힘든 시간을 보낸 그는 보는 관점이 한 단계 위로 올라감으로써 훨씬 큰 그릇이 되어있었다. 온화한 미소를 보면 내면에 밝은 빛이 가득한 멋진 사람이란 걸 한눈에 발견하게 된다. 앞으로도 승승장구하시기를 진심으로 응원해 본다.

하루는 내 또래의 여자고객이 우리 매장에 들어왔다. 장바구니에 제품을 담아 계산대로 오면서 강사님 하고 부르는 게 아닌가! 서부청사에서 강의를 듣고 도청 옆에 사업장이 있다는 걸 알고 찾아오셨단다. 기억을 하고, 잊지 않고 찾아줘서 감동 먹었다. 청강자 중에 목소리가 좋다, 강의 내용이 유익하다, 자료를 받을 수 있는가? 등 질문을 많이 해준 사람으로 기억이 났다. 청강자들의 이런 반응은 나를 더욱더 강의에 빠지게 만들고 더 열심히 강의하게 만드는 응원의 말이다. 이 맛에 강의를 하고 먼 길도 마다않고 달려간다. 앞으로 더 많이 배우고 공부해서 동기부여강사로 영향력 있는 사람이 되고 싶다. 강의를 하면 할수록 재미있고 가치 있는 일임을 알게 되고 나의 소명을 알게 해주는 시간이 그저 고마울 따름이다.

내 자신을
사랑하는 마음

내 몸에게 사과한다. 그동안 일만 해서 혹사시켰던 걸 사과한다. 아름다운 자연을 많이 보여주지 못한 걸 사과한다. 많이 웃지 않았음을 사과한다. 아등바등 살아온 내게 이제는 선물을 주고 싶다. 나를 기분 좋게 하는 일을 하고, 좋은 에너지로 몸을 충전해주고 싶다.

내 안의 어린아이는 바다가 보고 싶다고 했다. 매일 자정에 마트 일을 마감하고 정리를 하면 새벽 1시 30분이다. 얼른 잠자리에 들어 4시간을 잤다. 눈곱만 떼고 커피와 모과차를 보온병에 담았다. 바다를 찾는 일은 마음이 복잡하거나 뭔가 결정을 내려야 할 때 자주 쓰는 나만의 방법이다.

어둠이 아직 짙다. 일부러 해 뜨는 모습을 보려고 작정을 했기 때문에 새벽 일찍 나섰다. 빛이 생기기 직전의 시간은 고요하고 차분하고 신선했다. 바다는 잠잠하다. 부지런한 몇 사람이 새벽바다를 배경으로 운동하는 것 빼고는 고요하다.

바다를 바라보고 섰다. 바다를 보는 것만으로 마음이 차분해지고 몇 번의 복식호흡으로 평화가 찾아왔다. 그러다 이내 바다를 향해 서있는 마음속 어린아이가 불쑥 나타났다. 가는 것과 오는 것 사이에서, 사람과 사람 사이에서, 말과 말 사이에서 화가 나고 상처받은 아이가 울고 있었다. 한 달에 한 번은 쉬는 날을 정하자고 말을 했고 남편은 택도 없는 소릴 한다고 고함을 질렀다. 그렇게 다툼이 있고 가슴이 터질 듯해서 이렇게 바다에 와서 일러바치고 있었다.

해가 솟아오른다. 맑고 깨끗한 얼굴이다. 해를 빤히 쳐다보았다. 조금 있으면 저 해도 눈이 부셔서 쳐다보지 못하기 때문에 눈을 한 번도 감지 않고 쳐다봤다. 해는 어둠을 품에 안고 주위의 모든 사물을 명료하게 비추기 시작했다.

빛이 나오는 찰나가 저토록 신비롭고 아름다운가!

하루 중 가장 역동적인 순간이 지금이 아닐까 싶다. 해를 보는 순간 모든 방황은 끝났다. 해는 그저 모든 것을 품어주었다. 어둠을 밀어내거나 윽박지르거나 하지 않고 그저 품어주었다. 바다는 마음속 아이에게 말한다. "네 마음도 네 뜻대로 하지 못하면서 다른 사람은 이렇게 해야 한다고 내 관점에 끼워 맞추지 말라."고.

마치 어머니가 거친 손으로 토닥토닥 달래주듯이. 누구보다 열심히 사는 남편을 오히려 품어주라고 한다. 바다에서 해를 보고 서 있기만 했을 뿐인데 마음을 깨끗이 샤워한 느낌이다.

한 달에 한 번은 나를 위한 선물, 마사지를 받는 날이다. 열심히 살아왔고 나에게 보상을 해야 한다는 것을 늦게 깨닫고 실천하게 되었다. 나를 사랑하는 방법이기도 하고 그렇게 하다 보니 즐겁고 행복해졌다.

일을 마치고 피부 관리실로 갔다. 피부 관리실 언니는 알고 지낸 지 20년이 넘었다. 나의 사정을 너무나 잘 알고 있었고 나 역시 언니의 사정을 잘 알고 있었다. 언니는 닭다리와 대추생강차를 내어주었다. 배가 고팠던지라 몇 번의 오물거림으로 먹어치웠다. 대추생강차는 언니가 손수 만들어서 그런지 깊은 맛이 나고 향이 좋았다. 연거푸 두 잔을 마셨다. 언니 주려고 챙겨온 귤과 사과는 냉장고로 들어갔다. 이미 언니는 나를 위해 사랑과 정성이 가득한 밥상을 준비해 놓았다. 행복한 저녁 한 끼를 먹었다. 배도 부르고 이제 본격적으로 마사지를 받으며 누워있으면 세상 행복하다.

피부 관리실 언니는 예약제로 고객을 받았기 때문에 나와 함께 2시간을 편안하게 보내며 밥도 먹고 군것질도 하고 수다도 떨었다. 이런저런 이야기를 나누다 보면 주특기인 잠든 공주가 되어버린다. 머리만 닿으면 잠드는 일은 식은 죽 먹기다. 언니와 한참 이야기하다가 나의 입에 힘이 풀리고 이내 잠이 들면 언니가 알아서 마사지만 열중하는 일은 다반사다. 언니가 마무리까지 다 하고 깨워서 일어나면 피로가 풀리고 여기에 오길 잘했구나 하는 생각과 함께 나에게 최고의 선물을 준 것 같아 스스로 기특하기도 했다. 한 달에 한 번 마사지를 받으면서 벌이는 수다의 재미도 쏠쏠했다. 이날은 남편의 귀가 간지러웠을 것이고 언니의 짝꿍도 귀가 간지러웠을 것이다.

집으로 오는 차 안에서 "영임아 기특하고 고맙고 사랑한다." 크게 세 번을 외치며 몸속 에너지를 밝게 충전한다. 집으로 돌아와 남편이 좋아하는 소고기국을 끓이고 딸이 좋아하는 계란말이를 만들고 아들이 좋아하는 소세지 볶음을 만든다.

운동복을 갈아입고 산책코스로 접어들었다. 1시간 코스로 나만의 길이 있다. 개천을 따라 걷다가 징검다리도 건너본다. 이곳에 오면 고향의 풍경을 만날 수 있어서 좋다. 매일 똑같은 길을 산책하는데 매일 새로운 것을 발견하고 기뻐하는 나를 만난다.

어제와 똑같은 풍경은 없다. 연둣빛이 더 짙어지고, 꽃을 피우기 위해 물을 한껏 머금은 나무들은 아름답다. 오리 떼를 만나기도 하고 팔딱거리는 물고기도 볼 수 있다. 풍경을 실컷 감상하고 야트막한 산길로 들어선다. 풀 한 포기도 예쁘고 제비꽃이 얼굴을 내미는 모습에 한동안 눈을 떼지 못한다. 겨우내 추위를 이기고 땅을 비집고 얼굴을 내미는 모습은 나라를 구한 용사처럼 보인다. 작은 것 하나도 귀하고 소중하다.

나무들은 피곤한 마음을 다독거려 주었다. 말없는 나무가 주는 위로는 백 마디 사람의 말보다 크게 다가왔다. 숲속에 있는 순간만큼은 누구의 엄마, 누구의 아내가 아닌 오로지 나 자신이 된다. 자연과 함께 호흡하는 동안은 마음속 빗장도 스르르 풀어진다. 들꽃과 나무 징검다리를 걷는 동안 아름다운 풍경을 눈에 많이 담을수록 마음은 평온하고 기쁨으로 가득 찬다.

위로받고 싶을 때, 가슴이 답답할 때, 나에게 선물을 주듯 산책을 한다. 자연이 주는 위로와 평화는 생각보다 훨씬 깊고 크다. 정말 중요한 건 그렇게 머무는 사이 마음의 소리에 귀를 기울여야 한다는 것이다. 나를 만나고 다독거리고 힘을 얻는 시간이 참으로 소중하고 행복하다. 나를 기쁘게 하는 일이 무엇인지 물어보고 행동하자. 아무것도 하지 않고 가만히 있으면 행복이 나 여기에 있어요 하지 않는다. 사소하고 새롭고 반복되는 일상이지만 지금 이 순간 행복하다.

동기부여강사를 하면서 삶의 가치와 즐거움, 소명을 알게 되었고 목표가 정해진 뒤로 포기하지 않을 거라는 걸 안다. 그러려면 장기전으로 가야 하기 때문에 몸이 지칠 때는 바로 알아차림하고 토닥여 준다. 찌뿌둥하고 추운 몸을 사우나로 데리고 갔다. 뜨거운 물에 10분, 습식사우나에 10분, 찬물에 5분 이렇게 오가며 몇 가지 스트레칭으로 몸을 풀어준다. 세신이모에게 몸을 맡겼다. 세신을 받는 이유는 밀린 때를 밀기 위함이 아니다. 때밀이는 대충 해도 상관없다. 지압과 전신마사지를 받으면 피로가 풀리고 행복해졌다. 고단한 몸에게 이렇게라도 해야 예의라고 생각한다. 열심히 살아온 나에게 따뜻한 위로의 한마디로 오늘도 나는 나를 응원한다.

꿀잠을 자고 알람이 울리지 않았는데 눈을 떴다. 요즘 스케줄이 빼곡해서 알람이 울리면 퍼뜩 끄고 나서 10분만 더 자야지 하다가 30분을 더 잔 적도 있다. 평소보다 빨리 일어나니 기분이 좋았다.

알람도 없이 스스로 일어난 기쁨은 누가 시키지도 않았는데 중요한 일을 해낸 기분이랄까 아무튼 좋다.

침대에 누워 기지개를 켤 때 "나는 모든 면에서 점점 좋아지고 있다."라고 세 번 외친다.

이번에는 머리마사지를 해준다. 토닥이면서 "영임아, 기특하고 고맙고 사랑한다."를 세 번 외친다.

이런 긍정적인 자기 주문은 기분 좋은 하루를 맞이하는 열쇠이며 좋은 에너지를 몸에 가득 실어준다.

목, 어깨, 팔, 다리 스트레칭으로 몸을 천천히 깨운다. 이렇게 하는 것은 하루 종일 열심히 부리는 귀한 몸을 무턱대고 세상 밖으로 밀어내는 것보다 조금 덜 미안한 마음이 들어서다. 그런 다음 거울을 보며 웃는 연습을 한다. 잠에서 깨어난 지 얼마 되지 않은 얼굴은 불빛에 찡그리고 있어서 인상이 더럽다 못해 무섭게 되어 있다. 조금 더 활짝 웃어본다. 몇 번의 연습으로 마음까지 활짝 웃게 되면 다 된 것이다. 요가를 배우고 나서부터 몸과 대화하는 습관이 생겼고, 하루를 시작하면서 웃는 얼굴로 나를 맞이하는 일처럼 근사한 일이 또 있을까 싶다.

이번에는 따뜻한 물 한 잔으로 속을 달래고 오장육부를 깨운다. 자고 일어나서 처음으로 들어가는 음식이니만큼 차거나 뜨겁지 않은 미지근한 물이 흡수도 잘되고 장기들이 놀래지 않는다. 나를 이끌고 살아가는 몸에게 수고한다고 감사하다고 토닥여 주는 시간을 가진다. 가끔 과식으로 몸을 괴롭히는 일은 줄여갈게 하고 약속도 한다. 잠시 복식호흡에 의식을 집중해서 명상을 한다. 그 후 샤워를 하고 드라이를 하고 출근준비를 한다. 얼굴엔 화장을 두껍게 하지 않는다. 기초 화장품 바르고 선크림, 비비크림 바르면 끝이다. 저녁에 깨끗이 지우는 것이 더 중요하다. 최소한 얼굴에 대한 예의라고 생각한다. 어제 저녁에 끓여놓은 김치찌개를 데우고 머위 쌈을 꺼낸다. 보슬보슬 갓 지은 밥은 뜸이 잘 들었다. 밥 냄새만으로 행복하다. 해마다 김장김치를 챙겨주는 고향에 있는 언니한테 무한감사가 뿜어져 나온다. 머위도 택배로 부쳐주어 쌉싸름한 맛이 입안 가득하다.

〈고향에서 언니가 보낸 머위쌈〉

땅을 비집고 솟아오른 생명력이 내 몸에 고스란히 들어온 느낌이다. 아침식사를 마치고 가게로 출근한다. 2층에서 1층으로 출근할 때 앞의 정병산을 보니 어제보다 푸르름이 더 짙어졌다. 산은 언제나 고향처럼 푸근하다. 하늘도 한번 올려다본다. 구름이 더 많은 날이다. 이 또한 새롭다. 눈이 호강한다. 하루에 한 번은 하늘을 보고 살자는 게 나의 바람이기도 하다. 남편과 업무교대를 하면서 배즙을 따뜻하게 해서 한 잔 건넨다. 차를 마시며 인수인계하고부터는 목소리가 크게 나지 않는다. 그래도 어떤 부부가 일을 함께할 거라고 한다면 도시락 싸들고 다니며 말리고 싶다.

거래처에 제품이 들어와 검수하고 장부정리, 인터넷뱅킹, 전자세금계산서 발행 등 업무를 본다. 고객에게는 활짝 웃는 얼굴로 먼저 인사를 한다. 밝게 웃는 모습이 다른 사람을 미소 짓게 한다면 그것 또한 보람 있는 일이다. 사소하지만 새롭고 반복되는 일상이지만 지금 이렇게 느끼고 만족하는 삶이 소소한 행복이다. 나를 가장 아끼고 보듬어주는 일로 아침을 맞이한다. 나 자신이 나를 먼저 사랑해야 한다. 나 자신으로부터 사랑받아야 마땅하다. 그래야 남이 나를 사랑해 주고, 나 또한 남을 소중히 여기고 사랑할 수 있다.

행복과
불행 사이

있는 것을 생각하면 행복하고 없는 것을 생각하면 불행하다.

얼마 전 모임에 갔다가 외제차에서 내리는 왕언니를 보았다. 기사는 언니를 내려주고 빠져나갔다가 언니가 몇 시까지 오라 하면 온다고 했다. 식사를 하면서 손을 보니 고생하지 않은 고운 손가락에 다이아몬드 반지가 빛나고 있었다. 울퉁불퉁 손마디가 굵은 못생긴 내 손과는 달라도 많이 달랐다. 모든 것이 부러웠다. 사업을 잘하는 남편을 만나 호강하고 사는 언니는 부러울 게 하나도 없어 보였다. 다이아몬드 반지는 언제 받아보나. 괜히 열등감이 생겼다. 지금껏 살면서 다이아몬드 반지가 없어서 불편한 적은 한 번도 없었다. 다이아몬드 반지가 없어서 억울한 적도 한 번도 없었다. 평소에 보석에는 관심도 없었는데 지금 눈앞에 펼쳐진 왕언니의 등장과 함께 모든 것이 변했다. 내가 가지고 있지 않은 것에 눈이 가고부터는 비교가 되었고 내가 초라하게 느껴졌다.

식사를 하고 차를 마시고 모든 비용은 왕언니가 계산을 했다. 옆의 회원 한 사람은 "저렇게 베풀고 사니까 사업이 잘되지." 이렇게 말했다. 속으로 형편이 되니까 저렇게 베풀 수 있는 걸까? 베풀어서 형편이 풀렸을까? 생각했다.

어찌어찌해서 왕언니의 성공스토리를 듣게 되었다. 처음엔 아무것도 없이 빈손으로 시작했다가 몇 번의 고비를 넘겼고 오늘에서야 빛을 보게 되었단다. 그러고 보면 왕언니도 베풀어서 형편이 풀린 경우였다. 항상 겸손하게 말씀을 하셨고 나이가 한참 어린 나에게도 말을 함부로 하지 않았다. "~했어요.", "~있잖아요." 이렇게 말씀을 하셨다. 왕언니의 미덕을 닮으려고 노력하다 보면 나도 조금씩 성장하겠지 생각했다. 이제는 내가 가진 것만 생각하자. 건강한 몸, 밝은 미소, 깨끗한 피부, 성실한 남편, 잘 자라준 딸과 아들, 건강한 치아, 마음 편하게 일할 수 있다는 것, 강의를 할 수 있다는 것, 숱 많은 머리카락 등 가진 게 너무 많았다. 이것으로 충분하다.

받으려 할 때 불행하고 무엇을 줄 수 있을까 생각할 때 행복하다.

시어머님 제사라 다른 날보다 2시간 일찍 일어났다. 10시까지 진해 천자봉에서 시누이들과 만나기로 약속했다. 마침 방학이라 아들이 서울에서 내려와 있었다. 아들을 같이 가자고 깨웠다. 술, 사과, 귤, 딸기, 곶감, 과자를 준비했다. 우리 동네 떡집에 들러서 떡을 샀다. 어머님이 생전에 떡을 좋아하셨기 때문이다. 농협 하나로 마트에 들러 소국거리와 삼겹살을 샀다. 두 팩씩 세 봉지를 만들었다. 시누이 세 명을 챙기다 보니 조금씩 준비를 해도 목돈이다. 올해 고생이 많았고 열심히 살아온 시누이들이 고맙기도 하고 한 해 마무리를 조그만 것이라도 나누는 맘으로 장식하고 싶었다. 첫째 시누이는 유난히 힘든 갱년기를 견뎌내고 있는 중이라 허리며 어깨통증으로 힘들어했다. 지혜롭게 잘 극복하기를 바랐다. 둘째 시누이는 부동산이 침체된 시기에 힘들 텐데 사업이 잘되기를 바랐다. 막내 시누이는 몸이 제일 약해서 건강 잘 챙겼으면 하는 바람을 가졌다. 시누이들이 잘되기를, 행복하기를 바라는 마음을 가졌더니 이렇게 조그만 것이라도 나누게 되었다.

딸, 아들이 한꺼번에 원룸을 얻으려고 할 때 세 명 중에 한 명이라도 금전적으로 조금 보태줬으면 싶었다. 몇 년 전 자기들이 어려웠을 때 우리가 도움을 준 것처럼 1/3이라도 도와줬으면 했다. 그 기대는 일어나지 않았고 마음엔 서운함이 가득했다. 결국은 내 마음만 상했다. 마음을 비우기로 했고 베푼 것은 베푼 것으로 끝이다 마음먹었다. 아들 군 제대 기념으로 시누이 셋이 밥을 사기도 했고, 매번 아들한테 용돈을 챙겨주는 마음 따뜻한 시누이들이기도 하다. 그것으로 충분하다. 마음을 비우니 이렇게 평화로운 것을.

비교하면 불행하고 내 삶에 충실하면 행복하다.

산책을 하다 보면 민들레는 민들레만의 빛깔과 향기가 있다. 제비꽃은 제비꽃만의 색깔이 있다. 자기만의 빛깔로 자태를 뽐내고 있는 것을 볼 수 있다. 나도 세상에 하나뿐인 소중한 존재다. 그럼에도 크고 작은 것에서부터 남과 비교를 한다. 자동차가 얼마짜리

인지, 집은 몇 평에서 사는지, 한 달 수입은 얼마인지, 옷은 어떤 옷을 입고 있는지 등 비교를 통해 열등감을 느끼고 자신을 불행에 빠트린다. 지금 현재 내가 할 수 있는 만큼만 생각하면 행복하다. 지금 일을 할 수 있는 마트가 있다는 것에 기뻐하자. 자녀들이 건강한 것에 기뻐하자. 강의를 할 수 있는 즐거움에 기뻐하자. 든든한 지원군 남편이 옆에 있음에 기뻐하자. 좋아하는 산책을 할 수 있는 여유에 기뻐하자. 이렇게 글을 쓸 수 있음에 기뻐하자. 이렇게 포커스를 남과의 비교가 아닌 내 삶에 맞춰 충실하게 살면 행복하다. 진정한 비교의 가치는 다른 사람과의 비교가 아닌 자신과의 비교를 통해 어제보다 조금 더 나아지는 데 있다. 내가 할 수 있는 이 일에서 내일 한 가지 더 베풀 수 있다면 가치와 행복을 겸비한 소유자가 된다. 부족한 역량이 무엇인지 그 부족한 역량을 어떻게 채울 것인지 물어보자. 방법을 찾고 작은 것이라도 시작해 보자.

부끄럼이 많아서 처음 마트 일을 시작했을 때 얼굴이 빨개지고 홍당무가 되어 근무했다. 부끄럼 타는 걸 극복하고 싶었고 "리더십과 스피치" 과정에 접수를 했다. 그렇게 5개월의 연습과 노력을 통해 자신감을 키웠다. 겁쟁이 울보인 내가 번지점프를 통해 담력을 키웠다. 몸치를 극복하기 위해 시작한 스포츠댄스는 무대 울렁증을 극복하는 데 한몫했다. 어머니가 그리운 날, 그 무엇으로도 채워지지 않는 헛헛함은 책을 읽고 위로받았다. 산책을 통해 피곤하고 지친 일상과 우울증을 이겨냈다.

남과 비교하지 마라. 나에게 초점을 맞추고 나에게 부족한 점이 무엇인지 어떤 방법으로 채워나갈 것인지 내 삶에 충실하면 행복하다. 다른 사람과 비교가 아닌 자신이 나아지는 데 집중하라.

매일 감사한 것을 적어보면 행복하다.

크고 대단한 일을 찾지 말고 소소한 일상 속에서 감사할 일을 찾아보자. 감사할 일을 적어보면 셀 수도 없이 많다. 다음 글은 산부인과를 내원하고 쓴 감사일기다.

1년에 한 번은 산부인과를 내원한다. 병원 가는 일은, 특히 산부인과는 좀처럼 마음 내기가 어렵다. 남동생을 먼저 하늘나라로 보내고 큰 충격에 휩싸였다. 동생은 건강했고 그렇게 믿는 통에 한 번도 건강검진을 받지 않았다. 몸 안에서 암덩어리가 자라는지도 모른 채 살다가 통증이 오고 한참 후에 병원을 찾았고 이미 너무 늦게 알게 되었다. 나도 마찬가지로 바쁜 마트일로 그동안 한 번도 건강검진을 하지 않았고 몸을 방치했다. 동생을 잃은 뒤로 건강검진의 필요성을 알게 되었다. 내 몸을 사랑한다면 1년~2년에 한 번은 꼭 정기적으로 검진을 받아야 한다. 몸을 50년 동안 사용해 왔으니 이제는 고치고 다듬어서 보살펴 가며 사용해야 한다. 균 검사결과도 괜찮고 초음파검사결과도 괜찮단다. 다행히도 큰 질병이 아니라서 얼마나 감사한지 모른다. 피로가 쌓이지 않게 몸을 아껴가며 사용해야겠다. 식성이 좋아서 매번 과식하게 되는데 이제 검소하게 먹겠노라 다짐해 본다. 그동안 수고한 몸아 기특하고 고맙고 사랑한다.

남편이 건강검진을 받은 날 쓴 감사일기다.

가게일이 바빠서 올 초부터 미루고 미루다가 아들이 왔을 때 건강검진을 받는다고 부랴부랴 예약을 했다. 늘 열심히 일만 했고 자녀들에게 경제적으로 도움을 주려고 노력하는 멋진 아빠다. 조금 여유를 가지고 취미생활도 하고 즐기면서 살아도 되건만 여전히 처음 마음 그대로 열심히 일만 한 남편이다. 부디 아무런 이상 없이 건강한 상태로 결과가 나왔으면 하는 기도를 일하면서 내내 했다. 오전 9시에 예약을 했으니 12시면 연락이 오거나 집으로 와야 하는데 연락이 없다. 왜 아직 연락이 오지 않는지 살짝 긴장이 된다. 조금 시간이 지나자 남편에게서 전화가 왔다. 검진 마쳤고 이제 가게로 출발한다고 말했다. 남편의 목소리가 너무 반갑고 고마웠다. 위에 염증이 조금 있어서 약을 처방 받아 왔다. 1주일 뒤에 결과가 나와 봐야 정확한 걸 알겠지만 다행히도 크게 걱정하지는 않아도 되는 모양이다. 건강한 오늘이 감사하다. 여보! 건강해 줘서 고마워요. 이제 일은 조금 줄이고 몸도 챙기면서 살아요.

딸이 주말에 온 날 쓴 감사일기다.

"몇 시에 올 거야?"

"8시 도착이에욤 엄마"

"뭐가 먹고 싶어?"

"김치찌개요"

이렇게 카톡을 주고받고 일을 마치자마자 저녁 준비한다고 바쁘다. 새 밥을 고슬고슬하게 짓고 김치찌개를 끓였다. 묵은 김치를 좋아하는 딸을 위해 묵은지를 넣고 돼지고기를 넣어서 끓였다. 딸이 오니까 반찬이라도 한 가지 더 하게 되고 국이라도 끓이게 된다. 남편과 둘이 있을 때는 점심은 배달해서 먹고 저녁은 혼자서 먹으니 대충 먹게 된다. 딸 덕분에 맛난 김치찌개를 먹게 되었다고 고맙다고 말했더니 딸은 "엄마표 김치찌개가 최고예요." 하면서 엄지손가락을 세운다. 딸이랑 소파에 편안하게 누워 아시안게임 결승전 축구를 보고 우리나라 선수들을 응원했다. 후반전까지 0-0 이라 연장전서 2-1로 대한민국이 승리를 거두며 금메달을 거머쥐었다. 골키퍼부터 모든 선수들에게 힘찬 박수를 보냈다. 열심히 잘 싸워준 우리 선수들이 자랑스럽다. 딸과 얘기 나누며 축구를 보고 편안하고 행복한 시간이 마냥 감사하다. 이런 소소한 행복이 얼마나 소중한지, 얼마나 기쁜 일인지, 행복인지. 딸아 기특하고 고맙고 사랑해.

서울 가는 아들을 배웅한 날 쓴 감사일기다.

서울행 오전 10시 버스라 눈곱만 떼고 터미널까지 아들을 바래다주었다. 바리바리 짐을 챙겨서 2학년 2학기 복학을 한다고 서울로 떠나는 자식은 때로는 자랑이기도 하고 때로는 안쓰럽기도 하다. 집 떠나면 먹는 것도 부실할 테고, 아프면 서럽고, 피곤하고 지쳐있을 땐 혼자서 삭여야 한다. 타지에서 배곯을까 참치, 장조림, 스팸, 김을 챙겨주며 가방이 무거울까 다른 건 내일 택배로 부친다고 했다. 캐리어 큰 것, 어깨 메는 가방, 또 작은 가방이 손에 들려있다. 자취방을 구하는 것도, 생필품도 다 알아서 준비를 했다. 부모가 같이 준비해 줘야 할 테지만 아들은 바쁜 엄마와 아빠를 위해 한 번도 투정하지 않았다. 그게 더 많이 미안하다. 터미널에서 짐 가방을 다 챙긴 아들과 포옹하고 잘 가라 손을 흔들었다. 멀어져 가는 아들 뒷모습을 보이지 않을 때까지 본다. 아들도 그런 어미의 마음을 아는지 몇 번이나 뒤돌아본다. 기특하고 고맙고 사랑스런 아들아! 잘 지내다 추석 때 보자. 잘할 거라 믿는다. 누구 아들인데. 손을 흔든다. 아들은 "버스 탔어요. 어머니 잘 지내세요." 하고 카톡을 보내 왔다. 아들을 보내고 그동안 바쁜 스케줄에 함께 보낸 시간이 너무 짧아 미안한 마음만 가득하다.

마음,
그 무한한 에너지

    모임에 갔다가 마라톤으로 우울증과 위암을 극복한 언니를 만나게 되었다. 언니의 밝은 얼굴은 그런 아픔이 전혀 느껴지지 않을 정도로 해맑았다. 마라톤에 열정이 많은 언니는 나보고 함께 마라톤을 하자고 제안했다. 무릎시술 후 겨우 다리를 제자리로 만들어놓았는데 다시 탈이 나면 안 된다고 몸을 아껴야 한다고 말했다. 1,000고지 이상의 산과는 이별한 지 오래고, 좋아하는 산을 갈 수 없다는 것에 좌절했다. 성에 차지는 않지만 둘레길을 산책할 수 있다는 것만으로 만족한다.

    마라톤 언니는 대회에서 상도 많이 탄 기록보유자였다. 마라톤 사랑도 남달랐고 마라톤으로 오히려 무릎이 좋아졌다고 꼬드겼다. 마라톤 사랑이 유별난 언니는 같이 마라톤을 하자고 했고 나는 언니의 밝은 에너지가 좋아서, 집 밖을 나갈 수 있는 명분이 생겨서 좋았다. 코에 바람이라도 쐬고 놀다 오겠노라고 했다. 그렇게 1

월에 고성전국마라톤대회에 접수를 했다. 5km도 있는데 언니는 10km를 접수해 놓았다. 평소에 요가도 하는 사람이 5km는 도전의 가치가 없다고 10km를 접수하였단다. 얼떨결에 생전 처음으로 마라톤이라는 걸 하게 되었다.

뜀박질을 해본 게 언제였더라. 중학교 체육시간에 조금 한 것 이후로는 끝이었다. 새벽에 출발해서 고성에 도착하니 마라토너들이 이렇게 많을 줄이야. 운동장에 어마무시한 사람들이 몸을 풀고 있었다. 이 많은 사람들이 어디서 왔을까? 대전, 서울, 전라도, 전국의 마라톤 매니아들이 다 모여있었다. 1월이라 숨을 쉴 때마다 입김이 하얗게 나왔고 고성은 바닷가라 바람이 창원보다 훨씬 매섭고 차가웠다. 번호표를 가슴에 달고 신발 끈을 풀어지지 않게 다시 고쳐 묶었다. 너무 추워서 비닐 옷으로 몸을 덮어서 스트레칭을 했다. 외국인들도 눈에 띄었고 그중에 흑인 선수들의 비쩍 마른 몸이 인상 깊었다. 그 사람들에 비해서 나는 너무 많은 살들을 보유하고 있었다. 추위를 많이 타서 나는 귀마개까지 착용을 했다. 이건 필시 미친 짓이다. 이 추운 겨울에 새벽에 도착해서 달리는 사람들 틈에 내가 있다니. 이런 세상이 있다는 게 눈으로 보면서도 믿기지 않았고 놀라울 뿐이었다. 연세 많은, 머리가 하얀 할아버지도 눈에 들어오고 어린 초등학생도 보였다. 연령대는 초등학생부터 80대까지 다양했다. 신나는 음악과 함께 스트레칭으로 몸을 푸는 사람도 있었고 음악에 맞춰 춤을 추는 사람도 있고 제각기 즐기고 있었다.

출발신호와 함께 달리기 시작했다. 10km를 달리려면 한 시간
은 달려야 하는데 초반에 속력을 내면 나중에 지쳐서 힘드니까 체
력을 비축해 두라고 마라톤에 미친 언니는 코치해 주었다. 달린 지
얼마 되지 않아서 귀마개는 걸리는 방해꾼으로 변하고 말았다. 귀
마개를 벗어 손에 쥐고 달리기 시작했다. 달리는 중에 나를 추월하
는 사람, 내가 추월하는 사람들이 뒤섞여 많은 군중들이 한 덩어리
가 되어 몰려갔다. 3km쯤 달렸을 때 아까 보았던 연세 많은 할아
버지가 뛰어가고 있었다. 마라톤에 몸이 익숙하신 듯 가볍게 달리
고 있는 모습이 부럽고 대단해 보였다. 숨이 차는데도 마라토너들
의 모습이 다 눈에 들어왔다. 물을 마시는 사람, 벌써부터 힘들어
하는 사람, 너무 달라붙은 옷을 입어 민망한 사람, 옷을 너무 얇게
입은 사람들도 눈에 들어왔다. 이런 날씨에 민소매에 짧은 바지 차
림으로 달리는 사람은 이미 턴을 하고 내가 달리는 반대쪽에서 오
고 있었다. 이 사람들은 메달을 노리는 일명 선수들이었는데 포스
가 장난이 아니었다. 방금 지나갔던 사람 중에 금메달, 은메달, 동
메달이 나온다는 말이 들려와서 다시 한번 돌아보았다. 비쩍 마른
흑인 2명과 우리나라 선수가 눈에 들어온다.

4km까지는 언니가 옆에서 호흡과 발을 맞춰서 코치를 해주었
는데 그다음부터는 자기 페이스대로 달릴 테니 이제부터 내 페이
스대로 달려보라고 했다. 그 말을 남기고 마라톤에 미친 언니는 미
친 듯이 달려가더니 점점 시야에서 멀어졌고 어느새 반대편에서
달려오고 있었다. 어떻게 저럴 수 있는지 신기하고 부러웠다. 눈

앞에 와서 서로 교차하는 순간 하이파이브를 하면서 힘내라고 했다. 남들이 볼 때는 여유 있게 보일 수 있는 장면이었으나 실은 가쁜 숨을 내쉬면서 포기할까? 계속 달릴 것인가? 고민하고 있었다. 참여하는 데 의미를 두었고 달리다가 무릎에 무리다 싶으면 언제든지 그만두면 된다고 해서 부담 없이 왔다. 마음속엔 '언제든지 포기한다'가 훨씬 많은 비중을 차지하고 있었다. 그러나 계속 무리 속에서 달리다 보니 나보다 훨씬 어린 초등학생이나 연세 많은 머리 하얀 할아버지도 뛰고 있는데 내가 포기한다는 건 부끄러운 일이라는 생각이 들었다. 나도 할 수 있다는 마음을 먹는 데 결정적이었던 것은 같이 달리고 있는 마라토너들이었다. 처음 보는 사람이라도 힘들어하면 파이팅을 외쳐주었다. 물병을 건네기도 하고 누가 쓰러져 있으면 달려가서 위로해 주고 건강에 이상이 있는지를 확인했다.

길 위에서 달리는 사람들은 모두 처음 보는 사람들이었으나 모두가 완주라는 목표로 하나가 되었다. 인내하고 포기하지만 않는다면 결승점에 골인된다는 건 알겠는데 문제는 나 자신이었다. 내가 포기하는 순간 몸은 더 이상 달리기를 거부할 것이고, 끝까지 갈 수 있다고 마음을 고쳐먹으면 몸은 또 그렇게 움직일 것이다.

그렇다면 지금 어떤 선택을 할 것인가? 고민했다. 포기한다면 후회할 것 같았다. 이왕 시작한 거 끝까지 완주한다고 마음을 고쳐먹었다. 한 발짝 앞으로 나갈 때마다 "완주한다. 완주한다." 하면서 구령을 붙이면서 달렸다. 달리는 내내 나 자신과 만나는 시간이 되었고 "넌 할 수 있는 아이야. 힘내." 하는 마음속 아이의 목소리를 들을 수 있었다. 숨이 턱밑까지 차 헐떡거릴 때마다 마음속에서 어떤 에너지가 나왔다.

어찌어찌해서 8km지점을 지났다. 이제 2km만 달리면 된다. 지금껏 달린 것에 비하면 이제 남은 것은 새 발의 피였는데 최악의 고비가 왔다. 숨은 차고 다리는 무겁고 몸은 누가 뒤에서 잡아당기는 것처럼 앞으로 나아가기가 힘들었다.

대체적으로 마라톤 매니아들은 군살이 없는 정도가 아니라 말라 있었다. 몸이 마라톤하기에 최적의 조건으로 맞춰져 있었는데 나는 요가의 체질에 맞춰져 있어서 달리기엔 맞지 않았다. 뜀박질할 때마다 많은 살들이 흘러내려서 없어졌으면 그래서 새털처럼 가벼워졌으면 하는 바람이 간절했다. 앞으로 절대 식탐을 내거나 많이 먹지 않으리라 다짐도 했다. 가장 힘든 8km 지점에서 오만가지 생각으로 달리다 보니 이제 1km만 가면 골인지점이라고 피켓을 들고 응원해 주는 행사진행 도우미들이 너무 반갑고 고마워서 울컥하기까지 했다. 꽹과리 소리, 북 치는 소리, 힘내라고 응원하는 소리가 없던 힘까지 생겨나게 했다. 마지막 힘까지 쥐어짜 내서 드디어 결승선을 밟았다. 몸은 힘들다고 아우성쳤지만 마음이 "넌 할 수 있어."라고 말했고 결국 마음이 몸을 이끌었다.

1시간 02분 16초의 기록이 나왔다. 연습도 하지 않고 무한도전을 한 내가 자랑스러웠다. 힘들었지만 포기하지 않고 완주한 기쁨은 이루 말할 수 없었다. 짜릿한 성취감은 10km를 힘들게 달려온

보람을 느끼기에 충분했다. 내가 해냈구나. 이래서 많은 사람들이 달리기를 하는구나. 마라톤의 매력에 풍덩 빠졌다.

이렇게 고성전국마라톤과 인연이 되어 그 후로도 한 달에 한 번은 마라톤대회에 참여했다. 섬진강 꽃길 마라톤, 밀양아리랑 마라톤, 사천노을 마라톤, 성주참외 마라톤, 부곡온천 마라톤, 산청약초 마라톤 등 전국 마라톤 대회를 다녔다. 달리는 동안 나를 만나고 몸과 대화하는 시간을 가졌고 포기할까보다는 완주한다는 구호를 외치며 매번 완주에 성공했다. 1년에 12번을 달리면서 한 번도 포기하지 않았다. 번지점프는 용기가 필요했지만 마라톤은 끈기와 인내력이 필요했다. 마라톤을 통해 내 안에 잠들어 있는 보석을 또 하나 발견하는 시간이 되었다. 무엇을 하든 마음먹기에 따라 결과가 달라졌다. 할 수 있다고 긍정적인 마음을 먹으면 몸이 그 방향으로 움직였고 긍정적인 결과가 나왔다. 마음은 무한한 에너지다.

〈마라톤〉

   동생 기제일이라 동네에 있는 길상사에 들렀다. 막냇동생 부부
는 수원에 있는 절에서 제를 올리고 있을 시간이다. 막냇동생이 결
혼하지 않은 형의 제사를 잘 챙기고 있으니 멀리 있는 나는 가까운
절을 찾았다. 예전처럼 눈물이 흐르지도 않고 억울함도 없다. 6년
이라는 시간이 흘렀고 여기에 와서 동생을 회상할 수 있는 시간이
감사할 따름이다.

   울고불고 분노하고 억울해하던 시간이 힘들지 않은 것은 아니었
다. 이제는 이 세상의 모든 것은 왔다가 사라진다는 것을 받아들
인다. 바람처럼 물처럼 그냥 흘려보내야 한다는 것도 받아들인다.
모처럼 길상사 산책길을 걸었다. 오전이라 햇볕이 알맞게 내리고
있었고 촉촉한 비를 머금은 자갈길은 걸을 때마다 소리가 나서 좋
았다. 그 길에 동생은 없었지만 함께 걸었다. 천천히 소나무의 향
을 맡으며 숨을 깊게 들이마셨다.

소나무를 안아보았다. 동생도 똑같이 안아주었다. 동생은 무덤 없이 소나무 밑에 뼛가루를 뿌렸다. 다시 어린 소나무로 태어났는지 기존 있는 소나무의 영양분으로 흡수되었는지 알지 못한다. 다만 소나무가 동생의 분신처럼 보이는 것은 사실이다. 다만 내 마음이 시키는 대로 느낄 뿐이다. 산책길을 다시 내려와 대웅전에 큰절을 하고 그대로 엎드려 있었다. 부탁이나 바람도 없고 원망이나 분노도 없는 그저 낮게 엎드려 마음에 아무것도 없는 상태로 있었다. 왜 그렇게 엎드려 있었는지 모르겠지만 한참을 그렇게 했다. 몸을 세워 부처님을 한참 쳐다보았다. 인자한 미소는 자비로웠고 그 미소를 보는 것만으로 충분히 마음을 위로받았다. 그 미소 속에는 기쁨, 슬픔, 아픔, 상처 그 모든 것을 받아줄 수 있는 에너지가 있었다. 나도 부처님의 미소를 따라 해본다. 저런 미소를 지으려면 하루에 몇 번을 웃는 연습을 해야 할까? 얼마나 마음수련을 해야 할까? 부처를 닮고 싶은 오늘이다.

시간은 흘러도
사랑은 남는다

택배물이 왔다. 확인해 보니 고향에서 언니가 보낸 것이다. 아이스박스엔 미역국, 재첩국, 콩나물, 고사리나물, 시금치나물, 매생이, 김이 들어 있었다. 오늘이 내 생일이라고 언니가 손수 만들어서 챙겨준 것이다. 정성이 가득 담긴 선물을 받고 왈칵 눈물이 났다. 언니는 엄마의 빈자리를 이렇게 채워주고 있었다. 나물과 미역국을 챙겨서 점심으로 먹었다. 언니의 정성이 가득 담긴 음식들이 살살 입에 녹았다. 누가 나에게 생일이라고 미역국을 끓여 주겠는가! 누가 나물이며 반찬을 챙겨주겠는가! 어머니와 같은 언니의 마음이 고마워서 전화를 했다. "지금 미역국, 나물하고 점심 먹었다. 너무 맛있네. 엉가 고마워."

언니는 내 생일에 맞춰서 시장을 보고 국을 끓이고 했단다. 식당일 하느라 바빴을 텐데 동생 생일까지 준비한다고 얼마나 바빴을지 보지 않아도 훤하다.

언니는 어머니를 먼저 보내고 죄책감에 매일 술만 드시는 아버지를 챙겨준다고 하동으로 들어갔다. 읍내에서 전화가 오면 형부가 길바닥에 취해서 누워있는 아버지를 모시고 오는 것이 일이었다. 하루 이틀도 아니고 매일을 그렇게 했고 얼마나 힘든 시간이었을지 짐작하고도 남는다. 누구에게 말도 못 하고 속으로 울음을 삼켰을 언니다. 언니는 착한 마음을 가진 가난한 딸이었고 아버지는 당신의 슬픔이 너무 커서 그런 딸의 마음을 헤아리지 못했다. 아버지도 아버지가 처음이었고 배우자를 잃고 슬픔을 극복하는 방법을 몰라 그렇게 할 수밖에 없었을 것이다. 그런 언니, 형부에게 잘해야지 마음먹고 하나를 주면 또다시 둘이 돌아오고 만다. 그만큼 형부와 언니의 사랑은 끝이 없고 깊이가 가늠이 어렵다.

옆 동네에 살고 있는 조카(언니 딸)한테 전화가 왔다. "이모 생일 축하해요. 맛있는 저녁 사드릴게요." 얼마나 인사성도 바른지 예쁘고 기특하다. 조카도 결혼을 해서 아들을 둔 엄마가 되었고 많이 힘들 텐데 일부러 시간을 만들어서 온다니 감개무량하다. 형부와 언니한테 받은 사랑을 조카한테 챙겨주는 것으로 대신한다. 조카가 좋아하는 미역국을 끓여서 주기도 하고 생강모과차를 만들어서 챙겨주기도 한다. 아무 때나 시간될 때 저녁을 사주기도 한다. 그러면 조카는 아들이 군 제대를 했을 때 용돈을 주기도 한다. 이렇게 언니는 나에게 나는 조카에게 조카는 내 아들에게 물 흐르듯 자연스럽게 내리 사랑이 이어지고 있다.

〈언니가 보낸 밤, 배, 매실〉

해마다 언니가 김장을 담아서 준다. 마트 일을 하고부터 김장은 하지 않기로 했다. 김장을 하면서 제대로 쉬지 않고 일을 하다가 몸살이 나서 병원에 입원을 한 적이 있었기 때문이다. 허리 통증으로 1년을 개고생했고 김장은 절대 하지 않기로 했다. 간간이 겉절이는 해서 먹어도 김장은 그 이후로 나의 손을 떠났다. 마트 일을 시작으로 간장, 된장, 고추장도 만들지 않았다. 어머니가 사주신 장독 항아리는 텅 비어있고 베란다의 장식품이 된 지 오래다. 가끔 매실청을 담기도 하고 잡곡을 보관하는 것으로 대체되었다. 사업을 시작하고 처음 5년 동안은 장 같은 것을 만들 시간이 없었고, 만들지 않고 사서 먹는 버릇을 들이니까 편하고 좋았다. 맛과 품질은 모르겠지만 내 몸이 아프면 다 소용없는 것일진대 나는 내 몸이 편한 것을 선택했다. 언니는 내가 김치는 반찬가게에서 사 먹는 것을 알고 식당에서 김장을 할 때 내 몫까지 담아서 주었다.

언니는 음식 솜씨가 남다르다. 남편은 항상 언니의 음식 솜씨에 감탄하곤 하는데 맛있게 먹는 모습을 보면 언니도 흐뭇하게 웃는

다. 고향에서 언니 식당은 맛집으로 방송도 많이 나오고 연예인들도 많이 찾아주어 대박이 난 집이기도 하다. 형부와 언니가 그동안 흘린 피눈물이 그래도 헛되지 않아서 감사하고 고마울 따름이다. 형부 환갑 때는 형제들이 마음을 모아 금일봉을 드렸고 언니 생일에는 감사패를 만들어 선물했다.

"귀하는 평소 식당업을 하는 어려운 여건 속에서도 아버님을 잘 보필하고 어머니의 빈자리를 대신해서 형제들의 우애를 돈독히 하고 헌신적인 사랑을 베풀어주신 공이 크므로 감사의 마음을 담아 이 패를 드립니다. 동생들 드림." 이런 내용을 담아 전달했다. 그동안의 고마움에 다 보답을 해드리지는 못해도 마음으로 늘 감사하게 생각하고 있다. 형부는 형부대로 화상을 입고 힘든 시간을 버텨오셨고 언니는 언니대로 친정에 들어가 갖은 고생을 다했는데 이제는 아무런 아픔과 상처가 없는 편안한 생활을 했으면 하는 바람이다. 형부, 엉가야, 아프지 말고 건강하고 행복하시기를.

〈언니가 보내준 총각김치, 배추김치, 갓김치, 갈비〉

오후에 일을 마치자마자 남편하고 숙부님 댁으로 갔다. 숙부님 생신이라 직원에게 한 시간 일찍 출근하라 하고 마산으로 향했다. 용돈과 귤 박스, 딸기를 챙겼다.

남편은 아버님이 돌아가시자 숙부님 숙모님을 부모님처럼 여겼다. 숙모님은 우리가 간다고 저녁상을 차리느라 바쁘셨다. 숙모님 댁 자녀들이 다 커서 타지에 나가고 두 분만 집에 계셨다. 생신이 평일이라 멀리 있는 자녀들은 지난 주말에 다녀갔다고 한다. 잡채에 생선 굽고 미역국에 각종 나물에 양념고기, 도토리묵까지 한 상 차려 오셨다. 이 세상에 제일 맛있는 밥, 차려주는 밥상을 받았다. 남편은 모처럼 숙모님이 장만한 음식을 먹으니 좋은가 보다. 맛있게 먹으면서 "한 그릇 더 주세요." 한다.

남편은 결혼 전에 갈 곳이 딱히 없으면 숙부님 집으로 갔다고 했다. 어머님이 돌아가시고 아버님은 새 살림을 차리고 가정을 꾸리고 있었기 때문에 아버님한테는 갈 수 없었단다. 초등학교 2학년 때부터 결혼하기 전까지 얼마나 외롭고 힘들었을지 생각하면 측은지심이 저절로 생긴다.

숙부님 댁에 가면 항상 숙모님이 된장찌개를 끓여 밥을 차려주셨는데, 그걸 지금까지도 고마워하고 있다. 숙모님과 특별한 이유는 또 하나 더 있다. 숙모님의 중매를 통해 오늘날 우리가 결혼을 하게 되었다는 것이다. 그러니 남편한테는 숙모님이 구세주나 다름없는 존재였다. 그 고마움을 남편은 잊지 않고 잘 챙겨드리려고 노력한다. 1년에 공식적으로 챙겨드리는 것은 숙부님 생신과 숙모님 생신, 추석, 설 명절 때는 용돈을 드리는 것으로 대신한다. 또 지나가는 길에 소고기를 끊어 가기도 한다. 저녁을 먹으면서 이런 저런 얘기를 나누며 남편은 두 분 건강을 걱정하고 두 분은 오히려 일을 많이 하는 남편과 나를 걱정하신다. 숙모님은 진심으로 우리가 잘 살기를 바라고 우리 아이들이 잘되기를 빌어주신다. 시간 가는 줄 모르고 있다가 집으로 온다고 일어나려는데 김장김치며 된장, 고추장을 챙겨주신다. 어머니 같은 마음이 온몸으로 느껴진다. 집에서 손수 재료를 다 장만해서 만들었을 텐데 그렇게 수고한 음식을 모두 우리에게 챙겨주시는 사랑은 말로 표현 못 하리라. 수시로 그 고마움을 이렇게 달려와서 표현하리라 마음먹었다. 지금은 시댁부모님이 다 돌아가시고 숙부님과 숙모님은 곁에 계시니 그나마 얼마나 큰 힘이 되는지 모른다. 숙부님, 숙모님. 저희들 곁에 계셔주시니 고맙습니다. 자주 찾아뵙고 이렇게 밥을 먹는 시간을 많이 만들겠습니다. 부디 건강하시고 평안하십시오.

카카오스토리에 오빠 생일 알람이 뜬다. 오빠 고향친구들과 고향에 있는 언니가 축하의 댓글을 올렸다. 댓글과 꽃바구니를 첨부해서 올리고 바로 오빠한테 전화를 했다. 업무가 바쁜지 한참 신호가 울린 다음 전화를 받는다. 오빠의 너무 착한 음성을 들으니 눈물이 나올 지경이다. 착하면 됐지 왜 목소리까지 착한 거야? 그 사람의 목소리와 톤은 곧 그 사람의 마음상태일 터, 오빠의 음성은 누가 들어도 착하고 순한 목소리였다.

"오빠, 생일 축하해. 방금 뱅킹했어, 올케언니랑 맛있는 저녁 하세요."

오빠는 고맙다고 말하고 한동안 말이 없었다. 오빠는 초, 중, 고등학교 시절 고향에 있었는데 온갖 농사일을 군소리 없이 묵묵히 해내곤 했다. 외양간 소의 먹거리는 다 오빠의 손에서 나왔고 논농사, 밭농사, 배 과수원까지 아픈 아버지를 대신해서 이골이 나도록 일만 했다. 학교를 마치면 오빠는 논이나 밭에서 살았다 해도 과언이 아니었다. 아버지는 교통사고로 뇌수술을 몇 번이나 하셨고, 어머니를 먼저 보내고 술 없이는 하루도 잠을 이루시지 못하는데다 걷지 못하는 장애인이 되셨다. 그 아버지라는 자리를 오빠가 대신한 것은 중학생 때부터였는데 그 무게가 얼마였을지 짐작이 어렵다. 그때 당시 오빠는 바깥일을 담당했고 나는 청소며 빨래, 밥 짓고 동생들 챙기는 담당이었다. 누가 시키지도 않았는데 그렇게 하고 있었다.

오빠는 한 번도 아버지한테 원망을 하거나 화를 낸 적이 없다. 그 대신 말없이 아버지가 할 일을 대신했다. 그럼에도 어김없이 설, 추석 명절에는 서울에서 하동까지 긴 여정을 마다않고 고향에 온다. 마냥 고향이 좋기만 한 것은 아닐 텐데 말이다. 그런 오빠의 삶을 직접 눈으로 보고 같이 아파보았기에 어머니 대신 오빠의 생일을 챙겨주고 싶었다. 오빠가 곁에 있어서 내가 조금 덜 힘들었고 의지가 되었네요. 부디 아프지 말고 건강하시라.

비우고 채우고
나누기

    욕심은 비우고 사랑은 채우고 선을 나누자. 나를 행복하게 이끄는 이 세 가지는 삶을 풍요롭게 하고 지혜의 길로 인도한다. 삶을 연애하듯 사랑하고 연민을 느끼고 기뻐하고 감동을 주는 시간으로 만들어보자. 위로가 필요한 사람에겐 따뜻한 말 한마디로, 길을 잃은 사람에게는 길 안내자로, 아픔이 있는 이가 있다면 보듬어주는 품을 가지자. 매일 소소한 일상 속에서 내가 하고 있는 작은 일이라도 의미를 부여하고 충실히 하자. 모든 시간들이 모여 당신을 만든다.

    출근해서 일하다 보면 바깥에서 무슨 일이 일어나는지 알 수가 없다. 고객이 오면 카운트 해야지, 제품이 들어오면 검수하고, 손님이 없는 틈에 장부정리하고 거래처에 인터넷뱅킹하고 바쁜 일상이다. 하루는 제품이 들어와서 체크를 하는데 밖에서 경운기 소리가 들렸다. 처음엔 잘못 들었나 싶었는데 귀를 쫑긋 세우고 다시 들어도 경운기 소리였다. 잠시 검수를 중단하고 매장 문을 열고 나가보았다. 오~세상에! 경운기를 여기서 보다니. 반가움에 나도 모르게 박수를 치며 활짝 웃고 있었다.

고향에 가도 이제는 경운기를 볼 수 없다. 아버지가 경운기 사고로 보행이 어려워지면서부터 자취를 감추었다. 아이들이 어렸을 적엔 고향에 가면 담장 옆에 길게 경운기가 세워져 있었다. 아이들이 앉아서 놀기도 하고 동생도 경운기에 걸터앉아 옛날 옛적 얘기를 하곤 했다. 과자나 주전부리를 들고 일부러 경운기에서 먹기도 했다.

까맣게 잊고 지낸 경운기가 지금 눈앞에서 탱탱거리며 저 멀리 가고 있었다. 잠시 아버지가 생각이 났고 고향 마을이 떠올랐다. 다음에 다시 경운기를 만나면 주인장이 누구인지 꼭 인사를 해야지 마음먹고 매장으로 들어왔다. 거래처 직원은 제품을 체크하다 달려 나가는 나를 보고 어이가 없는 듯이 픽 웃었지만 나는 너무 오랜만에 보는 경운기의 감동을 주체하지 못하고 싱글벙글 웃었다. 그런 일이 있고 사흘 후에 집에서 손을 씻고 있는데 경운기 소리가 들렸다. 소리를 듣고 2층에서 1층으로 내려가니 이미 저만치 지나가 버린 후였다. 이 도심 속에서 경운기를 운전하는 사람이 누구인지 몹시 궁금해졌다. 우리 매장을 지나가는 걸 보면 분명 우리 동네 사람이거나 옆 동네 사람일 텐데 짐작만 될 뿐 알 방법이 없었다. 낮엔 일하고 밤에는 공부한답시고 대학교에 달려가고 집에서는 거의 잠만 잤다. 여가시간은 취미생활 한답시고 바쁘고 이래 저래 우리 동네에 대해서는 잘 알지를 못했다. 자연적으로 경운기도 잊고 지냈다.

그러다가 한 달이 조금 지났을까 드디어 경운기 소리가 들렸다. 얼른 매장 문을 열고 나가서 경운기가 오기만을 기다렸다. 가까이 오자 손을 들고 세웠다. 경운기 주인장은 브레이크를 걸고 섰다. 아버지보다는 연세가 많지 않아 보였고 인상이 좋아 보였다. 왜 그러냐고 물으셨고, 경운기를 너무 오랜만에 봐서 반갑고 좋아서 그런다고 말씀드렸다. 몇 마디 하다가 시끄러운지 아예 경운기 엔진을 끄셨다. 세상이 조용해졌다.

"정겨운 고향의 소리를 들려 주셔서 고맙습니다."라고 했더니 고향이 어디냐고 물으신다. 하동에서 아버지가 경운기 1호였노라고 말씀드렸다. 아저씨는 빙그레 웃으시며 정병산 입구에 땅이 있는데 배추며 고구마, 상추, 감 농사를 짓고 있다고 말씀하셨다. 항상 해가 넘어가면 집으로 온다.

지금껏 일을 하셨으면 목마르실 것 같아 얼른 가게에 들어가서 음료수 한 병을 들고 나왔다. 목마른 차에 고맙다고 벌컥벌컥 들이키셨다. 매번 고향의 소리를 들려주시면 고맙겠다고 말씀 드렸더니 어려운 부탁도 아니고 그러마 하셨다. 내가 운전하고 집으로 오는 길이 항상 같은 길인 것처럼 경운기 아저씨도 자기만의 길이 있었다고 한다. 어쩌다 한 번씩 이 길을 지나가시는데 오늘은 상수도 공사를 하고 있어 도로가 막혀서 이 길로 지나가게 되었노라고 말했다.

그렇게 경운기 아저씨와 인연이 되었고 매일은 아니더라도 자주 경운기 소리를 들을 수 있는 기쁨이 생겼다. 우리 동네 몇 번지에 사시는지도 알려주셨는데 가게와 집, 학교만 뱅글뱅글 돌고 있었던 나는 앞집, 옆집만 알았지 통 감이 오지 않았다.

경운기 아저씨의 자녀들은 모두 시집 장가를 갔고 부부만 이 동네에 살고 계신다 한다. 지나가시다가 상추, 깻잎, 고추, 오이를 경운기에서 내려주고 가실 때가 있으면 고기를 구워서 맛있게 먹었다. 가을에는 늙은 호박을 5개나 주셔서 호박죽을 맛있게 끓여 먹었다. 호박전도 부쳤더니 색감도 곱고 달달하니 입에 살살 녹았다. 옆집 언니랑 나누어 먹기도 하고 직원들에게도 팩에 포장해서 챙겨주었다. 직원들은 자취하는 학생들이라 이런 음식을 챙겨주면 환하게 웃으며 좋아했다. 이놈의 식성은 꺼질 줄을 모르고 뭐든지 맛이 있으니 하루 중 먹는 즐거움도 경운기 아저씨 덕분에 많이 는 셈이다. 시장에서 산 것보다 직접 농사를 지어 갓 수확한 야채들은 싱싱하고 몇 배로 맛있었다. 호박 두 개는 장식용으로 거실에 두었다.

겨울에는 경운기에서 대봉감을 한 박스 받았다. 홍시가 될 때마다 장독항아리에서 하나씩 꺼내 먹는 맛이 쏠쏠했다. 어릴 적에도 어머니가 장독항아리에 대봉감을 넣어두셨는데 학교 마치고 집으로 돌아와 출출해서 간식거리를 찾다가 장독항아리를 열어 홍시를 하나씩 꺼내 먹었던 추억을 떠올리며 빙그레 웃기도 한다.

우리 동네 경운기 아저씨를 볼 때마다 고향에 계신 아버지가 생각났고 그런 날은 아버지한테 전화를 드리고 안부를 확인하곤 했다. 경운기 아저씨는 힘들게 농사지은 채소나 과일들을 당신 부부가 먹을 것만 빼고는 모두 나누어주셨다.

한동안 경운기 아저씨를 잊고 지냈는데 2주 만에 가게로 오셨다. 안부 인사를 여쭈었더니 5일을 병원에 계셨단다. 기관지가 좋지 않아서 이번 감기에 고생을 많이 했노라 말했다. 목소리도 잘 나오지 않았고 기침도 간간이 나왔다. 고향에서 주문한 배즙을 한 박스 드렸다. 우리 가족들도 감기예방 차원에서 해마다 배즙을 주문해서 먹고 있다. 배즙은 고향에서 친구가 배, 도라지와 수세미를 같이 넣어서 만든 것이라 기관지에 좋은 식품이다. 감기 기운이 있을 때 배즙을 따뜻하게 해서 먹으면 오던 감기도 달아나곤 했다. 빨리 쾌차하시기를, 예전처럼 경운기 소리를 들려주시기를 부탁했다. 아저씨는 경운기 소리를 좋아하는 나를 위해서라도 힘을 내서 빨리 회복하겠다고 하셨다. 요즘은 겨울이라 경운기도 쉬는 모양이다. 여름이나 가을보다 경운기 소리가 뜸해졌다.

〈경운기 아저씨의 선물 호박, 고구마, 야채〉

그동안 도움을 받기도 했고 주기도 했다. 어떤 것이 더 행복하냐고 묻는다면 도움을 주었을 때 더 많이 행복했다. 나누는 삶은 나 자신을 먼저 행복하게 했다. 작은 것부터, 가까운 곳부터, 쉬운 것부터, 어떤 것을 나눌지 한번 생각해 보자. 내가 무엇을 해줄 수 있을까? 물음을 던지면 답은 내 안에서 나온다. 그렇다면 멀리 가지 말고 우리 가족에게 해줄 수 있는 것은 무엇일까?

돈이 없어도 베풀 수 있는 무재칠시無材七施는 많은 사람들이 직장이나 이웃에게는 잘 실천을 하는 편이다. 하지만 정작 가까운 가족에겐 소홀하게 대하고 직장에서만 사람 좋다는 소리를 들으면 아무 소용이 없다. 밖에서 아무리 성공했더라도 가정을 제대로 돌보지 않는다면 무슨 소용인가 말이다. 무재칠시를 매일 가족에게 사용해 보자. 분위기, 말투, 태도가 달라질 것이다.

첫째, 화안시로 얼굴에 밝은 미소를 띠고 가족을 대한다.

둘째, 언시로 공손하고 아름다운 말투를 사용한다.

셋째, 심시로 착하고 어진 마음으로 대한다.

넷째, 안시로 부드럽고 편안한 눈빛으로 상대방의 좋은 점을 발견하는 눈을 갖는다.

다섯째, 신시로 몸으로 돕는다.

여섯째, 상좌시로 자리를 양보한다.

일곱째, 방사시로 굳이 묻지 않고 마음을 헤아려 편안하게 쉴 수 있게 해준다.

쉽게 보이지만 실천하기는 쉽지 않다. 왜냐하면 가족이라는 이유로 무시하고 함부로 대하기 쉽기 때문이다.

무재칠시를 가족에게 사용하면 함부로 대하지 못하고 존중하게 된다. 다른 사람을 변화시키는 가장 좋은 방법은 내가 먼저 변하는 것이다. 내가 먼저 밝게 웃고 아이들을 깨우고 아침밥을 챙겨주고, 아름다운 말투로 남편에게 말을 건네면 돌아오는 말도 자연스럽게 부드러워진다. 자녀들을 바라볼 때도 잔소리보다는 믿어주고 기다려준다. 잘하는 것은 칭찬하고 격려해 주면 더욱더 노력해서 더 잘하려고 한다.

내가 먼저 변해야 한다. 내가 먼저 활짝 웃고 자녀들을 안아보라. 사랑이 충만한 아이들은 자신감을 가지고 무엇을 하든 최선을 다한다. 최고가 될 필요는 없다. 가족들이 각자 자기의 역량에서 최선을 다하는 모습만큼 아름다운 모습이 또 있을까? 가족은 나의 말과 행동, 태도를 그대로 보고 배운다. 왜냐하면 가족은 내 모습을 그대로 비춰주는 거울이기 때문이다.

근무하면서 고객이 없을 때는 신문을 보고, 책을 읽고, 스트레칭으로 몸을 푼다. 잠깐 시간 나는 틈을 그냥 보내기에는 아깝다. 근무를 마치고 내가 좋아하는 걸 하려면 시간이 부족하기 때문에 틈나는 시간을 활용한다. 자투리 시간에 제법 많은 것을 할 수 있다.

비도 오고 책읽기에 그만인 날이었다. 책을 재밌게 읽고 있는데 단골고객이 들어왔다. 인사를 반갑게 하고 카운트를 마쳤다. 단골고객은 커피를 좋아해서 얼른 커피를 한 잔 타서 나누었다. 단골은

"책 읽는 모습이 아름답습니다." 말했다. 좋아하는 게 책, 시낭송, 요가라고 말했더니 신기방기한 눈으로 쳐다본다. 칭찬 한마디에 커피 100티를 선물로 드렸다. 단골고객은 우리 동네에 사무실이 있어서 커피나 국산차 종류를 자주 구입했고 그걸 기억하고 평소에 먹는 커피를 드렸다. 단골은 감동을 먹었다며 현금을 주시며 책을 사 보라고 하셨다. 읽고 싶은 책을 메모해 두었던 리스트에서 6권을 샀다. 며칠 만에 매장에 온 단골고객에게 책 2권을 선물했다. 깨끗이 읽고 선물을 줬기 때문에 내가 오롯이 6권을 다 읽은 셈이었다. 사무실에서 읽으면 좋을 무겁지 않은 책을 선물했다. 단골고객은 책을 다 읽고는 책을 가까이하게 해줘서 고맙다고 다음에도 추천해 주는 책은 읽어보겠노라고 매달 현금을 주었다. 수많은 책 중에 어떤 책을 골라야 할지 몰랐는데 추천해 주는 책은 다 괜찮았다고 말했다. 핸드폰을 손에 쥐고 놓지를 않았는데 그나마 책을 가까이하면서 핸드폰 집착이 줄었다고도 했다. 그렇게 해서 책으로 더 많은 이야기를 나눌 수 있었다. 책으로 연결된 사람은 상대방이 잘되기를 바라는 마음도 남달랐다. 서로에게 고객을 소개해 주는 윈윈 하는 관계가 되었다.

평안한
삶

하루는 새롭고 신비롭고 경이롭다. 산책을 하다 보면 매일 똑같은 길을 걷는데도 똑같은 하루는 없다. 매일 있던 것이 보이지 않기도 하고 없던 것이 새로 생기기도 한다. 이런 새로운 날을 맞이하기 위해서는 마음이 자연스럽게 평안해야 한다. 내가 자연과 어우러져 하나의 풍경이 될 때 새로운 에너지로 충만해진다. 그렇다면 평안한 삶을, 새로운 날을 맞이하기 위해 우리는 무엇을 해야할까? 그동안 마음코칭으로 이끌어주었던 방법을 함께 공유한다.

일을 내려놓아야 한다

일을 하지 마라는 얘기가 아니다. 열심히 일하고 하루 중 나를 위해서 잠깐의 시간을 만들어놓아야 한다. 단 30분이라도 좋다. 나만의 시간을 갖고 나를 만나는 시간을 대면해야 한다. 항상 똑같은 일을 반복하고 일을 과도하게 많이 한다면, 틈이 없으면 나를 제대로 볼 수가 없다.

이래서 시간이 없고 저래서 시간이 없는 대부분의 열정적인 사람들이 많지만, 굳이 우선순위를 정하자면 내가 먼저 행복해야 한다. 처음 사업을 시작하고 일만 뼈 빠지도록 한 시절이 있었다. 금고에 돈은 쌓였으나 행복하지 않았다. 차도 사고 건물도 샀지만 몸은 망가지고 고장 났다. 정신적으로 황폐해 있었고 아이들도 눈에 들어오지 않는 우울증이 찾아왔다. 내 마음이 행복하지 않으니 표정도 우울하고 아이들이나 남편에게 불평불만만 쏟아놓았다. 삶이 재미가 하나도 없었다.

이렇게 아름다운 세상에 왜 삶을 재미없게 보내야 하는가? 즐겁고 재미있는 삶을 살기로 선택했다. 선택한다는 것은 하나를 버려야 한다는 말이기도 하다. 과감하게 근무시간을 4시간 줄였다. 물론 그 과정에서 일만 열심히 하자는 남편과 다툼이 있고 가출을 감행하는 사건도 있었지만 내가 원하는 것이 무엇인지 묻고 답이 나왔다면 과감하게 무라도 뽑는 심정으로 나아가야 한다. 작은 것이라도 실천해야 한다. 산책을 하고 요가를 배우고 시낭송을 하는 과정 내내 행복했다. 행복하니 자동으로 아이들에게 환한 웃음으로 마주하고 남편에게도 부드러운 말이 나왔다. 내가 행복해지기 위해 해야 할 일은, 일을 조금만 내려놓는 일이다.

거절할 수 있는 용기가 있어야 한다

하루 24시간 중에 일하는 시간, 잠자는 시간을 빼면 남은 시간은 7시간이다. 이 7시간을 오롯이 나를 위해 쓸 수 있는 것도 아니다. 청소, 빨래, 요리하는 시간 등 가사시간을 2시간 빼면 나를 위한 시간은 5시간이 전부다.

내가 좋아하는 걸 한다는 것은 남들보다 바쁘게 살아야 하고 많은 모임을 정리해야 한다는 말이기도 하다. 누군가 저녁식사를 하자고 하면 시낭송 하러 갑니다. 다음에요. 누군가 차 한잔 마시자고 해도 학교에 공부하러 갑니다. 다음에요. 이렇게 거절을 한다. 중요한 우선순위에 초점을 맞춰서 목표하는 방향으로 나아가려면, 나를 위한 사용시간을 잘 활용하려면 어쩔 수 없는 선택이다.

나에게 무엇이 중요한지 우선순위가 정해지면 거절할 수 있는 용기가 생긴다. 평소에 늦잠을 자고 시간 때우기 만남이나 쇼핑과 같은 이런 불필요한 시간들과 이별해야 한다. 나를 위한 거절은 당당하게 하자. 내적 통제가 강한 사람일수록 승리의 날을 만든다. 내 안에서 또 다른 내가 "내일부터 해도 괜찮아. 오늘 하루쯤은 하지 않아도 돼." 하고 유혹이 오거든 과감하게 거절해야 한다. 자기 통제력은 크고 장기적인 목표달성을 위해 눈앞에 있는 충동과 즐거움을 지연시키는 능력이다. 더 큰 만족과 보상을 위해 기꺼이 참아내는 것이다. 하루 중 나에게 중요한 것이 무엇인지 알고 나면 거절할 수 있다.

마음의 힘을 믿어라

마음의 에너지는 무한하다. 행복은 상황이나 운에 의해 결정되지 않는다. 내 마음먹기에 따라 나의 삶이 천국이 될 수도 있고 지옥이 될 수도 있다. 아픔이나 슬픔을 마주할 때 억지로 밀어내지 말고 그 감정들을 그대로 받아들이고 느껴라. 아픔과 슬픔이 찾아오면 억지로 아프지 않은 척, 슬프지 않은 척, 행복한 척 가장하지 마라. "슬픔아, 안녕. 우리 함께 울어보자." 이렇게 슬픔을 인정한 다음 맞이하고, 그것을 내려놓아야 한다. 내려놓기가 잘되지 않는다면 깊은 호흡을 통해 내어 쉬는 숨에 내어보내면 된다. 슬픔이나 아픔을 통해 당신은 다른 슬픔이 있는 곳에 위로와 기쁨을 줄 수 있는 사람이 되어야 한다. 슬픔이 내게 온 이유가 여기에 있다. 그 메시지에 귀를 기울이고 다른 아픔을 보듬어줄 수 있는 너그러운 사람이 되어라. 슬픔과 아픔의 경험은 나를 성숙한 그릇으로 만드는 하나의 도구임을 알아차려라. 이제 당신은 슬픔이 있는 다른 곳에, 아픔이 있는 다른 곳에 선을 베푸는 전도사가 될 수 있다. 마음먹은 대로 당신은 할 수 있다. 당신을 믿고 마음을 믿어라.

롤 모델을 모방하라

시낭송을 시작할 때 스승님처럼 잘하고 싶어서 스승님이 낭송한 시를 녹음해서 그대로 따라 했다. 톤이나 말투, 호흡까지도 모방했다. 한 달, 두 달 꾸준히 하면 시간은 거짓말을 하지 않는다. 스승님의 경지까지는 아니더라도 한 단계 올라갈 수 있는 계기가 된다. 요가를 시작할 때도 스승님의 자세를 눈여겨보았다가 호흡하는 것까지 따라했다. 처음엔 눈물로 시작했으나 지금은 요가와 몸이 일체하는 몰입감에 행복한 시간이 되었다.

스포츠 댄스도 마찬가지로 스승님의 표정, 손짓, 동작 하나하나를 따라 했다. 발바닥에 물집이 터지고 발뒤꿈치는 껍질이 벗겨져 밴드를 붙이고 연습을 했다. 처음엔 마음처럼 잘되지 않는다. 그건 당연한 이치다. 세상에 공짜는 없다. 스승님은 10년이고 20년이고 시간과 노력과 연습의 땀방울이 모여서 지금의 모습에 이르렀다. 그만큼의 노력을 기꺼이 해야 한다.

롤 모델을 따라 하는 과정에서 성장이 이루어진다. 꾸준히 포기하지 않은 자에게 행운의 여신은 온다. 당신의 롤 모델은 누구인가?

운동은 필수다

24시간 우리의 몸은 많은 일을 한다. 하루를 시작할 때도 간단한 스트레칭으로 몸을 어루만져 주어야 한다. 아침에 몸을 일으켜 무턱대고 세상 밖으로 밀어내지 마라. 머리를 토닥여 주고(○○아, 기특하고 고맙고 사랑한다) 귀 마사지를 해주고, 팔, 다리 스트레칭을 해주어라. 일을 마치고 나서도 수고한 몸에게 수고했다고 토닥여 주어라. 이렇게 몸과 대화를 하다 보면 몸이 좋아하는 걸 해주고 싶은 마음이 생긴다. 산책을 좋아하면 산책을 1시간 한다. 수영을 좋아하면 수영장에 몸을 데리고 간다. 헬스와 요가를 좋아한다면 그걸 하면 된다. 운동으로 몸을 사랑해 주고 매일 돌봐주어야 한다. 지금 탈이 나지 않고 건강하다면 고맙다고 쓰다듬어 주어라. 지금 탈이 난 곳이 한 군데라도 있다면 몸을 보살피라는 신호다. 24시간 중에 1시간은 몸을 위해서 투자하자. 투자한 것보다 훨씬 많은 결과물이 온다. 운동을 하면 신체가 건강해지는 것뿐만 아니라 정신도 맑아지고 감성적, 영적 행복도 함께 오게 된다.

받고 싶은 만큼 주어라

지금 내가 줄 수 있는 것은 무엇인가?

마트에서 일할 때 찾아오는 고객에게 환한 미소를 줄 수 있다. 상냥하고 아름다운 말투로 기쁨을 줄 수도 있다. 매일 소주만 사가는 아저씨에게 귤 3개를 줄 수도 있다. 직장생활 새내기인 딸에게 저녁은 챙겨 먹었냐고 수고 많았다고 기특하고 고맙고 사랑한다고 토닥여 줄 수도 있다. 서울서 공부하는 아들에게 따뜻한 위로의 말을 해줄 수도 있다. 줄 수 있는 것은 많다. 단지 실천의 부재가 문제다. 따뜻한 말로 위로를 건네고, 몸으로 다른 사람을 돕고, 금전적으로 물질적으로도 도움을 줄 수 있다. 작은 것부터, 가까운 곳부터, 쉬운 것부터 내가 무엇을 줄 수 있을까? 찾아보자. 경운기 아저씨가 친정아버지를 생각나게 하여 음료수 한 병을 챙겨 드렸다가 상추, 오이, 고추, 호박, 대봉감 등 생각지도 않은 선물들이 쏟아졌다. 아버님의 유산을 어려운 시누이 두 명에게 준 다음 몇 배의 수입이 들어왔다. 세상에 공짜는 없다. 받고 싶다면 먼저 주어라. 되로 주고 말로 받는다. 다른 사람을 위해 무엇을 줄 수 있을까? 물어보라. 답이 당신 안에서 나올 것이고 행동하게 해줄 것이다. 줄 수 있다는 것만으로 기쁘고 충만한 행복이 찾아온다. 그것으로 이미 당신은 행복한 사람이다.

관심분야의 책을 읽어라

책은 사람을 변화시킨다. 책을 읽고 나쁜 쪽으로 영향을 주는 경우는 한 번도 보지 못했다. 관심분야의 책을 하루에 30분은 읽어

라. 처음 시작할 때 매일 하루도 빠지지 않고 30분씩 읽는 습관을 들인다. 한 달 후엔 1시간씩 읽고 있는 당신을 만날 수 있다. 그 시간들이 축적되면 그 분야에서 전문가가 되어있을 것이다. 책 속의 활자들이 사람을 움직이게 하는 힘은 대단하다. 생각하는 힘, 행동하는 힘, 통찰하는 힘, 성찰하는 힘, 성장하는 힘이 있다.

어머니가 그리울 땐 교보문고를 갔다. 역사, 철학, 시집, 소설, 문학 등 가리지 않고 읽었다. 어머니의 빈자리는 그 누구도 대신해 줄 수 없는 자리였고 물질적으로도 그 어떤 것으로도 헛헛함을 채울 수 없을 때, 책을 보며 위로받고 책으로 안정을 찾고 마음코칭했다. 책 속에서의 간접 경험을 통해 어제보다는 조금 더 나아지기를 바랐고 또 그렇게 되었다. 큰 고난이 닥쳤을 때도 그동안 읽었던 지침서들이 많은 도움이 되었다. 활자를 읽으며 행간과 행간 사이에 생각이나 어떤 물음이나 느낌표가 생길 때, 그 느낌을 한번 느껴보시라. 좋은 글귀를 만나면 줄도 긋고 메모도 해보는 책 읽는 즐거움에 빠져보기 바란다.

소명을 찾아라

우리가 세상에 태어난 데에는 이유가 있다. 세상에 사랑을 전해 주라는 소명이 그것이다. 어떤 이는 노래로, 어떤 이는 운동으로, 어떤 이는 강의로, 어떤 이는 목욕봉사로 헌신하면서 실천하고 있다. 나는 초등학교 때 물난리를 당했고, 중학교 때는 아버지의 교통사고로 6개월을 부모님이 없는 생활을 했다. 결혼하고는 준비도 없이 어머니를 하루아침에 잃었고, 조카의 사고사, 아버지의 다리

장애, 남동생의 죽음 등 힘든 나날을 연속으로 보냈다. 이 모든 아픔과 슬픔을 삭이는 시간들이 모여 이제는 슬픔이 있는 다른 곳에 위로와 기쁨을 주는 사람이 되려고 노력한다.

그동안 요가와 마음수련, 코칭을 통해 배운 것을 융합해서 마음코칭이라 이름 붙였다. 나만의 브랜드로 많은 사람들에게 마음코칭을 전달하는 강사가 되었다. 많은 사람들이 마음코칭으로 마음이 평안하고 행복해지기를 도와주는 것이 나의 소명이다. 소명은 삶의 가치와 방향성을 제시해 주었고 나를 기쁘고 행복하게 해주었다. 당신의 소명은 무엇인가?

감사 일기를 써라

이 말은 백 번 말해도 또 하고 싶다. 감사 일기를 쓰다 보면 모든 관점이 감사로 돌려지기 때문에 일상을 행복한 시간들로 만들어준다. 어떻게 하면 하루를 더 멋지게 보낼 수 있을까 생각하고 행동하면 매일이 선물이고 새롭다. 하루를 마감하면서 무엇을 했더라면 오늘 하루가 더 만족스러웠을까 묻는 과정에서 내일은 오늘보다 나아지는 방향으로 향하게 된다. 성찰하는 시간을 가짐으로써 잘못했을 땐 반성하고 실수했을 땐 똑같은 실수를 예방하는 효과도 있다.

감사 일기를 쓰는 사람과 쓰지 않는 사람의 가장 큰 차이는 바로 성찰에 있다. 자기성찰의 폭이 넓을수록 일상은 성장하고 발전한다. 우리 가족이 감사에 대한 표어대회에서 최우수상을 받았다. 학교 행사 중 즉석에서 문제가 나왔고 30분 만에 제출을 해야 했다. 표어는 이러했다. "감사는 나를 기쁘게 하고 상대방에게는 가장 아름다운 선물입니다."

　나를 기쁘게 하고 상대방에게 선물을 줄 수 있는 감사는 우리 모두를 행복하게 한다. 감사는 무엇보다 마음의 평온을 이끄는 힘이 있다. 그리고 내 마음에 사랑이 머물게 한다. 마음코칭으로 감사는 최고의 도구다.

마치는 글

이 글을 쓰면서 많이 울었고 반성하는 시간이 되었다. 마음코칭을 제대로 만나지 못했을 때 나의 말과 행동으로 상처받은 남편과 딸, 아들에게 진심으로 미안하고 사과한다. 그 외에 나로 인해 상처받은 많은 사람들에게 진심으로 용서를 구한다.

글쓰기를 통해 나를 조금 더 자세히 들여다보는 시간이 되었다. 그동안 경험했던 모든 순간들이 소중하고 귀하게 다가왔다. 설령 그 당시엔 힘들고 괴로웠던 일이라 할지라도 돌아보면 모두 다 소중했다는 사실이다. 나는 어머니의 죽음, 동생의 죽음, 조카의 사고사, 사고로 생긴 아버지의 다리장애 등 힘든 나날을 연속으로 보냈다. 그럴 때마다 왜 나에게 이런 고통을 주는지 원망과 분노로 가득 찼다. 이제는 담담하게 마주할 수 있고 마주함이 살아가는 길임을 부정하지 않는다.

우리의 삶이 순조로울 땐 지혜도 용기도 필요 없을지 모른다. 하지만 우리의 진면목은 어려움을 만났을 때 나타난다. 어려움을 어떻게 극복하는지, 고난 속에서 지혜와 용기를 내는 사람만이 진정한 행복을 길어 올릴 수 있다. 지금 지치고 힘든 이가 있다면, 지금 이 순간이 재미가 하나도 없다면, 긴 어둠의 터널을 지나고 있는 이가 있다면 마음코칭으로 행복을 길어 올리시길 바란다.

마음코칭으로 행복해지는 방법은 첫째, 하루를 시작할 때 거울을 보면서 웃는 연습을 하는 것이다. 나 자신을 사랑하는 방법으로 하루를 미소로 맞이하는 사람의 모습이 어떤지는 상상에 맡긴다. 내가 먼저 행복해야 가정도 행복하다. 자녀들에게 무엇을 해줄까 생각하기 전에 내가 먼저 행복해야 한다. 나부터 웃고 나면 말과 행동, 태도 모두 존중과 사랑으로 표현된다. 아침에 일어나 스스로에게 주문을 하자. 나는 오늘 기쁨의 카드를 선택합니다. 나는 오늘 감사의 카드를 선택합니다. 나는 오늘 용서의 카드를 선택합니다. 내가 선택했기 때문에 최선을 다하게 되고 기쁨과 감사한 하루가 펼쳐진다.

두 번째는 남과 비교하지 말고 내 삶에 충실하자는 것이다. 다른 사람의 기준과 색깔은 그 사람의 몫이다. 나는 나만의 속도와 색깔로 살아가면 된다. 마라톤을 할 때 다른 사람과 경쟁하지 않는다. 나 자신과의 약속을 지키고 싶었다. 나 자신과 벌이는 장기전이라 나만의 페이스대로, 나만의 호흡으로, 나만의 색깔로 달리면 된다. 다른 사람과 비교하고 경쟁하면 그때부터 호흡조절이 되지도 않고 페이스를 잃고 오히려 더 많이 힘들어지고 기록도 훨씬 기대에 미치지 못한다. "힘들지만 끝까지 완주한다."는 주문을 나에게 걸고 나만의 속도로 달리면 결과도 만족스럽다.

세 번째는 지금 하는 일이 아무리 하찮고, 보잘것없고 작은 일이라도 시간이 지나면 그 모든 시간들이 모여 당신을 만든다는 사실을 아는 것이다. 지금 하는 일에 정성을 다하자. 처음에 슈퍼마켓 일이 힘들어서 울기도 많이 울었다. 고객을 맞이하고, 진상고객을 대처하고, 감동을 주는 고객을 만나기도 하면서 많이 배우는 시간이 되었고 깨달음을 얻기도 했다. 마트에서 일하면서 표정, 말투, 눈 맞춤 등 이 모든 것이 강의를 할 때 많은 도움을 주었다. 그동안 학교에서 배우지 못한 다른 사람과 어울리는 능력, 좌절을 극복하는 태도, 감정을 조절하는 능력을 배웠다. 어쩌면 가장 큰 스승은 지금 나를 힘들게 하는 일이나 나를 괴롭히는 사람이다. 힘들어도 멋지게 극복해서 나만의 색깔을 더욱더 곱게 아름답게 만들어보자.

가장 향기로운 향수를 만드는 꽃은 가장 추운 지역에서 나는 장미라고 한다. 하루 중 가장 어두운 자정에서 새벽2시 사이에 수확한 장미가 최고급 향수로 탄생된다. 왜냐하면 최악의 고통과 역경을 이겨낸 그 순간 장미는 가장 향기로운 향을 내뿜기 때문이다.

네 번째는 내 안에 살고 있는 어린아이를 보살펴 주라는 것이다. 아주 사소한 것이라도 어린아이가 좋아하고 기뻐하는 일에 기꺼이 시간을 할애해야 한다. 산책을 좋아하면 산책을 하고 영화 보는 걸 좋아하면 영화관에 데리고 가자. 휴식이 필요하면 쉬게 하고 아름답고 멋진 풍경을 보고 싶어 하면 시간을 만들어서 보여주자. 춤을 추고 싶다면 춤을 추게 하자. 가보고 싶은 곳이나 경험해보고 싶은 것, 갖고 싶은 것이 있으면 하나씩 적어보자. 기쁜 마음으로 하나씩 하다 보면 삶이 예전보다 밝고 즐거워진다. 내 안에 살고 있는 어린아이가 진정 좋아하므로 당신의 얼굴표정 또한 기쁘고 편안해질 것이다. 어린아이가 울고 있으면 얼른 안아주어라. 울고 있는 아이를 방치하는 것만큼 무책임한 일은 없다. 함께 울어준다든지, 눈물이 쏙 빠지는 영화를 본다든지, 전통시장을 한 바퀴 돌아도 좋다. 누구를 만나 영양가 없는 수다를 떨더라도 어린아이를 어머니와 같은 마음으로 보듬어주고 달래주어야 한다.

하루 일과를 마칠 때 나 자신을 쓰다듬어주면서 "고생했어. 수고 많았어. 기특하고 고맙고 사랑해." 하고 말해주어라. 나를 진정으로 아끼고 사랑하며 진짜 나로 살아가는 방법이다. 이런 에너지와 자비로운 마음이 바로 마음코칭으로 가는 길이다.

마음의 힘은 무한하다. 마음코칭으로 당신은 충분히 행복해질수 있다. 아니 행복해질 가치가 있다. 오늘부터 당신의 가치를 쌓아가자. 나의 가치는 다른 사람에게 얼마나 많이 베풀며 사느냐다. 우리의 삶은 거창하지 않다. 평범한 일상 속에서 나를 보듬어주고 자녀를 인정해 주고 배우자를 믿고 사랑해 주자. 이웃에게 된장찌개를 넉넉히 끓여서 나누어 주자. 동료에게 따뜻한 한 잔의 차를 건네자. 지금 내가 주는 사랑이 자녀들을 건강하게 하고 배우자를 춤추게 만든다. 그러면 배우자와 자녀들은 그들의 세계에서 또 건강함을 전파한다. 마음코칭으로 많은 사람들에게 매일이 새롭고 기쁨이고 평안하기를 두 손 모아 바란다.

일상에서 발견하는
소소한 행복과 깨달음이
여러분을 찾아가기를 소망합니다!

－권선복
도서출판 행복에너지 대표이사

    사람들은 살면서 많은 괴로움에 부딪힙니다. 문제는 가족관계일 수도 있고, 직업일 수도 있으며, 금전적인 것일 수도 있습니다. 사실 인생을 살아가는 것 자체가 끝없는 고행길입니다. 인간으로 태어난 이상 우리는 필연적으로 고품에 직면합니다.

    그런데 도대체 이 '고통'이라는 것은 어디서 기인하는 것일까요? 외부세계 때문일까요? 그런데 참 이상하지요, 아무리 외부 세계를 바로잡으려 해봤자, 고통은 쉽사리 끊이지 않고, 모습을 바꿔서 계속 우리를 방문하니 말입니다.

    원효대사가 해골에 고인 물을 달게 마시고 '일체유심조'를 깨달은 것처럼, 어쩌면 모든 어둠의 근원, 모든 혼돈과 고통의 근원은 사실 '우리 자신'에게 있는 건지도 모릅니다.

저자는 남편의 강한 주장으로 슈퍼마켓을 운영하게 되었고, 다행스럽게도 장사는 날이면 날마다 번성하여 많은 재산을 얻었습니다. 그렇게 물질적인 부분이 충족되었어도 저자는 하루하루가 괴로웠다고 말합니다.

그런 저자가 요가를 만나고 마음코칭을 접하면서 내면에 일대 변혁이 일어나게 됩니다. 저자는 이제 이렇게 말합니다. '내가 모자라서 많은 상처를 주었다'고 말입니다.

저자는 이 책을 통해 자신이 어떤 괴로움을 겪었는지, 그 괴로움을 해소하며 성장해 가는 과정은 어땠는지 담박하게 기록합니다. 이제 저자는 자신만이 아니라 다른 이들에게도 천국을 선물하기 위해 봉사하는 삶을 살고 있습니다.

저자는 말합니다. "나 자신을 사랑하며 하루를 시작하세요. 남과 비교하지 말고 내 삶에 충실하세요. 지금 하는 일이 의미가 있음을 믿으세요. 내 안의 어린아이를 보살펴 주세요. 평범한 일상 속에서 나를 보듬어 주고 자녀와 배우자를 믿고 사랑해 주세요."

저자가 눈물과 사랑으로 만들어낸 작은 깨달음은, 평범하지만 소소한 감동으로 우리를 촉촉이 적십니다. 삶이 힘든 독자 여러분이 있다면, 역시 내면에 작은 어린아이가 있는 것이 아닐까요?

부디 여러분도, 따스하게 그 아이의 손을 잡아주시길 진심으로 기원합니다. 그리하여 저자처럼 여러분도 내면의 평화를 되찾길 소망합니다. 여러분의 앞날에 햇빛이 가득하여 행복에너지가 팡팡팡! 솟아나길 바랍니다! 항상 행복하십시오. 감사합니다.

'착한 사람 콤플렉스'를 벗어나는 뇌의 습관

모기 겐이치로/임순모 | 값 15,000원

일본 내에서 뇌과학과 인지과학 분야의 권위자로 널리 알려져 있는 저자의 이 책은 '타인에게 인정받고자 하는 욕구'가 만들어 내는 스트레스를 적절한 방식을 통해서 해소하고, 긍정적으로 승화시켜 다시 삶을 더욱 적극적으로 살아갈 원동력을 창출해 낼 수 있도록 돕는다. 이미 일본에서 좋은 평가를 받았던 이 책을 임순모 번역자의 유려한 번역을 통해 한국에서도 접할 수 있는 좋은 기회가 될 것이다

인생 캘리그라피

이형구 지음 | 값 25,000원

글씨와 그림의 중간적인 위치를 가진 미술 기법인 캘리그라피는 최근 남녀노소할 것 없이 간단하면서도 정서를 풍요롭게 할 수 있는 대중적 예술로 각광받고 있다. 특히 이 책 「인생 캘리그라피」는 캘리그라피의 기본 개념부터 시작하여 방송·광고에서 인기 있는 캘리그라피 스타일까지 아우르고 있어 한글 특유의 아름다움과 작가의 감성을 담은 미학적 캘리그라피를 누구나 쉽게 배우고 따라할 수 있게 해주는 가이드북이 될 것이다.

양파망으로 짓는 황토집

김병일 지음 | 값 25,000원

이 책 「양파망으로 짓는 황토집」은 자연과 건강의 대명사, 황토집을 약간의 품만들여 내 손으로 손쉽게 지을 수 있도록 도와주는 가이드북이다. 우리 주변에서 흔히 볼 수 있는 양파망을 이용, '계량화의 기법'으로 황토집 짓는 노하우의 알파에서 오메가에 이르기까지 모든 것을 책임지고 가르쳐주는 이 책은 내 집을 마련하고픈 소박한 꿈을 꾸고 있는 독자들에게 실질적인 길잡이가 되어 줄 것이다.

다시 제자가 온다

이강일 지음 | 값 15,000원

이 책, 「다시 제자가 온다」는 급격한 세속화로 인해 쇠퇴 일로를 걷고 있는 한국 기독교의 현실을 비판하며 한국 기독교의 재부흥을 위해서는 '직장선교'와 '제자사역'이 반드시 필요하다는 점을 강조하며 '이강일 목사의 제자훈련 8단계'로 그 방법을 요약한다. 이렇게 굳건한 신앙적 열정이 함께하는 이강일 저자의 제자사역 가이드북 「다시 제자가 온다」는 뜻 있는 교인들의 가슴에 새롭게 열정의 불꽃을 피울 수 있을 것이다.

하이파이브 부부 행복

김진수 지음 | 값 15,000원

이 책은 부부간의 건강한 관계와 소통방식에 대해 얘기하고 있다. 단순히 싸우지 말자는 구호에서 그치는 것이 아니라 어떻게 하면 갈등을 '잘' 풀어나갈 수 있을 것인가에 관해 고민하며 쓴 책이라고 할 수 있다. 다섯 개의 손가락에 비유되는 각 키워드를 따라가다 보면 가정의 화목을 고민하고 있는 모든 남편, 아내에게 해결의 실마리를 제시해 주는 훌륭한 지침서가 될 것이다.

농업이 미래다

김성수 지음 | 값 15,000원

이 책 『농업이 미래다—6차산업과 한국경제』는 산업화와 고도성장 속에서 우리가 쫓아온 산업 강국에 대한 허상을 깨뜨리고 고도로 산업화된 자본주의 선진국일수록 1차 산업, 즉 농업 기반이 확실하다는 점에 주목하여 농업 경제에 대한 국가적, 개인적 패러다임을 전환할 것을 촉구한다. 경제학 박사로서 저자가 직접 발견하고 컨설팅한 융합농업의 선구사례들 속에서 대한민국 6차 산업의 청사진이 명쾌하게 드러날 것이다.

간절한 꿈이 길을 열다

윤승중 지음 | 값 25,000원

이 책은 많은 역경을 극복하고 조국을 지키는 특전사로서, 삼성전자의 최장수 도쿄 지사장으로서, 그리고 (주)니토덴코의 첫 한국인 사장으로서 불꽃 같은 삶을 살았던 고 윤승중 대표의 자서전이자 꿈을 잃어버린 사람들에게 전하는 희망의 메시지이다. '현실을 벗어나려면 현실보다 큰 꿈에 올라타라'고 이야기하는 윤승중 대표의 후회 없는 삶은 방황하는 대한민국의 모든 세대에게 용기를 전해줄 것이다.

행복한 삶의 사찰기행

이경서 지음 | 값 20,000원

이 책은 『맛있는 삶의 사찰기행』에 이어서 이경서 저자의 108사찰순례를 마무리하는 기록이다. 더욱 깊어진 통찰과 감성으로 마음을 두드리는 이번 책에도 아름다운 사진과 불교에 대한 이야기가 가득하다. 페이지 하나하나마다 해당 사찰에 대한 깊은 지식과 동시에 사찰이 가진 아름다움과 불교의 교훈도 세세히 전달하고자 배려하는 이 책은 우리 땅의 사찰과 함께 우리 불교에 대해서도 알아갈 수 있도록 한 섬세함이 느껴진다.

하루 5분 나를 바꾸는 긍정훈련
행복에너지

'긍정훈련' 당신의 삶을
행복으로 인도할
최고의, 최후의 '멘토'

'행복에너지
권선복 대표이사'가 전하는
행복과 긍정의 에너지,
그 삶의 이야기!

권선복

도서출판 행복에너지 대표
지에스데이타(주) 대표이사
대통령직속 지역발전위원회
문화복지 전문위원
새마을문고 서울시 강서구 회장
전) 팔팔컴퓨터 전산학원장
전) 강서구의회(도시건설위원장)
아주대학교 공공정책대학원 졸업
충남 논산 출생

✦ 인터파크
자기계발 분야 주간
베스트 1위

권선복 지음 | 15,000원

책 『하루 5분, 나를 바꾸는 긍정훈련 - 행복에너지』는 '긍정훈련' 과정을 통해 삶을 업
그레이드하고 행복을 찾아 나설 것을 독자에게 독려한다.
긍정훈련 과정은 [예행연습] [워밍업] [실전] [강화] [숨고르기] [마무리] 등 총
6단계로 나뉘어 각 단계별 사례를 바탕으로 독자 스스로가 느끼고 배운 것을 직접
실천할 수 있게 하는 데 그 목적을 두고 있다.
그동안 우리가 숱하게 '긍정하는 방법'에 대해 배워왔으면서도 정작 삶에 적용시키
지 못했던 것은, 머리로만 이해하고 실천으로는 옮기지 않았기 때문이다. 이제 삶을 행복하
고 아름답게 가꿀 긍정과의 여정, 그 시작을 책과 함께해 보자.

『하루 5분, 나를 바꾸는 긍정훈련 - 행복에너지』